UNSPOKEN

CE DONT ON NE PARLAIT PAS

Unspoken

A. M. HARRIS

Titre original : Unspoken
Traduit de l'anglais (Irlande) par David Manson
Éditeur : Anne M. Harris

ISBN : 978-2-9573666-6-8
Dépôt légal : juillet 2021

pour Seamus, David, Patrick et Alexis
mes quatre mousquetaires

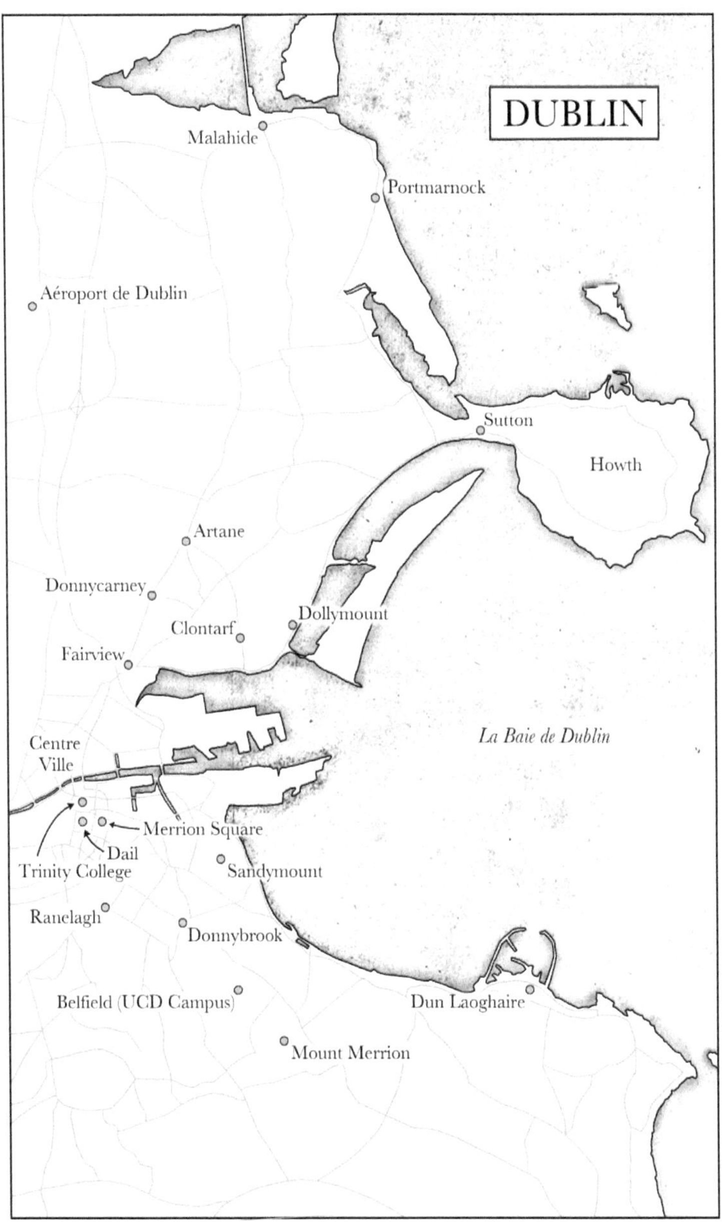
DUBLIN
Malahide
Portmarnock
Aéroport de Dublin
Sutton
Howth
Artane
Donnycarney
Dollymount
Clontarf
Fairview
La Baie de Dublin
Centre
Ville
Merrion Square
Dail
Trinity College
Sandymount
Ranelagh
Donnybrook
Belfield (UCD Campus)
Dun Laoghaire
Mount Merrion

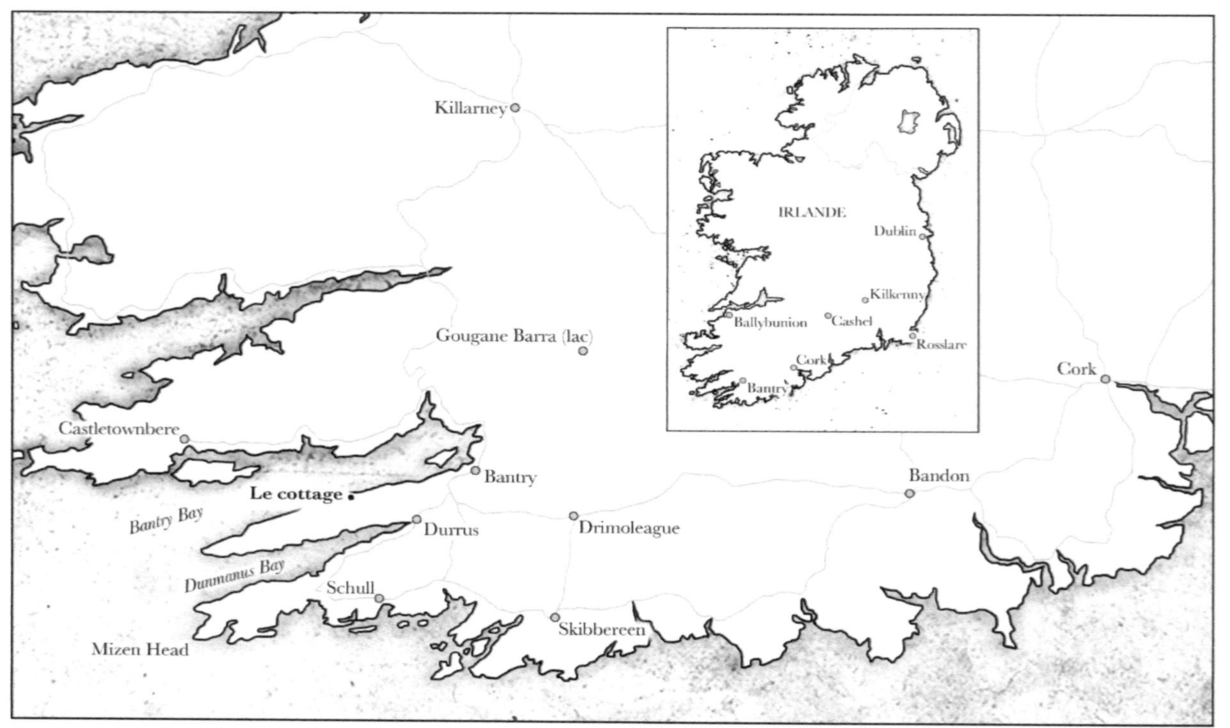
Killarney
Gougane Barra (lac)
Castletownbere
Bantry
Le cottage
Bantry Bay
Durrus
Drimoleague
Dunmanus Bay
Schull
Mizen Head
Skibbereen
Bandon
Cork
IRLANDE
Dublin
Kilkenny
Cashel
Ballybunion
Rosslare
Cork
Bantry

« Vous ne vous êtes jamais rien demandé l'un à l'autre, n'est-ce pas ? Et vous ne vous êtes jamais rien dit. Vous êtes restés l'un devant l'autre, à observer, à deviner ce qui se passait en dedans. »

Edith Wharton, Le Temps de l'innocence

« Mais un beau jour tu viendras, cela je le sais ;
Et bien sûr j'attendrai, car ce fut ma dernière promesse. »

Edvard Grieg, La Chanson de Solveig

Chapitre un

France, 2016

Les obsèques de Sinéad eurent lieu tout près de Bordeaux, dans un joli petit village entouré de vignes, à quelques kilomètres de la ville. Bien qu'elle ne fût pas croyante, Sinéad avait néanmoins tenu à un service religieux, dans une véritable église. Elle avait fait don de ses organes, « pour être sûre d'être bien morte lorsqu'ils me placent dans le cercueil » ; une remarque dans le plus pur style de Sinéad. Le service funèbre n'avait ressemblé en rien à ceux auxquels Jack avait assisté jusqu'alors ; il s'apparentait plus à un mariage. Tout le monde y était bien vêtu, bien qu'à sa surprise personne n'y soit venu en noir ; les gens semblaient d'ailleurs s'être parés de leurs tenues aux couleurs les plus vives. Parmi les femmes, certaines – dont la mère de Sinéad – arboraient des couvre-chefs extravagants et partout étaient disséminées des grappes de lys blancs et d'hortensias bleus, les fleurs préférées de Sinéad.

Le service eut lieu en français et en anglais et ceux qui prirent la parole le firent avec simplicité et – pour la plupart – avec humour. Il se demanda si les textes avaient été dictés par Sinéad. La musique était – il chercha le terme approprié – exigeante. L'un de ses fils, visiblement musicien de talent, joua quelques passages du *Requiem* de Schnittke au violoncelle. « Tout le monde connaît le Fauré, le Mozart et le Verdi, avait-elle dit à son fils quelques jours plus tôt. Contrarions-les, en plus de les éduquer. » Il y eut évidemment aussi du Grieg, en guise de clin d'œil à certains événements qu'il valait mieux oublier, en ce qui le concernait. Un ami de Sinéad joua un morceau de Bob Dylan intitulé *See That My Grave Is Kept Clean*[1], ce qui fit sourire tout le monde. Plus tard, au bord de la tombe, un rabbin ami de la famille du mari chanta une complainte en hébreu qui fit couler beaucoup de larmes.

Jack était à Dublin lorsqu'il reçut la nouvelle de sa mort. Ce fut un choc car ils s'étaient revus récemment et ils avaient prévu de déjeuner ensemble lors de son prochain passage en Irlande. Il parcourut les mails de Sinéad avant de sortir ses lettres du coffre-fort de son bureau et de les relire, le soir qui précéda son départ pour les obsèques. Il se souvint qu'elle lui avait un jour envoyé sa notice nécrologique. Avec une carrière réussie déjà dans son rétroviseur, elle s'était inscrite à un cours de leadership et avait trouvé très amusant que l'on demande aux étudiants d'écrire leur propre nécrologie, telle qu'ils aimeraient qu'elle soit publiée dans le *Washington Post*. La sienne avait bien entendu été lue à haute voix en classe à titre d'exemple. Elle lui en avait envoyé une copie qui lui avait laissé à l'époque un goût amer.

Il fouilla parmi les documents et finit par la retrouver, enfouie dans un dossier qui portait la mention *Divers*. Lors-

---

1 *N.D.T. : « Faites en sorte que ma tombe reste propre ».*

qu'il la relut dans la pénombre de son bureau, il comprit que ce qui l'avait profondément irrité alors était l'absence de la moindre référence à son égard, avec en tout et pour tout une seule allusion indirecte aux événements qui avaient eu une influence déterminante sur le reste de sa vie.

Sinéad Murray est décédée le mois dernier à l'âge de 95 ans, débutait le texte. *Dans le petit village non loin de Montpellier, en France, où elle résidait depuis une quarantaine d'années, laissant derrière elle son mari dévoué, quatre enfants et d'innombrables petits-enfants et arrière-petits-enfants.*

Elle s'était bien trompée à ce sujet, se dit-il. Elle n'avait que soixante-cinq ans. Et elle s'était installée près de Bordeaux et non Montpellier. Il poursuivit sa lecture, en proie à une colère et un chagrin croissants.

Conformément à ses vœux, ses cendres furent répandues sur le vignoble que son mari et elle avaient reconstitué avec beaucoup de passion. « Cela ajoutera un petit je ne sais quoi à la cuvée de l'année suivante », avait-elle plaisanté.

Dès sa plus tendre enfance, Sinéad était l'incarnation même de la contradiction. Elle avait toujours voulu faire le bien mais ne voulait rien avoir à faire avec les « bien-pensants », qui faisaient l'objet de son mépris. Ses enseignants à l'école étaient déconcertés car, bien que ses notes fussent excellentes, elle était régulièrement punie pour des écarts de conduite mineurs tels que le fait de laisser sa souris apprivoisée se promener librement en salle de classe ou encore de fumer dans les toilettes.

L'université à la fin des années soixante s'avéra être une expérience libératrice et elle se plongea avec enthousiasme dans les activités de gouvernement étudiant, devenant la première femme au sein de sa faculté à forte dominante masculine à être élue au conseil des étudiants.

Des circonstances personnelles très douloureuses l'obligèrent à quitter l'Irlande, résolue à ne jamais y retourner, et elle trouva un poste au sein d'une organisation internationale à l'âge de vingt-deux ans. Elle fut l'une des rares femmes – et l'une des plus jeunes – à être promue aux échelons supérieurs de l'organisation. Au contraire de la plupart des fonctionnaires qu'elle côtoyait, qui recherchaient une vie tranquille, elle était en quête de défis et harcelait ses supérieurs afin qu'ils lui confient de nouvelles tâches. Ses collègues se souviennent de sa ténacité et de l'acharnement avec lequel elle poursuivait ses objectifs. « Sinéad finissait toujours par obtenir ce qu'elle souhaitait, me confia l'un d'entre eux plus tard. Mais elle reconnaissait elle-même que bien souvent, elle n'était pas certaine de toujours le vouloir une fois qu'elle l'avait obtenu. »

Jack posa la feuille sur son bureau, se leva et se rendit à la fenêtre. Avait-elle obtenu ce qu'elle voulait, au bout du compte ? Et lui, l'avait-il obtenu ? Il resta là un moment, se remémorant les instants qu'ils avaient passés ensemble puis il s'assit à nouveau et reprit sa lecture.

Le point d'orgue de sa carrière fut d'intégrer le cabinet de la présidente de l'organisation, Gudrun Moller, politicienne très respectée et la femme la plus coriace qu'elle ait jamais rencontrée. « Elle m'a appris ce qu'est le pouvoir et comment marquer de son empreinte le monde qui nous entoure », affirmait-elle. Elle sillonna le monde aux côtés de Gudrun, rencontrant de nombreux chefs d'État, et ses petits-enfants eurent droit à bien des récits mordants concernant certaines personnalités rencontrées ou croisées.

Mais à la fin des années quatre-vingt, les effets du prestige s'estompaient, tout comme la fascination qu'avaient exercé sur elle les puissants de ce monde, et lorsque l'opportunité se présenta de retourner en Irlande afin de prendre part à un groupe de réflexion sur la réforme du secteur de la santé, elle la saisit sans hésiter. « J'ignorais tout de ces questions, déclara-t-elle plus tard. Mon expertise, pour ainsi dire, était ailleurs. C'est là que se situait le défi ! » La transition ne fut cependant pas sans heurts et l'effervescence de son ancien poste, ainsi que le milieu multiculturel qu'elle aimait tant, lui manquèrent bientôt. Elle était devenue cependant désabusée par la politique et les politiciens. « Je veux mener ma propre barque, affirma-t-elle. J'en ai assez de faire le travail des politiciens et de toujours les laisser s'en attribuer le mérite. »

Personne ne fut surpris lorsqu'elle annonça sans crier gare qu'elle quittait à nouveau l'Irlande pour s'installer en France, gérer un vignoble et même peut-être écrire un roman ou deux.

La suite relève du domaine public. Son déménagement en France, où elle écrivit son premier roman. Son succès, ainsi que celui de l'adaptation cinématographique qui suivit, lui permit d'établir un fonds d'aide aux personnes ayant connu des expériences semblables à la sienne. Elle se servit du vaste réseau de contacts politiques qu'elle avait cultivé au fil des années afin de collecter de l'argent pour le fonds, n'hésitant jamais à demander une faveur qui lui était due lorsque l'une de ses protégées avait besoin d'aide.

Le vignoble, un lopin de terre jonché de gravats dans le Languedoc-Roussillon, fut acheté sur un coup de tête après un déjeuner décontracté. Un grand ponte californien du vin avait tenté d'acheter des terres dans le coin mais le conseil municipal s'y était opposé. Le bagou irlandais de Sinéad et son français impeccable lui permirent de les convaincre, prenait-elle plaisir à rappeler. Grâce au sens des affaires de son mari et à la sympathie qu'elle cultiva auprès des gens du cru, le vignoble fut rentable et la plupart des profits réalisés alimentèrent le fonds qu'elle avait créé.

Elle décrivait cette période, qu'elle consacra principalement à l'écriture et à la gestion de son fonds et du vignoble, comme étant la plus productive de sa vie, lui permettant enfin de « faire le bien sans être une bien-pensante ». Je pense que les nombreux parents et enfants qu'elle contribua à réunir sont de cet avis.

Il était assez remarquable qu'elle ait pu mener à bien autant d'entreprises, à l'exception du roman qu'elle n'avait jamais écrit. Dans leurs jours heureux, elle soutenait en plaisantant que le récit de leur relation ferait un bon film mais elle soutenait qu'elle n'accepterait d'en céder les droits que si le rôle principal était interprété par Robert de Niro, afin qu'elle puisse le rencontrer.

Il plia le document et le remit dans le dossier, parmi toutes les lettres, les photos et les notes adhésives qu'il avait si soigneusement conservées. Cela ne lui ressemblait pas de se laisser aller au sentimentalisme et il lui fallait se préparer pour son vol du lendemain matin.

Chapitre deux

Dublin, 1970

« J'AI QUELQUE CHOSE À vous dire. » Les paroles pesèrent sur la pièce un moment et elle lut de la surprise, puis une appréhension croissante, dans les traits de ses parents. Que disait-on au sujet du cycle des réactions ; le choc d'abord, puis le déni, suivi de la peine et, en fin de compte, l'acceptation ? Mais cela s'appliquait au deuil et il ne s'agissait ici pas du tout d'un deuil. C'était même plutôt le contraire.

Sinéad Murray se soupçonna enceinte au début d'avril 1970. Il lui fallut deux bonnes semaines pour prendre son courage à deux mains et aller voir un médecin – choisi au hasard, dont elle avait aperçu la plaque de la fenêtre du bus alors qu'elle se rendait à l'université, car elle craignait bien trop de consulter le généraliste qui s'occupait d'ordinaire de sa famille. Une autre semaine s'écoula avant que n'arrive le résultat des examens. Le médecin fit preuve de bienveillance, tout en lui expliquant ne rien pouvoir faire pour elle. Parler à ses parents était la seule solution.

Il lui fallut une semaine de plus pour se sentir capable de le faire. Son père demeura immobile, calé dans son siège, tandis qu'elle se confiait.

« Enceinte ? » Sa mère blêmit.

Sinéad se mit à trembler et son père vint à elle. Il la fit s'asseoir et lui passa une couverture sur les épaules.

« Oh, Sinéad, comment as-tu pu faire cela ? lui demanda sa mère, presque en criant. Tu es étudiante en médecine. Comment as-tu pu être aussi stupide ? »

Sinéad secoua la tête, incapable de lui répondre, les larmes coulant le long de ses joues.

« Qui est le père ?

— Michael, dit Sinéad. Michael Daly. » Elle essuya ses larmes et se moucha. « Vous ne le connaissez pas. Il est dans l'année du dessus et nous sommes juste sortis ensemble quelques semaines. On ne se voit même plus.

— Quelques semaines ! Oh, Sinéad, s'exclama sa mère. Et tes examens qui arrivent bientôt. » Elle se tourna vers son mari. « Seigneur, Noel, qu'allons-nous faire ?

— Nous allons devoir rencontrer ce Michael », dit-il. Il se tourna vers Sinéad. « J'imagine que tu lui as dit ?

— Oui, Papa. Nous en avons parlé. Je ne veux pas l'épouser et je suis presque sûre qu'il ne veut pas non plus m'épouser. Et son père vient de se faire opérer du cœur donc il ne peut pas en parler à ses parents. Ils seraient effondrés.

— Vraiment ? commenta sa mère, dont les joues reprenaient de la couleur. Et nous ? Ne sommes-nous pas effondrés ? Pourquoi s'en tirerait-il ainsi en te laissant subir les conséquences ? Oh, Sinéad, comment as-tu pu être si… Pourquoi n'as-tu pas utilisé un de ces… tu sais bien… ?

— Jane, ma chérie, calme-toi, intervint son père. Essayons de garder la tête froide et de réfléchir à la manière dont nous allons faire face à la situation.

— Tu ne penses pas à garder l'enfant ? » poursuivit sa mère en regardant son mari, qui secoua la tête. Elle réfléchit un instant, puis ajouta : « Mais si c'était vraiment ce que tu souhaitais, je suppose que je pourrais quitter mon travail et m'en occuper…

— Nous devons prendre la meilleure décision pour Sinéad et pour l'enfant », décréta son père.

Ils lui assurèrent que quelle que soit sa décision, ils l'accepteraient – ce qui était bien beau, mais le problème était qu'elle n'avait aucune idée de ce qu'elle voulait vraiment. Elle n'avait jamais pensé à une telle éventualité, n'en avait jamais parlé à qui que ce soit – et pourquoi l'aurait-elle fait ? Dans son confortable cocon de classe moyenne, à l'école de couvent onéreuse où elle avait fait ses classes et à l'université où elle se rendait, qui était fréquentée par des jeunes femmes bien élevées comme elle, elle n'avait jamais entendu parler d'une telle situation, ne connaissait personne à qui cela était arrivé.

⋆

Michael vint à la maison le lendemain et s'entretint longuement avec son père dans le salon, pendant que Sinéad et sa mère préparaient le thé dans la cuisine. Lorsqu'il s'en alla, ils s'assirent tous les trois à la table de la cuisine.

« Il m'a l'air d'un jeune homme plutôt bien, déclara le père de Sinéad, et il est prêt à faire ce qu'il faudra mais je vois bien qu'il est lui aussi dans une situation difficile et qu'il ne peut pas en parler à ses parents. Je suppose que si vous ne voulez pas vous marier nous ne pouvons pas vous y obliger. »

La mère de Sinéad eut l'air d'être sur le point d'intervenir mais il l'interrompit d'une main levée. « De toute manière, il ne me semblerait pas juste de le faire, ajouta-t-il. Mais tu vas devoir décider ce que tu vas faire et nous allons devoir agir rapidement. » Il se pencha vers elle et lui tapota l'épaule. « Je vais parler au père Brophy demain. Il saura quoi faire. »

Une fois que les ondes de choc initiales furent calmées, tout s'enchaîna très rapidement. Le père Brophy, prêtre de la paroisse, passa à la maison. D'innombrables tasses de thé et discussions à voix basse s'ensuivirent, auxquelles elle contribua peu ou pas du tout. Il fut décidé qu'elle se rendrait à un foyer pour mère et enfant, où elle accoucherait, puis son enfant serait adopté ce qui lui permettrait de reprendre ses études le plus vite possible, ni vu ni connu…

Il n'y eut plus la moindre mention de la question soulevée par sa mère concernant le fait de garder l'enfant. Ce furent ensuite les assistantes sociales de l'agence d'adoption et son atmosphère funèbre, les murmures désapprobateurs, les sourcils froncés et les regards fuyants. Elles étaient deux ; une femme assez âgée, Mademoiselle Brennan, qui semblait être la responsable, accompagnée d'une autre femme nettement plus jeune.

Tandis que Sinéad patientait dans le vestibule pendant que ses parents s'entretenaient avec Mademoiselle Brennan, la cadette des assistantes sociales, qui n'avait proféré le moindre mot jusqu'alors, lui dit : « Vous avez de la chance, vous savez. Le moment est idéal. Votre grossesse ne sera visible qu'après la fin de l'année universitaire, lorsque vous serez en vacances d'été, et la naissance du bébé est prévue juste après la reprise des cours à l'automne, donc personne ne remarquera rien. »

Sinéad eut envie de la gifler. De la chance ? Comment pouvait-elle être aussi insensible ? La seule chose qui semblait leur importer était que personne ne soit au courant.

Un avortement était totalement hors de question, d'autant plus que ses parents étaient désormais impliqués. Sa tante Catherine, la seule personne dans la famille autre que ses parents à être au courant de sa grossesse, lui avait témoigné un soutien surprenant, allant même jusqu'à lui dire en privé : « Écoute, je sais que c'est censé être un péché et que je ne devrais même pas t'en parler mais, si tu souhaites avorter, je paierai le coût de l'opération. J'imagine que d'ici quelques années ce sera devenu pratique courante et que cela résoudra certainement beaucoup de problèmes pour de nombreuses jeunes filles dans ton cas. »

Avec le recul, Sinéad avait trouvé surprenant un tel point de vue mais les choses n'étaient pas allées plus loin, ni Sinéad ni sa tante n'ayant la moindre idée de la manière de procéder. Malgré cet aperçu d'une vision des choses progressiste, tante Catherine lui avait cependant signifié très clairement qu'elle ne devait en aucun cas envisager de garder son enfant car cela serait totalement injuste envers sa mère. Elle ne fut pas la seule à mettre l'accent sur cet aspect de la question. D'ailleurs, la moindre suggestion de l'idée qu'elle pourrait garder l'enfant semblait choquer et horrifier toutes les personnes concernées.

« Ce serait égoïste et cela détruirait les vies de votre enfant et de vos parents, lui affirma Mademoiselle Brennan lors d'une des rares occasions où elles s'étaient retrouvées seules toutes les deux. Pensez à votre enfant, lui dit-elle, méprisé par ses pairs à l'école parce que sa mère est célibataire. Pensez à votre pauvre mère, à la honte qu'elle endurerait, honnie par ses voisins. Pensez à vous également, Sinéad, obligée d'abandonner tout espoir d'une véritable carrière, sans parler du fait que nul ne voudrait jamais épouser la mère d'un enfant illégitime. »

Illégitime, *célibataire*, tous ces mots qu'on lui jetait à la figure afin qu'elle se sente sale et coupable. Mais elle ne savait pas comment elle était censée réagir. Elle n'était certaine que d'une chose ; elle ne voulait pas être enfermée dans un cloître sinistre au milieu de nulle part, entourée de religieuses hostiles.

Elle avait lu ou entendu quelque part que la situation des mères célibataires était meilleure au Royaume-Uni et qu'il existait un arrangement grâce auquel une jeune femme enceinte pouvait travailler en tant que fille au pair au sein d'une famille pendant la grossesse et vivre une vie plutôt normale jusqu'à la naissance de l'enfant. Ce qui se passait ensuite n'était pas très clair mais cela avait l'air bien mieux que les possibilités qui existaient en Irlande.

« L'Angleterre ? s'étonna sa mère lorsqu'elle aborda le sujet. Mais tu ne connais personne là-bas.

— Je ne connais personne dans un foyer pour mères et enfants ici non plus, répondit-elle. Mais en Angleterre je pourrais mener une vie relativement normale. Ne pourrions-nous pas au moins nous renseigner pour en savoir plus sur la manière dont cela fonctionne ? »

Elle se garda cependant de leur dire que cela lui donnerait également un peu de temps pour réfléchir à d'autres options, comme celle de garder l'enfant, par exemple. Elle avait besoin d'examiner la question sous tous les angles et sans toute cette pression, un luxe dont elle savait qu'elle ne jouirait jamais tant qu'elle demeurerait en Irlande.

Cela prit un certain temps mais, à force de plaidoyers et de conversations baignées de larmes, ses parents finirent par acquiescer.

Son père connaissait quelqu'un qui connaissait un prêtre dans le sud de l'Angleterre qui les mit à son tour en relation avec une agence à Londres. Ce qui ne plut guère à l'agence de Dublin qui considérait sans nul doute qu'un adopté potentiel était en train de lui échapper mais, à la surprise de Sinéad, ses parents lui tinrent tête et, avant qu'elle ne réalise pleinement ce qui se passait, ils étaient sur un bateau qui faisait route pour l'Angleterre.

Sa tante Catherine lui avait façonné deux tenues « de sortie » pour ses jours de congé. Lorsqu'elle apprit que Sinéad se rendait à Londres, elle se mit immédiatement à passer en revue ses patrons les plus élégants. « Nous n'allons quand même pas te laisser errer dans Londres vêtue comme une mère célibataire », lui dit Catherine avec un clin d'œil.

La première tenue était très chic ; une tunique bleu marine sans manches, avec jupe assortie à carreaux marine et blanche dotée d'une taille élastique, pour les journées plus fraîches. L'autre était une robe de style Empire à motif cachemire jaune pâle, estivale et légère.

Sa tante lui confia également une vieille alliance qui avait appartenu à sa défunte belle-mère, à porter en public.

⋆

« Bonjour, Monsieur et Madame Murray. Et vous devez être Sinéad. Entrez donc et asseyez-vous, je vous en prie. Vous devez être fatigués après votre voyage. Puis-je vous offrir du thé ou du café ? »

La femme de l'agence de Londres affichait un sourire chaleureux et leur dit s'appeler Janet, s'adressant directement et cordialement à Sinéad, qui eut le sentiment qu'elle pouvait avoir confiance en elle. Le bureau était accueillant et agréablement décoré ; on était bien loin de l'atmosphère de pompes funèbres de l'agence de Dublin et de l'austère mademoiselle Brennan. Janet leur expliqua comment fonctionnait l'arrangement. Sinéad emménagerait chez une famille soigneusement choisie, attentionnée et habituée à ce type de situation, auprès de laquelle elle resterait jusqu'à la naissance de son enfant. Elle y travaillerait en tant que fille au pair, tâche qui lui vaudrait une modeste rémunération. Visites médicales et accouchement auraient lieu à l'hôpital le plus proche, tandis que l'agence s'occuperait du processus d'adoption si – et elle mit l'accent sur le « si » – elle souhaitait que l'enfant soit adopté.

Janet sortit un petit tas de documents ; trois familles d'accueil étaient proposées à Sinéad. La première était un couple juif qui n'avait pas d'enfants, la deuxième était une famille anglaise ayant un enfant et un chien qui avait l'air ennuyeuse, et la troisième était composée d'un médecin irlandais, de sa femme et de leurs deux enfants, qui résidaient dans les quartiers est de Londres.

Sinéad s'imagina brièvement dans un cottage à la campagne où des rosiers grimpaient les murs, et où un couple juif bienveillant s'occupait d'elle (quelqu'un lui avait dit un jour que les Juifs étaient très aimables envers les mères célibataires) mais l'expression sur le visage de son père la persuada de garder le silence. Il y avait eu suffisamment de discussions houleuses l'année précédente lorsqu'elle avait exprimé le souhait d'aller travailler dans un kibboutz. Ce fut évidemment le médecin irlandais qui remporta la mise. Après tout, les médecins étaient généralement des gens aimables et cultivés, se dit Sinéad, donc il s'agissait sans doute d'un bon choix. Et puis, il était irlandais. Et catholique.

Quelques coups de fil furent passés et une rencontre fut organisée.

⋆

« Es-tu certain qu'il s'agit de l'adresse qu'on t'a donnée, Noel ? »

Le ton de la mère de Sinéad était inquiet et il fallait bien reconnaître qu'il était difficile de croire que quiconque pût résider là. C'était la première maison d'une rangée de demeures assez imposantes, bâties sur trois étages. La rue avait sans doute été distinguée jadis mais son état était aujourd'hui quelque peu délabré. Certaines des maisons semblaient abandonnées tandis que d'autres avaient apparemment été divisées en appartements, dont les rideaux sales et dépareillés avilissaient les façades autrefois nobles. De l'autre côté de la rue s'étendait un terrain vague qui avait sans doute été laissé à l'abandon depuis le Blitz.

« Tiens, regarde. » Le père de Sinéad indiqua une plaque de cuivre rutilante dont la présence sur la façade détériorée semblait assez incongrue. « Cela dit bien "cabinet de médecin". Ce doit être le bon endroit. »

Ils sonnèrent à la porte. Cette dernière, en bois et colossale, dont la peinture bleu foncé s'écaillait, était entrouverte. Ils la poussèrent et pénétrèrent dans la maison. Un homme de grande taille aux cheveux bruns apparut et se présenta comme le docteur Malone, avant de les faire passer dans son cabinet au rez-de-chaussée, sur la gauche. Sinéad nota que l'accès à l'escalier qui menait au reste de la maison, où devait vivre la famille, était barré par une grille en fer forgé fermée à clef. Elle fut saisie d'un mauvais pressentiment et le docteur lui inspira une antipathie instinctive mais elle ne put se résoudre à en faire part à ses parents. Ils avaient été si bons envers elle, si désireux de bien faire, qu'elle ne voulut pas ajouter à leur lot d'inquiétude.

Il fut décidé qu'elle emménagerait sur-le-champ. Une fois ses parents partis, on lui montra sa chambre ; une pièce à l'aspect piteux et dénudé, au sol recouvert de linoléum, avec une natte effilochée près du lit. Elle se trouvait au deuxième étage (tous ces escaliers ; peut-être espéraient-ils que l'effort entraînerait une fausse couche !). La chambre était semblable à celle d'un hôtel bas de gamme, sans âme, et rien n'indiquait que quiconque y avait vécu auparavant, bien que le médecin ait affirmé que la pensionnaire précédente venait de les quitter pour accoucher de son enfant.

L'idée qu'elle avait entretenue au sujet de la profession médicale, et de la bienveillance et la culture de ceux qui la composaient, fut rapidement dissipée. Le docteur Malone était un homme bourru et imposant qui désapprouvait visiblement des mères célibataires, un homme taciturne qui exigeait que ses œufs soient cuits à la perfection. Ce fut l'une des premières choses que sa femme, Gloria, dit à Sinéad lorsqu'elles furent présentées.

« Vous pouvez m'appeler Madame Malone », dit-elle en faisant visiter la maison à Sinead, peinant à se faire entendre par-dessus le vacarme causé par la bambine hurlante qu'elle tenait dans ses bras et la fille plus âgée qui tiraillait sa manche en geignant.

« Je vous ai préparé une liste de vos tâches. » Gloria lui remit deux feuilles de papier mal dactylographiées ; l'une d'elles détaillant une routine quotidienne et l'autre une liste de tâches ménagères à effectuer. « Je trouve cela plus facile que de tout expliquer à chaque fois qu'une nouvelle jeune fille arrive, expliqua-t-elle. Elles vont et viennent si souvent. Vous pourrez l'étudier plus tard mais la chose la plus importante est de préparer correctement le petit-déjeuner. Le docteur Malone n'aime pas ses œufs trop cuits. Il ne faut pas qu'il commence sa journée de mauvaise humeur, n'est-ce pas Maria ? » Elle laissa échapper un petit rire et chatouilla le menton de sa cadette. Madame Malone avait été une très belle jeune femme – il y avait des photos d'elle sur le piano à queue, dans le salon, où elle ressemblait à un mannequin – mais aujourd'hui ses traits paraissaient usés et hagards à Sinéad.

Emily, l'aînée des deux filles, avait de longs cheveux châtain clair en bataille et un visage quelconque. Elle glissa sa main dans celle de Sinéad et lui sourit timidement. Maria, la cadette, était tout le contraire ; adorable avec ses boucles dorées et son faciès de chérubin. C'était de toute évidence la préférée et elle était pourrie gâtée. Dès le premier instant, elle déplut à Sinéad, un sentiment qui était apparemment réciproque.

Elle fut rapidement désabusée d'une autre idée qu'elle avait entretenue, qu'elle ferait « partie de la famille », qu'elle s'occuperait de (c'est-à-dire qu'elle jouerait avec) leurs enfants adorables, qu'elle ferait un peu de vaisselle, les aiderait à effectuer diverses tâches ménagères et qu'en retour ils lui apporteraient conseils, soutien et un peu d'argent de poche. Cela s'avéra également être une illusion.

Mme Malone était complètement obnubilée par la nouvelle maison qu'ils faisaient construire quelque part en banlieue de Londres et parlait constamment de sa nouvelle cuisine ainsi que des robinets très spécifiques qu'elle avait commandés pour son bain à remous. La moitié du temps, Sinéad n'avait aucune idée de quoi elle parlait.

ROUTINE QUOTIDIENNE POUR EMPLOYÉE DE MAISON DES MALONE

Matin

7 h 30. Préparer le petit-déjeuner pour le docteur Malone et le servir dans la salle à manger. Il prend du thé, du pain grillé et de la marmelade puis un petit-déjeuner anglais. Préparer le thé à l'avance car il l'aime très infusé. La marmelade doit être servie avec une cuillère sur une petite assiette, PAS dans le pot. (N.B. : Ne faites pas griller le pain avant que vous ne l'entendiez descendre les escaliers, sinon il sera froid).

Faire frire un œuf, une saucisse et une tranche de bacon. L'œuf doit être légèrement tourné. Si le jaune n'est pas intact, le docteur Malone ne le mangera pas. Vous devrez lui en préparer un autre. Faire frire la saucisse et la tranche de bacon dans une poêle à part, veiller à égoutter la graisse.

N.B. : Restez dans la cuisine pendant que le docteur prend son petit-déjeuner, au cas où il ait besoin de vous.

Mme Malone et les enfants prendront leur petit-déjeuner plus tard. Vous prendrez votre petit-déjeuner avant qu'ils ne descendent. (Le déjeuner et le dîner seront préparés par Mme Malone. Vous prendrez vos repas à la cuisine car les enfants se comportent mal lorsqu'une personne extérieure est présente.)

Après le petit-déjeuner, vous vous occuperez des tâches ménagères (voir la liste distincte).

Après-midi et soir

Vous vous occuperez des enfants et vous nettoierez la cuisine après le déjeuner et le dîner.

N.B. : La cuisine doit être dans un état impeccable avant que vous ne montiez vous coucher.

TÂCHES MÉNAGÈRES

pour EMPLOYÉE DE MAISON DES MALONE

LUNDI

Nettoyer les escaliers. Passer l'aspirateur et laver mais ne PAS polir car quelqu'un pourrait glisser.

Nettoyer votre chambre (changer la literie, dépoussiérer et cirer tous les meubles, laver les fenêtres, passer l'aspirateur et nettoyer le sol)

MARDI

Votre journée de congé. Tous vos rendez-vous médicaux doivent avoir lieu lors d'une de vos journées de congé.

N.B. : Si vous sortez, veuillez rentrer à une heure raisonnable.

MERCREDI

Nettoyer le salon, dépoussiérer et cirer tous les meubles mais ne PAS cirer le piano.

Passer l'aspirateur sur les tapis et les canapés.

Laver les fenêtres.

Polir TOUS les objets en cuivre et l'argenterie.

JEUDI

Passer l'aspirateur dans les escaliers et la chambre des parents, nettoyer la salle de bains et la chambre des enfants.

VENDREDI

Nettoyer la salle à manger, dépoussiérer et polir tous les meubles.

Passer l'aspirateur. Polir TOUTE l'argenterie.

SAMEDI

Soigneusement nettoyer tous les plans de travail dans la cuisine. Nettoyer le sol. Nettoyer le four et le frigidaire AVANT de nettoyer le sol.

DIMANCHE

Accompagner la famille à la nouvelle maison et assister Mme Malone.

Sinéad fut surprise par la quantité de tâches ménagères qu'on lui demandait de faire. Elle n'y avait pas d'objections mais elle ne comprenait pas pourquoi ils n'engageaient pas une femme de ménage. Pourquoi demander à une jeune fille enceinte et dépourvue d'expérience d'effectuer ce genre de travail ? Changer d'aide-ménagère tous les quelques mois devait être perturbant pour tout le monde et le fait que Gloria se sente obligée de dresser une liste par écrit en disait long.

Elle supposa d'abord que la famille hébergeait des jeunes femmes comme elle pour des raisons altruistes et qu'elle souhaiterait l'aider, lui parler, la guider dans ses décisions à venir. Mais à chaque fois qu'elle tentait de s'entretenir avec Gloria, cette dernière semblait inattentive, débordée, peu disponible. Sa réponse à la plupart des questions de Sinéad était de dire que les autres filles faisaient ceci ou cela mais jamais elle ne lui donnait sa propre opinion. Quant au docteur Malone, elle ne pouvait imaginer lui demander conseil à propos de quoi que ce soit de personnel, ce qui la menait à se poser des questions au sujet de la vocation censée animer les médecins.

Mais elle persévéra car il y avait tant de choses que Sinéad souhaitait savoir et, lasse de ses questions incessantes, Gloria finit par lui suggérer de rendre visite à Debbie, la jeune femme qu'elle avait remplacée auprès de la famille.

Sinéad appela Debbie et une rencontre fut prévue pour son jour de congé suivant. Debbie s'avéra être une jeune femme souriante et bien en chair, originaire de Londres, qui aimait porter beaucoup de fard à paupières bleu vif. Lorsque Sinéad se présenta à son appartement, elle était entourée de ses amies, qui roucoulaient toutes gaiement au-dessus de son nouveau-né. Elles lui témoignèrent toutes beaucoup de sympathie mais Sinéad se sentit mal à l'aise, pas à sa place. Lorsqu'elle demanda comment s'était passée la naissance, elle engendra une pluie de glapissements hilares. Debbie lui dit avec son épais accent cockney qu'elle oublierait vite la douleur et qu'une fois l'enfant dans ses bras elle ne voudrait plus le lâcher. Lorsque Sinéad lui demanda ensuite comment elle allait faire pour élever l'enfant seule, Debbie répondit en riant : « J'ai mes potes. Ils vont tous m'aider. Et je vais essayer de trouver un boulot où je pourrai habiter sur place, auprès d'une famille comme les Malone, où je pourrai avoir le gamin avec moi. C'est ce que font la plupart des filles. »

Lorsque Sinéad finit par rentrer chez les Malone, elle était en proie à la confusion la plus totale et elle passa le reste de la soirée dans sa chambre, à sangloter dans son oreiller.

Les journées passaient lentement mais, peu à peu, une sorte de routine s'installa. Il fut bientôt évident que, lorsque Gloria se rendait à leur nouvelle maison, Sinéad n'était plus la bienvenue et elle passait donc généralement ses dimanches seule dans la demeure que les Malone allaient bientôt quitter. Elle avait demandé s'il lui serait possible de sortir le dimanche mais le docteur Malone lui avait clairement fait comprendre que sa journée libre était le mardi et qu'il voulait qu'il y ait toujours quelqu'un à la maison pour dissuader les cambrioleurs potentiels.

Ayant remarqué que le piano était toujours fermé à clé, elle demanda un jour au docteur Malone la permission d'en jouer de temps à autre mais il lui répondit sèchement qu'il s'agissait d'un instrument précieux auquel personne ne devait toucher.

Fille unique, Sinéad était habituée à passer du temps seule. Elle avait toujours trouvé refuge dans les livres mais, hormis quelques romans à l'eau-de-rose écornés, elle n'en vit nulle part dans la demeure, à part les étagères d'ouvrages médicaux du bureau du docteur Malone. Ne souhaitant vraiment pas endurer la discussion qui découlerait inévitablement de sa requête si elle demandait à en emprunter, elle se mit à tenir un journal où elle consignait ses pensées, juste pour tuer le temps.

Sa grossesse avançait et elle n'avait personne à qui se confier, personne pour l'aider à prendre la décision cruciale concernant son enfant après sa naissance. Elle s'était rendue à un rendez-vous dans la clinique prénatale de l'hôpital morne et peu accueillant situé non loin de son domicile mais tout le monde y semblait trop pressé, trop occupé pour s'asseoir et discuter de sa situation. Elle avait lu et relu le livre sur la grossesse que sa tante lui avait donné, qui expliquait en détail un procédé appelé la méthode Lamaze. L'ouvrage promettait un accouchement indolore, à grand renfort de schémas étranges et d'exercices respiratoires alors qu'à la clinique on lui avait parlé d'injections, d'air et de gaz. Elle aurait aimé pouvoir parler de tout cela avec quelqu'un de bienveillant. Sa famille lui manquait cruellement.

⋆

« Karen ? C'est Sinéad. »

Il y eut une pause à l'autre bout du fil et Sinéad entendit des voix en fond. Sinéad et Karen se connaissaient depuis l'école primaire mais s'étaient perdues de vue depuis que

Karen fréquentait Tom, qui se prenait pour un intellectuel. Karen et son petit ami, Tom, étaient venus travailler à Londres pour l'été. Ils louaient un appartement près de Stoke Newington.

« Sinéad ? Salut, comment vas-tu ? » Karen plaça sa main sur le combiné et Sinéad l'entendit crier quelque chose à l'adresse de quelqu'un.

« Je vais bien. Je suis à Londres et je me demandais si je pouvais venir te rendre visite, un de ces jours. Le mardi est mon seul jour de congé.

— Oh, ouais, pas de problème ; viens quand tu veux. »

La voix de Karen lui parut bizarre, un peu nonchalante.

Elle apprit à Sinéad que Tom travaillait pour un géomètre-expert et qu'elle était serveuse à mi-temps dans un café où elle travaillait en soirée mais qu'elle était libre de ses journées. Sinéad griffonna l'adresse et prévit de s'y rendre lors de son prochain jour de congé. Le trajet était long et compliqué et elle sut dès son arrivée que venir avait été une erreur. L'appartement était très désordonné, avec des sacs de couchage à même le sol et des cendriers pleins à ras bord un peu partout. Les rideaux fermés dans le salon créaient une atmosphère sinistre accentuée par la musique lugubre qui tournait en fond. Un couple était affalé sur le canapé en train de fumer quelque chose à l'odeur douce et herbacée. Ils ignorèrent complètement Sinéad, l'air défoncé. Karen lui offrit une tasse de thé et fit de la place pour qu'elles puissent s'asseoir.

« Alors, qu'est-ce que tu fais à Londres ? » demanda-t-elle à Sinéad. Elle n'avait de toute évidence pas remarqué son ventre rond, qui commençait à être visible, mais que les talents de confection de sa tante Catherine dissimulaient bien.

« Eh bien, en fait… » commença Sinéad, pensant peut-être se confier à Karen, mais, consciente du couple qui se trouvait à portée de voix, elle changea d'avis. « Je travaille dans un cabinet de médecin. Dans l'East End. C'est un stage pour mon diplôme.

— Ça doit être bien, commenta Karen.

— Ça va, répondit Sinéad, mais je ne sors pas beaucoup. C'est un peu loin de tout. Et toi, ton boulot ? »

Elles bavardèrent un moment mais Sinéad sentit qu'elle était mal à l'aise et, lorsque Tom arriva plus tard, il semblait irrité par sa présence. Elle ne l'avait jamais vraiment apprécié de toute façon, donc elle prétexta devoir rentrer tôt et s'en alla en ressentant une certaine frustration. Pour couronner le tout, Sinéad s'était attiré des ennuis avec les Malone parce qu'elle était rentrée tard, que la porte avait été verrouillée de l'intérieur et qu'elle avait été obligée de sonner, ce qui d'après le docteur M. avait importuné toute la maisonnée.

Elle décida donc de ne pas répéter l'expérience. Résolue à ne plus gaspiller aucune de ses journées libres, elle les utilisa pour découvrir la ville, quittant la maison tôt tous les mardis matin, sa journée planifiée dans les moindres détails grâce au petit guide touristique qu'elle avait acheté à son arrivée à la gare ferroviaire d'Euston. Il lui fallait budgétiser ses sorties avec soin car elle ne gagnait que deux livres sterling par semaine chez les Malone.

Sinéad mit au point une routine pour ses mardis. Le matin, elle se rendait généralement à un musée ou une galerie d'art, où elle mangeait parfois un morceau si ce n'était pas trop cher, avant de passer l'après-midi à se promener, découvrant ainsi différents quartiers de la ville et faisant parfois les devantures des magasins. Elle tentait de recueillir autant de brochures gratuites que possible, juste histoire d'avoir quelque chose à lire lorsqu'elle rentrait chez elle. Un jour, il plut toute la journée, alors elle se rendit au cinéma l'après-midi et y vit *Brief Encounter*, qu'elle trouva excellent mais qui lui donna le cafard. Un autre jour, elle décida de se faire plaisir et elle prit le thé avec des scones et de la confiture dans un adorable petit café à Knightsbridge. Elle découvrit également une très belle boutique de maternité à côté de Sloane Square, qui était aussi très chère, et parfois elle s'y rendait pour admirer la vitrine, se faisant la promesse qu'un jour, lors d'une grossesse légitime (une idée qui la fit rire en son for intérieur), elle reviendrait y faire un achat frivole.

Chapitre trois

Un mardi, vers la fin du mois de juin, Sinéad avait pris le métro jusqu'à Aldgate et attendait le bus qui la ramènerait chez elle. Elle revenait d'un concert de midi à l'église de Saint Martin-in-the-Fields et elle était en train de lire le programme pour la troisième fois lorsqu'elle remarqua la présence d'un jeune homme qui se tenait près d'elle.

« Excusez-moi, s'adressa-t-il à elle, la faisant sursauter, vous habitez bien Commercial Road, n'est-ce pas ? »

Elle se retourna et le contempla un moment. Son visage lui était vaguement familier, sans plus. « Je m'appelle Sam, poursuivit-il. J'habite près de l'arrêt de bus. Mes parents tiennent la bijouterie. »

Elle réalisa qu'elle l'avait déjà vu avant, qu'il prenait le bus à la même heure qu'elle le mardi. Elle connaissait la bijouterie, dont elle admirait souvent la vitrine. La boutique se singularisait, semblant un peu trop huppée pour un quartier si délabré. Il y avait de belles choses dans la devanture et les étalages en vitrine étaient changés régulièrement, de manière à ce que tout garde un aspect propre et neuf. Elle se souvenait du nom, *Bloom's*, car elle s'était dit qu'il évoquait plutôt un fleuriste.

Sam Bloom – Samuel, sans doute. Juif, peut-être.

Il était d'aspect plaisant, se dit-elle. Sobre et bien habillé, sans être tape-à-l'œil. Cheveux assez longs, mais pas trop. De beaux yeux bruns. Un très léger embonpoint.

« Je vois que vous êtes allée au concert à Saint Martin-in-the-Fields, ajouta-t-il en indiquant le programme qu'elle tenait entre ses mains. Je voulais vraiment m'y rendre mais je n'ai pas pu. J'étudie le piano à la *Royal Academy of Music* et j'ai des cours tous les mardis. »

Ils discutèrent du concert jusqu'à l'arrivée du bus et s'assirent côte à côte pour la durée du court trajet. Il espérait faire carrière en tant que pianiste de concert et préparait en ce moment son examen final. Sinéad lui confia qu'elle avait pris des cours de piano jusqu'à l'âge de treize ans, obtenant même une bourse pour le *Dublin College of Music*, et qu'elle regrettait aujourd'hui de ne pas avoir poursuivi dans cette voie. Il lui dit d'être prudente sur le chemin du retour. Il attendit qu'elle ait atteint la maison et qu'elle y soit rentrée avant de regagner à son tour la boutique de ses parents.

Sur le chemin du retour, Sinéad se sentait légère, heureuse pour la première fois depuis bien longtemps. Plus tard, allongée dans son lit et passant en revue les événements de la journée, elle se dit que c'était le premier vrai contact humain qu'elle avait eu depuis qu'elle avait commencé à travailler chez les Malone. Quelqu'un s'était adressé à elle de façon normale et bienveillante, un inconnu de surcroît, sans faire mention de sa grossesse ou de quoi que ce soit dans ce sens, malgré son ventre rond désormais visible.

Le reste de la semaine fut sans incident. Les enfants furent relativement sages et la routine des tâches ménagères commença à lui sembler avoir une certaine utilité, dans la mesure où elle lui permettait de penser à autre chose qu'à l'avancée de sa grossesse. Elle aurait tout de même aimé avoir quelqu'un à qui parler, qui pourrait lui dire ce que les prochains mois lui réserveraient. Elle se demanda si elle devrait tenter de contacter l'agence mais elle décida finalement d'attendre encore une semaine ou deux.

Le mardi matin suivant, Sinéad attendait le bus comme à son habitude, parcourant son guide de la ville en se demandant ce qu'elle allait faire ce jour-là. Elle avait initialement prévu de visiter le *British Museum* mais il faisait si beau qu'elle penchait désormais plutôt pour une promenade en plein air. Peut-être même se permettrait-elle une petite folie et s'offrirait-elle une visite guidée de Londres. Tandis que le bus approchait, elle aperçut Sam en train de courir vers l'arrêt de bus. Il arriva juste à temps et se laissa tomber sur le siège à côté du sien, essoufflé. « Bonjour ! Vous aussi, vous allez à Londres tous les mardis ? » demanda-t-il. « Oui, répondit-elle. C'est mon jour de congé. »

« Votre jour de congé ? Vous travaillez ? dit-il en jetant un regard à la bosse de son ventre. Désolé, c'est votre accent. Je pensais que vous étiez ici en vacances. Quel genre de travail faites-vous, pour avoir quartier libre le mardi ? »

Sinéad hésita. « Je ne peux rien dire. C'est top secret.

— MI5 ou CIA ? s'enquit-il, visiblement amusé.

— Ni l'un, ni l'autre ; si je vous le disais, je serais obligée de vous tuer.

— Et votre mari, travaille-t-il lui aussi pour les services secrets ?

— Je ne suis pas… » Sinéad s'interrompit et inspira profondément, prenant un air peiné. « Malheureusement, mon mari a été capturé par les Russes lorsque son avion s'est écrasé près de Minsk. Il est actuellement détenu dans un goulag en Sibérie. »

— Quelle vie passionnante vous devez mener », commenta Sam en lui adressant un regard faussement émerveillé.

Lorsqu'ils descendirent du bus à la station de métro, Sam la prit par le bras et la guida vers un marchand de journaux. « Ne dites rien, lui dit-il en se cachant derrière un présentoir. Je dois m'assurer que nous ne sommes pas suivis. Je ne pouvais rien dire dans le bus, au cas où quelqu'un nous entende mais je suis un agent du Mossad. »

Sinéad pouffa et se rendit soudain compte qu'elle n'avait pas ri ainsi depuis bien longtemps. Elle lui demanda pourquoi il étudiait le piano s'il travaillait pour le Mossad et il rétorqua, de manière fort plausible, que la vie de pianiste voyageant de concert en concert lui fournirait la couverture idéale à ses activités. « Cela me permet également d'exercer mon index, pour la détente », ajouta-t-il, ce qui la fit rire à nouveau tandis qu'ils descendaient les marches menant à la station de métro.

Il lui fit promettre de le retrouver à la station de Baker Street à cinq heures pour le trajet du retour. « J'aurai un journal plié sous le bras », chuchota-t-il en partant.

Sinéad passa le plus clair de la journée à errer dans Londres et, lorsqu'elle arriva à Baker Street, elle ressentait nettement les effets de la fatigue. Elle avait un peu d'avance mais Sam l'avait précédée. Elle l'aperçut immédiatement, adossé contre un mur, portant des lunettes noires et une copie du *Guardian* pliée sous le bras. Il avait l'air… à son aise, voilà l'expression qu'elle cherchait. Il ne ressemblait pas du tout à un espion.

Lorsqu'il la vit s'approcher, il se redressa et sourit. « Vous avez le temps de prendre une tasse de thé ? À quelle heure devez-vous être rentrée ?

— Pas d'heure en particulier mais ils préfèrent que je sois rentrée avant la tombée de la nuit.

— Une chance que les nuits soient si courtes à cette époque de l'année », commenta-t-il.

Ils quittèrent la station et marchèrent un peu avant de s'arrêter devant un salon de thé. L'endroit était très joli, très anglais, avec en vitrine un présentoir à gâteaux à trois étages remplis de scones à l'air délicieux et de choux à la crème en tous genres. « L'endroit idéal pour quelqu'un dans votre situation, dit-il gaiement. Après vous. »

Il lui ouvrit la porte et une cloche tinta à leur entrée.

Il faisait agréablement frais à l'intérieur et elle s'assit avec grand plaisir sur une chaise extrêmement confortable. La chaleur de l'après-midi et sa grossesse avaient commencé à faire enfler ses chevilles et ses pieds étaient endoloris après avoir marché toute la journée. Une serveuse d'âge mûr émergea de l'arrière-salle et prit leur commande. Souriante, elle leur demanda quand l'heureux événement allait avoir lieu.

« Octobre », répondit Sinéad. « Novembre », dit Sam au même moment.

« C'est votre premier, alors ? s'enquit la serveuse.

— Oui, dit-il. Et nous en voulons encore au moins cinq. »

Une fois la serveuse repartie, il se tourna vers Sinéad et dit : « Je suis désolé. Je me suis un peu laissé emporter et je n'ai pas pu résister, il fallait que je voie la tête qu'elle ferait.

— Ça ne fait rien », dit Sinéad. Elle tenta de sourire, mais se rendit compte avec horreur qu'elle avait les larmes aux yeux.

Ils restèrent assis en silence tandis que la serveuse plaçait les assiettes et le couvert, les scones, le beurre, la crème épaisse et la confiture de fraises.

Sinéad inspira profondément.

« Sam, il faut que je vous dise quelque chose. Je ne suis pas mariée et je ne travaille pas vraiment – enfin, pas au sens habituel du terme. Je veux dire... »

Il l'interrompit d'un geste de la main. « Je n'ai pas été complètement honnête avec vous non plus, Sinéad. Je suis au courant pour les Malone. Lorsque je vous ai vue rentrer chez eux, je me suis douté de la raison. Ils accueillent régulièrement des jeunes femmes enceintes célibataires. Mon père connaît le docteur Malone.

— Vous saviez ? dit-elle, stupéfaite. Et cela ne vous dérange pas qu'on vous voie avec moi ? »

Il eut l'air sincèrement étonné. « Pourquoi cela me dérangerait-il ? En fait, je me demandais si vous aimeriez aller à un concert mardi prochain. Il s'agit juste de quelques-uns de mes camarades d'études. Ils sont tous plutôt doués et ils jouent les uns pour les autres de temps en temps pour s'habituer à jouer devant un public. Le concert aura lieu à quatre heures.

— Ce sera avec grand plaisir », dit-elle.

Le reste de la semaine passa très lentement. Avant son arrivée à Londres, la grossesse de Sinéad avait été à peine perceptible, même de son propre point de vue. Mais elle en était désormais à un point où plusieurs paliers semblaient avoir été franchis et la manière dont son corps s'en trouvait altéré la préoccupait. Ses seins étaient lourds, douloureux parfois, tandis que son ventre était devenu encombrant et rendait les tâches ménagères plus difficiles. Toute la semaine, les enfants furent d'humeur plus grincheuse que d'habitude et il faisait chaud, si bien que si elle n'avait pas eu le concert en point de mire, elle aurait eu beaucoup de mal à y faire face.

Le mardi suivant, Sam n'était pas à l'arrêt de bus et elle en ressentit une légère déception. Elle pensa même attendre jusqu'au bus suivant, au cas où il fût en retard, mais elle finit par se dire de ne pas être idiote et se mit en route comme d'habitude.

Après une matinée placée sous le signe de la culture et un déjeuner frugal à la *Tate Gallery*, elle estima avoir mérité un moment de détente et se promena le long d'Oxford Street. Elle flâna en contemplant les devantures des magasins, et s'arrêta devant celle de *Selfridge's*, son regard attiré par un bel imperméable vert foncé, très à la mode. Il semblait confectionné en vinyle ou en PVC et ne serait pas du tout pratique dans son état actuel mais Sinéad ne put résister à la tentation d'entrer dans le magasin et de l'essayer. Il lui allait parfaitement dans le dos, même si elle ne pouvait évidemment pas le fermer. Le matériau était doux au toucher, pas du tout désagréable, et la couleur lui allait très bien. La vendeuse émit toutes sortes de murmures approbateurs et lui dit que l'imperméable serait parfait pour après la naissance de son enfant mais Sinéad considéra le prix et, bien que cinq livres sterling puissent ne pas sembler une somme importante, cela représentait plus de deux semaines de paie, ce qui en faisait une dépense très excessive. Elle remit l'imperméable sur le portant à contrecœur, promettant à la vendeuse qu'elle « y réfléchirait ».

Elle arriva juste à l'heure à la *Royal Academy of Music*, où elle fut soulagée de voir que Sam l'attendait sur les marches. Le concert en lui-même était très décontracté ; les interprètes et les autres étudiants passèrent beaucoup de leur temps à plaisanter. Sam lui en présenta quelques-uns d'entre eux. Ils semblaient tous confiants et bien éduqués, doués et intéressants, et personne ne lui posa la moindre question au sujet de sa grossesse. Après le concert, ils se rendirent tous les deux à « leur » salon de thé, près de la station de métro, et ils se mirent à parler de leurs journées respectives.

Sans qu'elle sache comment la conversation en arriva là, elle se surprit à tout lui raconter ; comment elle s'était retrouvée enceinte sans vraiment comprendre comment cela avait pu se produire ; pourquoi épouser le père de l'enfant était hors de question et la disgrâce qu'endurerait sa famille si cela venait à s'ébruiter. Elle lui expliqua que Dublin était un monde totalement différent et qu'elle croyait avoir fait le bon choix en venant à Londres mais qu'elle se sentait maintenant terriblement seule et se rendait compte qu'elle avait fait une grossière erreur. Elle lui avoua qu'il était la seule personne qu'elle connaissait à Londres, hormis les Malone et Karen.

« Je suis très inquiète au sujet de ce qui va se passer lorsque le bébé sera né, Sam. Je m'imaginais que ma famille d'accueil serait bienveillante et souhaiterait m'aider mais je ne suis à leurs yeux qu'une espèce de bonne à tout faire bon marché. Dès que j'aurai mis bas mon enfant, je serai remplacée par une autre pauvre vache à lait. » Elle marqua une pause et sourit d'un air triste. « L'autre jour, alors que je nettoyais le bureau du docteur, j'ai trouvé un morceau de papier par terre. C'était une fiche de salaire à mon nom. Il déclare dix livres par semaine, dont il déduit le gîte et le couvert, ce qui me laisse deux livres. Visiblement, cela lui permet d'obtenir un dégrèvement d'impôts. Bon sang, je n'arrive pas à croire que je pensais vraiment qu'ils le faisaient pour aider des jeunes femmes comme moi. »

Elle but une gorgée de son thé.

« J'ai même pensé à rentrer en Irlande et à me rendre dans un de ces foyers pour mères célibataires et leurs enfants. Au moins, je n'y serais pas seule et je serais moins éloignée de ma famille. Les gens sont très aimables à l'hôpital mais l'endroit est immense et impersonnel et tout le monde y est très occupé. Ils n'ont pas de temps à consacrer à quelqu'un comme moi. »

Sam tartina du beurre sur un scone et le lui tendit. Elle le contempla quelques instants, avant de laisser échapper un soupir. « Merci. Il n'y a que le mardi que je me sens normale !

— Je ne sais pas quoi dire, Sinéad. Peut-être pourrais-tu parler à ma mère ? Elle est sans doute bien mieux placée que moi pour te donner conseil. »

D'ordinaire, elle n'aurait pas même envisagé de se confier à une autre personne inconnue mais elle hocha la tête sans mot dire et ses yeux s'emplirent à nouveau de larmes.

*

« Thé ou café ? »

Sinéad était assise dans le salon des Bloom. Sam l'avait présentée à sa mère avant de se rendre à ses cours. Au départ, Sinéad avait été plutôt réticente car elle était un peu gênée et ne souhaitait pas déranger la mère de Sam mais il avait insisté et elle se rendait maintenant compte qu'il avait eu raison. Dès son arrivée chez les Bloom, elle s'était sentie la bienvenue. Ruth la fit entrer dans le salon le plus confortable qu'elle ait jamais vu, très différent de celui des Malone. Un très beau piano demi-queue se trouvait dans un coin, près de la fenêtre et un vase rempli de lys trônait sur une table en acajou, diffusant dans la pièce une odeur merveilleuse. Il n'y avait dans la pièce pas un objet dénué d'élégance, sans être ostentatoire pour autant. Elle s'installa dans un petit canapé où elle aurait aimé passer le restant de ses jours.

« Thé, s'il vous plaît », dit-elle. « Mon livre sur la grossesse recommande d'éviter de boire trop de café. »

Ruth laissa échapper un rire. « Si seulement vous saviez ce que boivent certaines femmes enceintes. Et pourtant, leurs enfants naissent sans encombre. Mais vous avez raison ; mieux vaut être prudente. »

Elle plut à Sinéad dès le premier abord et les deux femmes bavardèrent agréablement. Ruth lui dit que sa famille était venue à Londres juste avant la guerre mais, comme ils avaient failli s'établir à Dublin, elle voulait tout savoir de l'Irlande. Sinéad lui parla de son grand-père qui avait été tailleur dans le quartier juif de Dublin, un endroit appelé le Petit Jérusalem, près de South Circular Road.

Les heures filèrent sans la moindre allusion à sa grossesse, hormis la question du choix entre thé et café. Lorsque Sinéad lui demanda si elle pouvait jeter un œil au piano, Ruth l'incita à l'essayer et dénicha quelques livrets de partitions appartenant à Sam. Elle les feuilleta et quelques pages libres tombèrent au sol. Elle les ramassa. « Sam a étudié cet *Impromptu* l'année dernière », dit-elle. « Pour moi, c'est l'une des plus belles compositions de Schubert. » Sinéad tenta d'en jouer quelques mesures mais le morceau était bien trop difficile pour elle et elle se contenta donc de quelques airs plus faciles, étonnamment encore familiers.

« Vous devriez vraiment vous y remettre, lui dit Ruth. J'ai toujours regretté de ne pas avoir suivi de cours ; c'est un tel don de savoir jouer, même lorsque ce n'est que pour soi-même. »

Elle changea brusquement de sujet. « Je vais vous emmener déjeuner. Sam m'a dit que vous n'aviez qu'un jour de congé par semaine et il serait dommage de passer une si belle journée entre quatre murs. »

Elles rangèrent en vitesse les restes du thé puis elles prirent la Mini de Ruth pour se rendre en ville. Leur destination était un charmant café en bord de rivière où Ruth choisit une table sur la terrasse, à l'ombre d'un parasol. Sinéad eut l'impression d'être en vacances en terre étrangère.

Ce ne fut qu'une fois le déjeuner terminé que Ruth aborda le sujet.

« Sinéad, Sam m'a parlé de votre dilemme. J'ignore si je suis en mesure de vous aider mais expliquez-moi votre situation et nous verrons. »

Sinéad raconta à nouveau son histoire, en y ajoutant la confusion qu'elle avait ressentie lorsqu'elle avait rencontré

Debbie et qu'elle s'était rendu compte que cette dernière avait gardé son enfant. Elle n'avait pas eu conscience du fait qu'une telle chose fût possible.

« C'est effectivement possible, Sinéad, mais c'est une situation très difficile si vous n'avez pas un réseau de soutien bien établi. Si vous restiez ici, par exemple, il vous faudrait trouver un logement et un emploi pour subvenir à vos besoins. En l'absence de famille et d'amis, vous seriez obligée de trouver quelqu'un pour s'occuper du bébé pendant vos heures de travail. C'est un cercle vicieux, malheureusement, ma chère. D'ailleurs, même si vous trouviez un emploi, vous constaterez sans doute que les attitudes n'ont pas changé tant que ça ici et que beaucoup de propriétaires ne loueront pas un logement à une mère célibataire.

— C'est encore pire en Irlande, affirma Sinéad. Tout le monde me dit qu'il est totalement hors de question de garder un enfant lorsqu'on n'est pas mariée ; la stigmatisation ne serait pas uniquement à mon encontre mais à l'encontre de l'enfant et du reste de ma famille. Ma mère a proposé de quitter son emploi pour m'aider à m'occuper du bébé – elle vient tout juste de reprendre le travail après des années passées en tant que femme au foyer – mais tout le monde dit que je ne peux pas lui faire ça, que ses voisins ne lui adresseraient plus la parole et se moqueraient de mon enfant. Mais j'y ai réfléchi. Si j'arrivais à terminer l'année prochaine, j'aurais les qualifications me permettant de trouver un emploi correct. Je pourrais peut-être revenir m'établir ici à ce moment-là et avoir les moyens de garder le bébé.

— Vous devez bien y réfléchir, Sinéad. Vous n'êtes pas obligée de vous décider tout de suite, lui dit Ruth. Je ne sais pas si Sam vous l'a dit mais nous partons demain en vacances quelques semaines. Revenez me voir lorsque nous serons rentrés. »

Chapitre quatre

L'ÉPISODE DU RAT FIT basculer la situation.

Il faisait plus chaud depuis quelques semaines et Gloria et les enfants étaient tendus, irritables. En raison de la chaleur qui régnait en ville, les Malone décidèrent de passer tout le week-end dans leur nouvelle demeure, où ils pouvaient profiter du jardin. Ils partiraient le vendredi après-midi et seraient de retour dimanche soir. Ils ne demandèrent pas à Sinéad de les accompagner.

Après leur départ, Sinéad lut le journal dans sa chambre, puis elle descendit à la cuisine pour se faire à manger. La cuisine et la salle à manger se trouvaient au sous-sol, qui ne recevait quasiment pas de lumière naturelle à travers les petites fenêtres à barreaux. Elle avait horreur de cette cuisine ; non seulement il y faisait toujours sombre mais le sol en linoléum craquelé et l'équipement vétuste de la cuisine la rendaient difficile à nettoyer. Les petites fentes entre les placards faisaient qu'il était quasiment impossible de récupérer ce qui y tombait.

En entrant dans la pièce, elle crut entendre quelque chose, comme un grattement. Figée sur place à l'idée de la présence d'un intrus, elle écouta attentivement et se rendit compte que le son provenait d'un des placards, près de l'évier. Elle s'approcha lentement en faisant le moins de bruit possible puis ouvrit le placard d'un coup sec, tombant nez à nez avec un très gros rat. Sinéad avait beau ne pas avoir peur des souris, elle n'avait encore jamais croisé la route d'un rat et se dit qu'il valait certainement mieux ne pas l'approcher de trop près. Elle referma en claquant la porte du placard, battit rapidement en retraite, ferma la porte de la cuisine derrière elle et remonta les escaliers, les mains tremblantes.

Elle resta dans sa chambre un long moment, assise sur son lit. Elle n'avait pas de moyen de contacter les Malone mais, quand bien même elle en aurait eu un, elle doutait fort que le docteur Malone prenne bien le fait d'être obligé à revenir au beau milieu de son week-end.

Elle finit par décider qu'il n'y avait rien à faire. Elle ne pouvait demander à Sam de l'aider car il était parti en vacances et elle n'allait pas appeler une entreprise de dératisation car elle ignorait comment trouver celle qui conviendrait et elle savait de toute manière que le docteur Malone serait furieux si quiconque soupçonnait que sa demeure abritait un rat.

Le lendemain était un samedi, le jour où elle était censée nettoyer la cuisine, mais elle avait trop peur pour s'acquitter de cette tâche. Elle se rendit au magasin du coin et acheta un peu de nourriture, de quoi tenir jusqu'au retour des Malone. Elle passa le reste de la journée et tout le dimanche dans sa chambre, hormis quelques incursions dans le salon pour y admirer le piano et s'asseoir sur le canapé bosselé. La pièce était extrêmement morne et déprimante, son mobilier sombre, lourd et disgracieux. Les canapés recouverts de tissu terne étaient inconfortables et les rideaux étaient d'épais pans de velours brun qui semblaient ne pas avoir été tirés depuis des années. La famille n'y allait jamais, ce qui n'avait rien de surprenant. Elle se demanda pourquoi personne ne se servait jamais du piano.

Le dimanche après-midi, elle entendit la voiture se garer vers cinq heures. Dès que la porte d'entrée fut ouverte, les enfants s'engouffrèrent dans l'escalier en criant et hurlant, suivis de Gloria qui tentait vainement de les calmer.

Le docteur Malone monta à son tour pesamment les marches. « Tout s'est bien passé, ici ? lui demanda-t-il.

— Eh bien, en fait… », commença-t-elle. La bouche sèche et les mains tremblantes, elle lui relata l'incident du rat et expliqua qu'elle n'avait pas pu se rendre à la cuisine de tout le week-end.

Il la dévisagea quelques instants sans mot dire, avant de se retourner vivement et de descendre les escaliers à la hâte, en direction du sous-sol.

Elle le suivit et se tint à la porte de la cuisine, écoutant le remue-ménage qui s'y produisait. Lorsqu'il en émergea enfin, il la frôla en passant, évitant son regard. « Le rat n'est pas là en ce moment, déclara-t-il, et j'ai bouché le trou par lequel il a dû entrer. Vous devriez mettre le couvert, les enfants doivent dîner. »

Elle prit son repas du soir dans la cuisine, comme d'habitude, tandis que la famille dînait dans la salle à manger. Emily vint la voir plusieurs fois pour lui demander quelque chose et s'attarder dans la cuisine, pendue à son bras comme si elle percevait que quelque chose n'allait pas.

Sinéad se trouvait à nouveau dans la cuisine le matin suivant, guettant les pas du docteur Malone dans l'escalier afin de pouvoir lancer la cuisson de son œuf. Dès qu'elle l'entendit, elle fit chauffer la poêle et cassa l'œuf dans une tasse avant de le faire glisser dans la poêle. Elle avait appris, au prix de quelques échecs, qu'il s'agissait là de la meilleure façon d'éviter que le jaune d'œuf ne se brise.

Elle fut prise au dépourvu par la diatribe à laquelle elle eut droit dès qu'il eut franchi le pas de la porte.

« Vous savez pourquoi il y avait un rat ici, n'est-ce pas ? » lança-t-il. Elle fit non de la tête. « Cette cuisine est d'une saleté dégoûtante. Regardez, regardez un peu cette crasse, là. » Il pointait du doigt un carré de linoléum craquelé qui avait été dans cet état avant son arrivée. « Vous ne nettoyez jamais entre les placards. Votre chambre est impeccable, bien entendu, on pourrait y dîner à même le sol. Mais nettoyer les cuisines des autres, vous estimez cela indigne de vous, c'est bien cela ? »

Tandis que le ton de sa voix montait, l'accent irlandais du docteur, qu'elle n'avait jamais vraiment remarqué, se faisait de plus en plus prononcé, les voyelles soigneusement modulées devenant de plus en plus marquées et gutturales. « Le fait d'être étudiante ne vous rend en rien supérieure à ma femme. Vous vous croyez trop bien pour nous, avec votre éducation universitaire et vos concerts du mardi. » Il criait presque désormais. « Nous vous avons accueillie et offert un toit alors que vous vous étiez attiré des ennuis. Nous vous payons même un salaire. Mais vous ne faites preuve d'aucune gratitude. Vous êtes une enfant gâtée égoïste et je plains vos pauvres parents. »

Elle se tint devant lui, les yeux ronds, abasourdie, retenant ses larmes et tentant désespérément de comprendre les raisons de cette violente invective. Il finit par s'interrompre et se rendit dans la salle à manger. Raide comme un automate, elle prépara son petit-déjeuner comme tous les matins et le plaça devant lui, comme s'il ne s'était rien passé.

Un peu plus tard, elle nettoya les escaliers mais ne toucha pas à sa chambre. Gloria ne fit aucune allusion à cet incident, se comportant comme si de rien n'était, et Sinéad se demanda comment au juste elle avait bien pu lui donner l'impression qu'elle se sentait supérieure à elle. Emily fut particulièrement collante cet après-midi-là, réclamant qu'elle lui lise des histoires tandis que Maria les observait d'un œil noir, jetant ses jouets aux quatre coins de la pièce. Elle n'arriva pas à trouver le sommeil lors de la nuit qui suivit et, lorsque le jour se leva enfin, elle avait pris sa décision.

Habitée d'une ferme détermination, Sinéad quitta la demeure des Malone. Elle se sentait soulagée, heureuse presque, car elle avait enfin un plan après des semaines d'incertitude et d'inquiétude. Elle marcha jusqu'à la maison des Bloom et sonna à la porte. Ruth lui ouvrit ; elle venait de rentrer de vacances et avait l'air détendu. Elle adressa à Sinéad un sourire chaleureux qui lui donna envie de se jeter dans ses bras et de tout lui raconter. Au lieu de cela, Sinéad lui demanda poliment si elle pouvait entrer et se servir de leur téléphone. « Je vous rembourserai l'appel, bien entendu », dit-elle.

« Vous avez l'air fatiguée, dit Ruth. Entrez donc, asseyez-vous et dites-moi ce qui se passe. »

Sinéad éclata en sanglots et Ruth la fit s'asseoir sur le canapé, lui enjoignant de lui conter ce qui était arrivé, secouant la tête lorsque Sinéad lui relata les reproches que lui avait faits le docteur Malone. « Je ne comprends pas ce que j'ai fait pour tant leur déplaire, dit-elle entre deux sanglots. J'essaie de tout faire comme ils le souhaitent mais j'ai toujours eu le sentiment d'être comme un cheveu sur la soupe. » Elle s'essuya les yeux avec un mouchoir que lui tendit Ruth. « Je me suis mise à penser à retourner en Irlande, même si cela signifie que je dois me rendre dans un foyer pour mères et enfants. Ça ne peut pas être pire qu'ici et au moins je ne serais pas seule. Il y aurait d'autres filles comme moi. » Elle laissa échapper un soupir. « Il faut que j'appelle mes parents pour leur demander s'ils peuvent contacter les personnes qui pourraient arranger ça mais c'est impossible de le faire chez les Malone, où mes moindres faits et gestes sont surveillés.

— Es-tu bien certaine que c'est ce que tu veux vraiment, Sinéad ? lui demanda Ruth avec ménagement.

— Cela fait deux semaines que je ne pense qu'à ça. Mais il faut que j'agisse maintenant, avant que ma grossesse soit si avancée que je ne puisse plus voyager. »

Sinéad appela ses parents et elle sentit qu'au-delà de leur surprise il y avait également du soulagement. Elle ne leur avait jamais avoué à quel point elle était malheureuse à Londres et elle s'abstint de leur raconter tout ce qui s'était passé car elle savait qu'ils en ressentiraient de la culpabilité. Elle leur expliqua simplement qu'elle avait beaucoup réfléchi et qu'au bout du compte cela lui semblait être la meilleure solution car elle serait plus près de sa famille. Ils promirent de la rappeler dès que possible et, en début d'après-midi, tout avait été réglé. Il y avait une place pour elle dans un foyer à Blackrock, tout près de la ville de Cork. L'endroit était suffisamment éloigné de Dublin pour que personne ne l'y reconnaisse, même si Sinéad se doutait bien que les sorties ne risquaient pas d'être au programme des activités du foyer.

Ruth l'emmena voir un agent de voyages de sa connaissance et elles passèrent le reste de l'après-midi à consulter les horaires de trains et de bateaux. L'avion, trop onéreux, était hors de question, ce qui rendait le périple de Sinéad assez compliqué. Il lui faudrait prendre le train de Londres à Fishguard, au Pays de Galles, puis effectuer la traversée de Fishguard à Rosslare, où elle prendrait à nouveau le train pour Cork. Ruth s'inquiétait d'un tel voyage aussi fatigant.

Lorsqu'elle quitta la demeure des Bloom ce soir-là, tout avait été organisé. Son départ était prévu pour le mardi suivant, lorsque Ruth et Sam seraient en mesure de l'accompagner à la gare. Elle en informerait les Malone le lendemain, leur donnant un préavis d'une semaine qui leur permettrait de trouver sa remplaçante. Si le moindre problème survenait, ou si les Malone lui demandaient de quitter leur maison avant la fin de la semaine, elle pourrait loger chez les Bloom.

Le lendemain matin, Sinéad servit son petit-déjeuner au docteur Malone comme d'habitude et lorsqu'il eut terminé, elle entra dans la salle à manger. Il leva les yeux, surpris ; elle n'était censée y pénétrer que lorsqu'il l'avait appelée.

« Docteur Malone, j'ai beaucoup réfléchi à ce que vous m'avez dit, commença-t-elle. Et je pense qu'il vaut mieux pour tout le monde que je m'en aille. J'ai appelé mes parents hier et je vais retourner en Irlande. »

Il la toisa, puis tourna à nouveau son regard sur son assiette, demeurant assis sans mot dire pendant un bon moment. « Eh bien, voilà qui confirme l'opinion que je m'étais faite, finit-il par déclarer. Une enfant gâtée, égoïste, qui ne se préoccupe en rien du bien-être d'autrui. » Il se leva avant de poursuivre. « Comment mon épouse va-t-elle s'en sortir, à votre avis, à devoir composer avec l'arrivée d'une nouvelle jeune fille ? Avez-vous-même réfléchi à l'impact que cela aura sur les enfants ? »

Sinéad se tint devant lui en silence, les joues en feu. Elle faillit lui demander pourquoi il n'embauchait pas une employée de maison permanente, s'il était si inquiet pour sa famille, puisqu'elle aurait quitté les Malone deux mois plus tard quoi qu'il arrive mais elle s'abstint de le faire car elle connaissait déjà la réponse.

Il lui dit de monter à l'étage et de s'occuper des enfants puis il appela sa femme et la fit passer dans son bureau pour s'entretenir avec elle. Emily tira sur la manche de Sinéad et lui demanda en l'implorant du regard si elle allait partir. Sincèrement triste à l'idée de la quitter, Sinéad la prit dans ses bras et lui dit de ne pas s'inquiéter, que quelqu'un d'encore plus gentil allait bientôt venir s'occuper d'elle.

Le reste de la semaine fut tendu ; tout le monde évitait le sujet de son départ, même si Gloria lui demanda à un moment donné comment elle avait prévu de voyager, ajoutant qu'elle emmenait les enfants chez leurs grands-parents le mardi et qu'elle ne pourrait donc pas la conduire à la gare.

Le vendredi, une jeune femme dont elle ne put déterminer si elle était enceinte ou pas rendit visite aux Malone. Elle fut reçue dans le bureau et, d'après des bribes de conversations, Sinéad crut comprendre qu'elle la remplacerait auprès des Malone.

Le premier mardi du mois d'août, à sept heures du matin, on sonna à la porte et le docteur Malone appela Sinéad. Il resta près de la porte tandis qu'elle s'évertuait à descendre les escaliers avec sa valise. Ruth se tenait dehors, accompagnée de Sam. Dès que ce dernier vit Sinéad avec sa valise, il se précipita pour l'aider, tandis que le docteur Malone dévisageait Ruth d'un air étrange. « J'ignorais que vous connaissiez Sinéad, Mme Bloom », dit-il, et en passant près de lui, Sinéad crut l'entendre marmonner quelque chose au sujet de commères qui se mêlaient de ce qui ne les regardait pas. Elle se retourna pour lui dire au revoir mais il avait déjà regagné son bureau. Elle avait fait ses adieux à Gloria et aux enfants le soir précédent, afin de ne pas les déranger tôt le matin, mais, lorsqu'elle atteignit la voiture et se retourna pour contempler la demeure, elle vit Emily à l'une des fenêtres du deuxième étage lui adressant de grands gestes du bras. Elle envoya en retour un baiser dans sa direction.

Lorsqu'elle fut enfin installée dans la voiture et qu'ils furent en route, Sinéad eut le tournis, comme une enfant qui part en voyage scolaire. Elle fit part d'un sentiment paradoxal aux Bloom. Elle abandonnait ce que beaucoup de gens verraient comme une existence assez normale pour aller s'enfermer dans un établissement peu accueillant mais elle avait pourtant hâte d'y être. Ruth lui adressa une tape amicale sur le genou et lui dit : « Vous verrez, ce sera comme si vous alliez au pensionnat. Ce ne sera pas si terrible, j'en suis certaine. Et avec un peu de chance, il n'y aura pas de rats pour vous déranger – qu'ils soient humains ou autres ! »

Lorsqu'ils arrivèrent à la gare de Paddington, comme ils avaient le temps, Ruth gara la voiture puis les accompagna à l'intérieur. Ils se rendirent dans le café attenant à la salle d'attente. En y pénétrant, Sinéad se dit qu'il ressemblait au café dans le film qu'elle avait vu, *Brief Encounter*, puis se sentit immédiatement ridicule en espérant ne pas se mettre à pleurer lorsque viendrait le moment de monter dans le train.

Ruth chercha son billet dans son sac à main. « Nous vous avons réservé une petite surprise, qui vous plaira j'espère, dit-elle en indiquant une enveloppe qu'elle remit à Sam. Sam va vous accompagner jusqu'à Rosslare. »

Sinéad les dévisagea, stupéfaite.

« Il ne pourra pas aller jusqu'à Cork avec vous car il faut qu'il soit rentré à Londres pour mercredi soir, poursuivit Ruth en adressant un sourire à son fils. Il a une entrevue importante jeudi matin. Il vous racontera tout ça dans le train. »

Elle se leva ensuite. « Il faut que j'y aille », dit-elle. Elle étreignit chaleureusement Sinéad et lui dit avant de les quitter : « Prenez bien soin de vous et restez en contact. »

Le trajet qui les mena à Fishguard passa en un rien de temps. Sinéad se demanda comment elle y aurait survécu sans la présence de Sam. Il plaça ses affaires dans le train et les en descendit. Il se chargea de répondre aux questions d'autres voyageurs, inventant toutes sortes d'histoires abracadabrantes au sujet du bébé et de la vie qu'ils menaient. Il ne cessa de parler à Sinéad ; du livre qu'il était en train de lire, des morceaux de piano sur lesquels il travaillait et de ses vacances.

Lorsqu'ils montèrent à bord du bateau, ils se rendirent sur le pont supérieur. Sam était devenu moins loquace et Sinéad en profita. « Cette entrevue, jeudi, lui dit-elle. De quoi s'agit-il ? » Il se tortilla sur son siège d'un air gêné et haussa les épaules. « Ce n'est rien, à vrai dire, répondit-il. L'un de mes professeurs souhaite que je postule à la *Juilliard School* et nous devons discuter de la manière dont se déroulent les auditions.

— La *Juilliard School* ? À New York ?

— Celle-là même.

— C'est formidable ! » s'exclama-t-elle.

Il haussa les épaules en guise de réponse. « Rien ne garantit que j'y serai reçu.

— Ne sois pas ridicule, rétorqua-t-elle, bien sûr qu'ils te prendront. Et tu deviendras un pianiste de renommée mondiale. » Elle marqua une pause. « Et moi qui ne t'ai entendu jouer qu'une seule fois. Donne-moi ton autographe, vite !

— Je peux faire mieux que cela, dit-il. Tiens, je t'ai apporté quelque chose. »

Il fouilla dans son sac à dos et en sortit une chemise cartonnée.

C'était la partition de l'*Impromptu* de Schubert qu'elle avait tenté de jouer chez lui.

« Ma mère m'a dit qu'avec un peu de travail tu arriverais probablement à le jouer, donc il est à toi. Si tu me promets de te remettre au piano et d'apprendre ce morceau, je te donne mon autographe. »

Sans attendre de réponse, il griffonna quelques mots au dos de la partition et y apposa sa signature d'un geste théâtral. Il fouilla ensuite à nouveau dans son sac et en tira un petit paquet, emballé maladroitement dans du papier kraft.

« Un petit quelque chose pour te remonter le moral, déclara-t-il. Mais tu dois promettre de ne pas l'ouvrir avant d'arriver à Cork. » Avant qu'elle n'ait le temps de réagir, il ajouta : « Sinéad. J'ai beaucoup réfléchi. Nous nous connaissons à peine mais, si cela te permettait de garder ton bébé, je serais disposé à t'épouser. Ce ne serait qu'une formalité, bien entendu ; rien ne t'obligerait à vivre avec moi si tu ne souhaitais pas le faire. »

C'était bien la dernière chose à laquelle elle s'attendait. Elle resta clouée sur son siège un moment, stupéfaite, puis elle secoua doucement la tête. « Je ne sais pas quoi dire, Sam. C'est vraiment très aimable de ta part. Mais tu dois penser à ta carrière. Une occasion pareille ne se représentera sans doute jamais. Et imagine que tu rencontres quelqu'un et que tu souhaites l'épouser… » Elle laissa sa phrase en suspens, en proie à la confusion.

Sam mit sa main sur la sienne. « L'offre tient. Réfléchis-y. Si jamais tu changes d'avis, tu sais où me trouver. »

Sinéad glissa la partition et le paquet dans son sac à bandoulière.

Elle n'avait jamais vu ni la mer ni le ciel si bleus. Il n'y avait pas un nuage à l'horizon et, grâce à une légère brise, il faisait chaud sur le pont mais pas trop. Tandis qu'ils se rapprochaient de la côte, Sinéad ressentit à la fois de l'excitation et de la nostalgie à l'idée de rentrer chez elle en contemplant le port et le paysage verdoyant familier en fond de tableau.

La mise à quai du navire à Rosslare prit une éternité et ils arrivèrent au train au moment où le chef de gare donnait un grand coup de sifflet. Sam eut tout juste le temps de placer ses affaires dans le train et de l'embrasser sur la joue. Penchée par la fenêtre, elle lui adressa de grands signes jusqu'à sa disparition complète puis elle s'installa dans son siège, soudain seule à nouveau.

Il n'y avait quasiment personne dans le train hormis un couple d'âge mûr lisant le journal. L'homme parcourait les pages sportives tandis que son épouse feuilletait le reste. À l'autre bout du wagon, deux adolescentes lisaient des bandes dessinées en laissant échapper de petits rires et Sinéad leur envia leur innocence. Ruth lui avait donné un petit sac contenant de quoi manger pendant son voyage, supposant correctement que le train ne serait pas doté de voiture-restaurant. Sinéad plia son gilet de laine et le plaça entre sa tête et la fenêtre, en guise d'oreiller. Cinq longues heures de trajet s'étendaient devant elle.

Lorsque le train arriva enfin à Cork, il faisait presque nuit. Tous les autres passagers avaient disparu et elle était seule dans le wagon. Elle réussit à attirer l'attention d'un porteur qui prit sa valise et l'emmena à la station de taxis. Un seul taxi s'y trouvait ; une Ford Cortina cabossée et rouillée dont le chauffeur était en train de lire l'*Evening Press* et de fumer une cigarette. Il sortit précipitamment de son véhicule pour l'aider, jetant le mégot par terre avant de l'écraser de son pied.

« Belle soirée, fit-il remarquer lorsqu'il se rassit derrière le volant. Où allons-nous ?

— Blackrock… », commença-t-elle. Il se retourna vivement et la dévisagea un instant.

« Le couvent ? » Elle hocha la tête. Il fit tourner le moteur et ne dit rien d'autre mais, de temps à autre, il jetait vers elle un regard dans le rétroviseur.

« D'où êtes-vous venue aujourd'hui ? » demanda-t-il, brisant enfin le silence qui s'était installé. Il sembla surpris d'apprendre qu'elle avait voyagé depuis Londres mais Sinéad supposa que la plupart des jeunes filles qui se rendaient à Blackrock venaient d'Irlande. Il dit qu'il avait longtemps travaillé à Londres mais qu'il avait finalement décidé de revenir à Cork parce que la ville lui manquait. Il n'avait pas trouvé de travail à son retour et il avait donc fini par devenir chauffeur de taxi. Il continua de bavarder avec décontraction jusqu'à ce qu'ils arrivent à l'entrée de ce qui ressemblait à un grand domaine rural. Il s'engouffra entre deux piliers de pierre et s'engagea le long d'une longue allée, arrêtant le véhicule devant une grande bâtisse grise d'aspect vaguement menaçant. Sur la droite se dressait une statue du Sacré-Cœur, les bras en croix, faisant face au couvent et tournant le dos à la ville – grise comme le ciel et à peine visible en contrebas.

« Nous voilà arrivés », dit le chauffeur en s'extrayant du taxi pour prendre sa valise. Il l'emmena jusqu'à la porte d'entrée et sonna. La porte s'ouvrit presque immédiatement et il retourna à son véhicule, lançant à Sinéad par-dessus son épaule : « Prenez bien soin de vous. » Sinéad était en train de chercher de l'argent dans son sac. « Attendez, je ne vous ai pas payé !

— Ça ne fait rien, petite, répondit-il. Gardez votre argent ; vous en aurez besoin lorsque vous sortirez d'ici. »

Le taxi s'éloigna avant qu'elle ait pu formuler une objection. Une jeune femme vêtue d'une robe de postulante la fit entrer dans le couvent. Elle se retrouva dans une grande pièce au sol carrelé de dalles sombres, dotée d'imposantes portes en bois. Une forte odeur d'encaustique flottait dans l'air très frais.

La postulante la mena jusqu'à la salle des visiteurs et lui demanda d'y attendre l'arrivée de la mère supérieure. Sinéad resta debout près d'une grande table en acajou et scruta la pièce dans laquelle elle se trouvait. Tout y était impeccablement propre et les meubles étincelaient. Elle vit deux grandes bibliothèques aux étagères recouvertes de livres reliés en cuir. Elle était sur le point de se rapprocher pour lire les titres des ouvrages lorsqu'elle entendit des bruits de pas dans le couloir puis la porte s'ouvrit soudain.

« Vous devez être Sinéad Murray », affirma la religieuse qui venait de pénétrer dans la pièce, sa longue robe noire bruissant à chacun de ses déplacements. Elle adressa un sourire à Sinéad et lui indiqua une chaise mais ses yeux ne témoignaient d'aucune chaleur. Contrairement à la postulante, elle la dévisagea et son regard était perçant.

« Je m'appelle sœur Mary Theresa et je suis la mère supérieure de ce couvent. Je me suis entretenu avec votre mère. Elle m'a expliqué le détail de votre situation. Vous devez être fatiguée de votre voyage. Je vais vous faire amener du thé et des sandwiches puis on vous conduira à votre chambre. Le petit-déjeuner a lieu à sept heures et demie au réfectoire et vous y ferez la rencontre des autres jeunes femmes. La première chose à faire est de vous donner un nom ; personne ici n'utilise son véritable prénom. Y en a-t-il un que vous souhaiteriez utiliser ? »

Surprise, Sinéad eut un moment d'absence. Elle finit par lâcher le premier nom qui lui passa par la tête ; Emily. « C'est le prénom de l'une des petites filles dont je m'occupais à Londres », ajouta-t-elle, percevant le léger haussement des sourcils de la mère supérieure. Il s'agissait d'une expression qu'elle apercevrait à de nombreuses reprises lors des semaines qui allaient suivre. Elle supposa que la plupart des jeunes femmes adoptaient le prénom d'une sainte et se demanda s'il existait une sainte Emily.

Quelqu'un frappa à la porte et une fille qui devait avoir environ le même âge qu'elle entra dans la pièce, tenant un grand plateau de ses deux mains. Elle le posa sur la table, près de Sinéad, sans jamais lever les yeux. sœur Mary Theresa se leva. « Lorsque vous aurez terminé, faites tinter cette cloche et Bridget vous mènera jusqu'à votre chambre. Je vous souhaite une bonne nuit de sommeil. »

Une fois seule, Sinéad parcourut le plateau du regard. Les sandwiches avaient l'air appétissant et venaient d'être préparés. Il y avait même une assiette de biscuits – des Mikado et des Kimberly, ses préférés – ainsi qu'une tasse fumante de chocolat chaud. Peut-être, après tout, que cet endroit ne serait-il pas aussi terrible.

Chapitre cinq

Le son d'une cloche réveilla Sinéad. Il était six heures et demie du matin et la lumière du jour filtrait déjà à travers les minces rideaux. Elle avait supposé qu'elle serait placée dans un dortoir et fut surprise d'avoir une chambre particulière. Il s'agissait d'une petite pièce mais elle avait quelque chose de douillet et était bien plus agréable que sa chambre chez les Malone. Un crucifix était suspendu au-dessus de son lit, qui était de bonne taille pour un lit simple et doté de plusieurs couvertures et de draps propres. Près de la fenêtre, d'où elle pouvait tout juste voir la ville qui baignait dans la lumière d'un matin ensoleillé, se trouvaient une armoire et une chaise.

Le soir précédent, elle avait tenté d'engager une conversation avec Bridget mais l'autre fille était restée silencieuse et renfermée et elle n'avait donc aucune idée de ce que lui réservait sa première journée à Blackrock.

Elle entendit du bruit dans le couloir à l'extérieur de sa chambre et enfila sa robe de chambre et passa la tête par la porte. Elle y vit plusieurs jeunes femmes en robe de chambre, présentant des signes de grossesse plus ou moins avancée, qui se dirigeaient vers la salle de bains. L'une d'entre elles s'arrêta et lui sourit.

« Tu as l'air perdue, lui dit-elle. C'est toi, la fille arrivée la nuit dernière ? »

Sinéad hocha la tête et la jeune femme se présenta. Elle lui dit qu'elle s'appelait Paula, avec une légère hésitation au moment de lui donner son nom. « Il faut quelques jours pour s'y habituer, dit-elle en riant. Cela fait une semaine que je suis là et il me faut encore un moment de réflexion pour me rappeler mon nouveau nom. Je ne sais pas pourquoi je l'ai choisi ; c'est le premier auquel j'ai pensé. »

Après lui avoir trouvé une serviette et lui avoir montré la salle de bains, Paula lui expliqua la routine quotidienne. « La messe a lieu à sept heures. Tu n'es pas obligée d'y aller mais, si tu n'as pas une bonne excuse, ce sera mal vu si tu n'y vas pas. Juste après la messe, il y a le petit-déjeuner au réfectoire. Après ça, tu devras aller voir la sœur Gerald, la sage-femme, afin qu'elle puisse t'examiner. »

La messe était très différente de celles auxquelles Sinéad se rendait avec sa famille à l'église de sa paroisse. Pas de sermon, pas de queues interminables pour communier. La chapelle était spacieuse et inondée de lumière, très différente du reste du couvent, avec une atmosphère de sérénité apaisante. Vu la taille de l'édifice, Sinéad fut surprise d'y voir si peu de jeunes femmes enceintes. Il y avait quelques religieuses ; certaines très âgées, d'autres des postulantes. Elles étaient assises dans les premières rangées, tandis que les internées – les patientes, se corrigea Sinéad – se trouvaient à l'arrière de la chapelle, sans doute pour ne pas troubler les prières des religieuses par leur présence impure. À un moment donné, une religieuse âgée se retourna, sourit et fit un signe de tête en direction de Sinéad ; Sinéad aurait même pu jurer qu'elle lui avait adressé un clin d'œil. Les postulantes étaient toutes pâles et sérieuses. Comme la plupart des petites filles catholiques, supposait-elle, Sinéad s'était imaginé devenir une religieuse. L'idée de passer sa vie à chanter des chants grégoriens dans des chapelles fleurant l'encens était séduisante. En écoutant les voix éthérées des religieuses, elle ressentit à nouveau ce désir et se dit qu'il serait agréable de rester ici, dans cette chapelle, coupée du monde extérieur à jamais.

Après la messe, elle se joignit à la file de jeunes femmes se dirigeant vers le réfectoire, où la scène qui l'attendait n'aurait pas pu présenter un contraste plus saisissant avec l'atmosphère de la chapelle. C'était une vaste pièce bruyante, d'aspect quelconque avec ses murs blancs, d'une propreté impeccable et sans âme.

Les filles entrèrent en file indienne dans un tumulte de pas et de voix. Elles s'assirent autour des tables en bois rectangulaires. Chaque jeune femme semblait avoir sa propre place et Sinéad attendit qu'elles soient toutes assises avant de prendre une place libre près de Paula. Cette dernière lui sourit puis se leva et approcha une femme qui semblait être la responsable et lui dit quelque chose. La femme se rendit dans les cuisines et revint quelques instants plus tard, une serviette en lin à la main dans son rond de serviette, portant le nom « Emily » inscrit à la main. « Tout le monde a sa propre serviette, que tu laisseras sur la table dans ton rond de serviette. Elles sont lavées une fois par semaine mais, s'il t'en faut une propre – si tu renverses quelque chose dessus –, demandes-en une à Mme Murphy et elle s'en occupera pour toi. » Elle s'interrompit soudain lorsqu'une grande religieuse à l'expression sévère apparut à la porte du réfectoire.

Le bruit des conversations s'estompa et un silence absolu s'installa dans la pièce. Tout le monde se leva et se signa. Les jeunes femmes récitèrent le bénédicité puis se rassirent tandis que la nourriture était placée sur les tables. Paula donna un petit coup de coude dans les côtes de Sinéad et chuchota : « C'est la sœur Ignatius. C'est elle qui est chargée de distribuer les corvées et il vaut mieux ne pas se la mettre à dos. »

Paula lui fit quelques présentations à voix basse. Une fille du nom d'Antoinette était assise à sa gauche ; elle dit à Sinéad qu'elle espérait « livrer son colis » d'un jour à l'autre. Une autre fille à la grossesse très avancée s'appelait Dolores ; elle garda ses yeux rougis baissés tout au long du repas.

Ruth semblait avoir vu juste ; tout ressemblait à l'idée qu'avait pu se faire Sinéad d'un pensionnat, hormis les ventres rebondis. L'air était empli de chuchotements et de petits rires étouffés. Elle vit l'une des filles glisser un morceau de pain dans sa poche. Elle se demanda si elles tenaient entre elles des festins de minuit ou s'il s'agissait là d'une coutume inventée par les auteurs anglais de livres pour jeunes filles.

À huit heures tapantes, une autre cloche sonna et les jeunes femmes se levèrent toutes de table d'un bond. Elles ramassèrent leurs assiettes et les placèrent sur des chariots Sinéad prit vaguement conscience de la présence d'un petit groupe de jeunes femmes qui se tenaient dans les cuisines, semblant attendre que l'on y amène les tables roulantes, mais aucune des filles qui avaient pris leur petit-déjeuner ne leur prêta la moindre attention, quittant le réfectoire sans jamais se retourner. Elle se sentit mal à l'aise, comme si elle venait d'apercevoir quelque chose qu'elle n'était pas censée voir.

Paula la prit par le bras pour la conduire au bureau de sœur Gerald. Elle toqua à la porte mais il n'y eut pas de réponse. Une rangée de chaises flanquait la porte, dans le couloir, et elles s'assirent pour attendre. Sinéad voulut savoir s'il y avait une routine quotidienne établie ou un emploi du temps. « Pour nous ? Pas vraiment. » Paula haussa les épaules. « À part la messe, les repas et les visites médicales. Certaines filles ont des tâches à accomplir, je crois que ça dépend si les parents paient ou non. Si tu te conduis mal, tu risques une corvée mais j'ai réussi à l'éviter jusqu'à présent. »

Sinéad la questionna au sujet des filles qui étaient dans les cuisines et Paula secoua la tête.

« Il y a des choses ici que je ne comprends pas vraiment, Emily. J'ai l'impression qu'il y a beaucoup de filles qui travaillent ici, qui lavent le linge, travaillent à la ferme ou dans les cuisines. On ne sait pas d'où elles viennent. On m'a dit que certaines filles accouchent ici et restent pour travailler ensuite. J'ignore pourquoi et je compte quitter ce trou dès que je le pourrai. Mais on entend parfois des voix d'enfants qui viennent de là-bas. » Elle fit un geste vague vers la gauche du hall d'entrée. « Nous n'avons aucun contact avec elles. J'ai entendu des rumeurs mais ce n'est pas le genre de sujet à aborder avec les religieuses – d'ailleurs, personne n'a de conversations avec elles à propos de quoi que ce soit. Écoute, je veux juste accoucher de cet enfant et m'en aller d'ici, donc je fais profil bas et je mets un pied devant l'autre. »

Sinéad voulait lui poser d'autres questions, mais Paula se leva d'un bond et adressa un sourire à une religieuse qui approchait. « Bonjour, sœur Gerald. Je suis venue avec la nouvelle. À plus tard, Emily. »

Sinéad suivit sœur Gerald dans son bureau, qui n'en était guère un. Il s'agissait plutôt d'une petite alcôve nichée à côté de ce qui était de toute évidence la salle d'accouchement, dotée d'un bureau, d'un meuble de classement et de quelques étagères recouvertes de livres. Sœur Gerald s'assit et invita Sinéad à faire de même. Sinéad estima qu'elle devait avoir la quarantaine. Elle était mince mais pas très grande, bien que dégageant une certaine force. Elle avait un beau visage légèrement bruni par le soleil, ce qui rehaussait le bleu éclatant de son regard.

« Vous vous appelez donc Emily, c'est ça ? Vous êtes arrivée hier soir ? » La religieuse adressa un sourire à Sinéad avant de baisser son regard en direction d'un dossier posé devant elle. « Je vois que vous êtes venue de Londres. Comment vous sentez-vous aujourd'hui ? Et plus généralement ? Avez-vous rencontré des problèmes pendant votre grossesse ?

— Non, ma sœur. Je n'ai eu aucun problème, en fait ; même pas de nausées matinales.

— Bien, bien. Je vais tout de même effectuer des prélèvements afin que le médecin ait toutes les informations lorsque vous le verrez. Jetons un œil, d'accord ? »

Sœur Gerald la fit passer dans la salle d'accouchement. L'examen fut bref et compétent ; Sinéad se sentit tout à fait à l'aise, sans la gêne et l'inconfort qu'elle avait ressentis à l'hôpital à Londres. Tout se passait bien, l'assura sœur Gerald, et l'enfant allait naître d'ici environ six semaines, d'après ce qu'elle avait pu constater.

« Six semaines ? s'étonna Sinéad. Mais j'avais calculé que la naissance aurait lieu en novembre. »

Sœur Gerald haussa les épaules. « Peut-être vous êtes-vous trompée dans les dates. Ça arrive. »

Les jours suivants défilèrent à toute vitesse. Pour Sinéad, ce fut l'occasion d'apprendre à connaître les autres filles et d'effectuer de longues promenades dans la propriété du couvent. Les jeunes femmes étaient issues de tout le pays et de milieux très divers mais Sinéad trouva la plupart d'entre elles agréables et de bonne compagnie, gage d'une intégration rapide. Il y avait deux groupes distincts dans l'aile du bâtiment où logeait Sinéad : celles qui étaient enceintes et celles qui avaient accouché récemment. Il y avait très peu d'interactions entre ces deux groupes. Les jeunes femmes qui venaient d'accoucher étaient installées au rez-de-chaussée dans une sorte de dortoir, où les lits des mères jouxtaient ceux des bébés. Sinéad ne les voyait quasiment jamais. Les autres filles étaient au premier étage et Ruth ne s'était pas trompée en évoquant un pensionnat. Les filles se faufilaient dans les chambres les unes des autres une fois la nuit tombée pour discuter et échanger des friandises. Très rarement, certaines filles recevaient des visites, en escomptant des suppléments de nourriture. Non pas que la nourriture au couvent fût mauvaise ; juste fade et inintéressante, comme les repas de la cantine d'école de sa jeunesse.

Le lendemain de son arrivée, la mère supérieure fit mander Sinéad car sa mère l'appelait au téléphone. Elle avait décidé de lui rendre visite et voulait savoir si elle avait besoin de quoi que ce soit. Elle sembla quelque peu surprise lorsque sa fille lui dicta toute une liste d'aliments divers ; poulet rôti, biscuits fantaisie, crèmes fouettées à la noix. Elle lui dit qu'elle ne savait pas si elle pourrait transporter tout cela dans le train mais, lorsqu'elle arriva, elle avait avec elle un sac plein de provisions qui contenait tout ce que lui avait demandé Sinéad ainsi que des petites génoises faites maison.

La rencontre mère-fille fut un moment très étrange. Un peu comme en prison mais sans écran. Lorsqu'elles s'étreignirent, elles eurent toutes les deux un mouvement de recul et échangèrent un petit rire gêné car le ventre rebondi de Sinéad leur faisait obstacle. Sa mère lui parut différente, un peu anxieuse, et dans un premier temps leur conversation fut quelque peu guindée. « Tu as l'air en bonne forme.

— Toi aussi. Comment va papa ?

— Il va bien. Il t'embrasse. » L'espace d'un instant, Sinéad crut que sa mère allait se mettre à pleurer et elle réalisa qu'elle ne l'avait vue pleurer qu'une seule fois, lors des funérailles de sa propre mère.

« Ne t'en fais pas, maman. Ça va ici, je m'attendais à pire. » Sinéad tenta de convaincre sa mère qu'elle allait bien. « Je suis vraiment contente d'être revenue de Londres. Je me sentais seule là-bas et au moins, ici, il y a d'autres filles avec qui je peux parler.

— As-tu réfléchi à… ? elle indiqua le ventre de Sinéad d'un hochement de tête.

— Je n'ai pas changé d'avis, répondit-elle. Toutes les autres filles ici vont faire adopter leur enfant.

— Oui, je sais ma chérie mais… » Sa mère prit sa main dans la sienne. « Tu sais que ton père et moi te soutiendrons si tu décides de garder le bébé. »

Sinéad repensa aux conversations avec les assistantes sociales et avec le prêtre de leur paroisse. Même sa propre tante. Même Ruth.

« Je ne peux pas faire ça, maman, tu le sais très bien. Cela t'obligerait à quitter ton travail et à rester à la maison, comme avant. » Elle secoua la tête. « Non, j'y ai réfléchi et ce n'est pas ce que je veux ni ce que papa et toi voulez. Il faut penser au bébé. Il vaut mieux pour lui qu'il soit élevé dans une bonne famille. » Elle s'interrompit en voyant l'expression de sa mère. « Oh, maman, je ne voulais pas dire que nous ne sommes pas une bonne famille, balbutia Sinéad. C'est juste que… tu sais ce que j'essaie de dire.

— Je sais, ma chérie, lui dit-elle avec une tape affectueuse sur le genou. Raconte-moi un peu ce que tu fais ici, toute la journée. »

« Tu vas te faire des amies », dit Paula plus tard en jetant un œil à l'intérieur du sac avant qu'elles ne se faufilent le long du couloir jusqu'à la chambre d'Antoinette. Elle était plus spacieuse que la leur, avec quatre lits, l'un desquels était libre depuis que son occupante avait accouché de son enfant. Dolores et Marie, les deux camarades de chambre d'Antoinette, firent de la place pour que Sinéad puisse s'asseoir et la nourriture fut déployée sur le lit inoccupé.

— Du poulet rôti, s'exclama Marie, inhalant profondément tandis qu'elle ouvrait le paquet soigneusement emballé. Je n'ai pas mangé de véritable poulet rôti depuis que je suis arrivée ici. On est amies pour la vie, Emily.

— Bas les pattes, rétorqua Antoinette. Laisse Emily servir

les parts. Et ne faites pas de bruit, les filles, ou on sera de corvée demain.

— De corvée ? s'enquit Sinéad.

— Oui, où les langes sales sont lavés. Au fond du couloir, près de la salle d'accouchement ; tu n'as qu'à suivre l'odeur », ajouta Dolores en riant.

Elles se partagèrent la nourriture et le silence se fit pendant un certain temps, interrompu seulement par le froissement de papier sulfurisé et quelques grognements de plaisir étouffés tandis qu'elles mangeaient.

« On est comme le Club des cinq, si c'est bien comme ça qu'ils s'appellent », déclara Dolores en tentant de trouver une position confortable.

Antoinette lui jeta un regard en haussant les sourcils. « Les Cinq mauvaises filles, tu veux dire, corrigea-t-elle. Tu imagines un de ces enfants modèles se retrouver enceinte ?

— Surtout Claude, intervint Paula en riant.

— Il n'y a pas un des livres qui s'appelle *Five get into trouble* [2] ? dit Dolores et elles se mirent toutes à ricaner, sauf Marie qui arborait un air perplexe.

— Qu'est-ce que vous racontez ?

— Les livres d'Enid Blyton. Les aventures, les festins de minuit. Tu ne les as jamais lus ? » lui demanda Dolores. « Ah, c'est vrai, j'oubliais qu'il n'y a pas de

---

2 *N.D.T. : Le titre anglais du roman d'Enid Blyton est Five Get Into Trouble ; littéralement, « Les Cinq s'attirent des ennuis », mais « get into trouble » est également une expression quelque peu archaïque et euphémique signifiant « se retrouver enceinte ». Le véritable titre de la version française est* Le Club des cinq en péril.

livres à Cork. » Elle esquiva l'emballage de bonbon que Marie lui lança à la figure.

— Je crois qu'il y en a un qui s'appelle *Five run away together*[3], dit Dolores. Peut-être que c'est ce qu'on devrait faire. On pourrait établir une communauté de hippies dans le West Cork et Marie pourrait faire pousser des légumes pour qu'on puisse toutes manger. Marie vit dans une ferme dans le comté de Cork, ajouta-t-elle à l'intention de Sinéad.

— Plus maintenant », fit remarquer Antoinette.

Il y eut un autre moment de silence puis Antoinette se tourna vers Sinéad.

« Alors, Emily, raconte-nous un peu ton histoire. »

Sinéad haussa les épaules. « Elle n'est sans doute pas bien différente de la vôtre.

— Parle-nous du père. Il était beau ?

— Je suppose qu'il l'était, oui… enfin, qu'il l'est… il n'entre plus vraiment en compte dans la situation.

— Tu étais folle de lui ? Il t'a plaquée quand tu es tombée enceinte ? voulut savoir Antoinette.

— Tais-toi, Antoinette, lança Dolores. Laisse-la donc raconter. »

Sinéad leur relata brièvement ce qui s'était passé ainsi que son séjour à Londres.

« C'était courageux de ta part, d'aller à Londres comme ça, commenta Marie. Je parie que les gens de l'agence

---

3 *N.D.T. : Le titre de la VF est* Le Club des cinq contre-attaque. *Le titre original est* Five Run Away Together *; littéralement, « Les Cinq s'enfuient ensemble ».*

d'adoption n'ont pas apprécié que tu leur tiennes tête. Mes parents ne m'auraient jamais laissée faire une chose pareille.

— Comment ont-ils réagi, vos parents ? » Sinéad fit le tour de la pièce du regard.

Dolores s'essuya la bouche de sa manche et répondit : « Les miens voulaient qu'on se marie immédiatement mais le père a mis les voiles. Je ne sais pas où il est parti. En Angleterre, sans doute. » Elle baissa les yeux au sol. « Il ne m'a jamais contactée et de toute manière mon père a dit qu'il le tuerait si jamais il le revoyait. On vit dans un petit village près d'Athlone donc il était hors de question que je garde le bébé si je restais là. J'espère aller à Dublin après la naissance.

— Tu vas garder l'enfant ?

— Je ne sais pas encore. Mon petit ami a des amis à Dublin et je vais peut-être le contacter par leur biais. Je suis sûre qu'une fois qu'il verra une photo du bébé il changera d'avis.

— Je ne compterais pas là-dessus, rétorqua Antoinette. Les hommes sont tous les mêmes. Quand j'ai appris que j'étais enceinte, mon "petit ami" m'a dit qu'il était déjà fiancé avec une autre fille. Tu imagines, un peu ? Ça faisait six mois qu'on sortait ensemble et tout ce temps il était fiancé à une autre, une pimbêche de la ville voisine. Deirdre, elle s'appelait. Quand je suis arrivée ici, j'ai failli prendre ce nom, juste pour lui faire les pieds, mais… » Elle fit le tour de la pièce du regard, arborant un air de défi, et Marie leva les yeux au ciel.

« Tu l'aurais épousé s'il n'avait pas été fiancé ? » demanda Sinéad.

Antoinette secoua vigoureusement la tête. « C'était un

coup de chance, finalement. C'est comme ça que je vois les choses maintenant.

— Et toi, Marie ? s'enquit Sinéad.

— Le mari de ma sœur. »

Choquée, Sinéad la dévisagea, bouche bée, mais Dolores lui lança un regard chargé de sens qui la convainquit de ne pas chercher à en savoir plus.

Antoinette se leva et ouvrit la fenêtre. Elle sortit un paquet froissé de cigarettes Woodbine d'une boîte dans l'armoire. « Cigarette, quelqu'un ? » offrit-elle.

Dolores se leva péniblement du lit en se tortillant. « Je vais monter la garde, au cas où l'une des religieuses serait de patrouille nocturne. Sœur Ignatius te tuerait si elle t'attrapait en train de fumer.

— Tu ne devrais pas fumer, de toute manière. Ce n'est pas bon pour le bébé, ajouta Sinéad.

— Merci, Docteur Emily. Je tâcherai de ne pas l'oublier. En attendant, quand je voudrai ton avis, je te le demanderai. » Elle tira quelques bouffées sur la cigarette puis elle l'écrasa. « Tu as raison en fait, je ne devrais pas faire ça. Désolée, les filles ; rien que de parler de cette ordure, ça me met de mauvaise humeur. »

Chapitre six

DEUX SEMAINES ENVIRON S'ÉTAIENT écoulées. Lorsqu'elle s'éveilla, Sinéad pria pour que ce qui s'était passé la nuit précédente ne soit qu'un mauvais rêve. Le jour d'avant, sœur Ignatius l'avait fait appeler et lui avait annoncé qu'elle allait devoir changer de chambre car la sienne était requise pour une nouvelle arrivante. Elle lui dit qu'elle partagerait dorénavant une chambre avec une fille du nom de Majella et de venir la voir s'il y avait le moindre problème. Sinéad ignorait totalement qui était cette Majella et, lorsqu'elle demanda aux autres filles s'il s'agissait à leur avis d'une forme de punition, Antoinette éclata de rire et lui dit que ce serait certainement divertissant. Elles semblaient toutes trouver cela très drôle, sauf Paula qui leur intima de se taire.

Sinéad ne fit la rencontre de Majella que lorsqu'il fut l'heure d'aller au lit cette nuit-là, réalisant de qui il s'agissait. Elle ne faisait pas partie de leur groupe mais elle l'avait déjà vue ici et là au couvent, en train de nettoyer le sol ou des fenêtres. D'après les autres, cela faisait des années qu'elle était là. Elle avait l'air nettement plus âgée que les autres filles et elle paraissait un peu étrange. D'après la rumeur, elle était arrivée ici enceinte il y a de cela quelques années et était restée après l'adoption de son enfant. Elle avait eu plusieurs autres bébés à brefs intervalles depuis. Antoinette affirmait qu'à la moindre occasion elle se rendait à la ferme et couchait avec les ouvriers agricoles. Elle ajouta que les religieuses tentaient de l'empêcher de sortir mais qu'elle trouvait toujours un moyen d'échapper à leur vigilance. Sinéad eut du mal à le croire mais les autres filles semblaient persuadées de la véracité de cette histoire.

La première nuit, Majella se glissa dans son lit sans mot dire et se tourna face au mur. Une demi-heure plus tard environ, Sinéad l'entendit se lever et quitter la chambre. Au réveil, le matin suivant, elle n'était toujours pas là. Sinéad se demanda si elle devait en informer l'une des religieuses. Elle se demandait si c'était pour cela qu'on l'avait mise dans la chambre avec elle, afin de la surveiller, mais elle décida d'attendre un peu. Elle ne souhaitait pas passer pour une rapporteuse. Elle la vit dans un couloir après le petit-déjeuner, munie d'un seau et d'une serpillière et en train de nettoyer le sol, donc elle supposa qu'elle avait dû se lever avant elle. Ou peut-être s'était-elle rendue à la ferme.

La deuxième nuit, Majella ne sortit pas. Sinéad aurait cependant préféré que ce fût le cas. Elle venait de s'endormir lorsqu'elle se réveilla soudain et perçut une sorte de gémissement provenant du lit de Majella. Elle se demanda d'abord si la femme avait mal quelque part puis finit par se rendre compte de ce qui se passait. Les gémissements se firent plus bruyants et un grincement de plus en plus rapide agitait son lit. Elle jeta un coup d'œil pour voir s'il y avait quelqu'un d'autre dans la chambre avec elle mais elle était seule. Lorsque les bruits cessèrent enfin, Sinéad était tout à fait réveillée et elle ne dormit quasiment pas du reste de la nuit.

Le matin suivant, au petit-déjeuner, Marie la fixa du regard et lui demanda si elle avait bien dormi. Paula lui dit de se taire et changea le sujet. Tandis qu'elles marchaient dans le couloir après le petit-déjeuner, Paula prit Sinéad à part et lui dit : « Ne fais pas attention à Marie. Nous avons toutes dû partager une chambre avec Majella à un moment ou un autre. C'est une espèce de rite de passage. » Elle jeta un coup d'œil derrière elles pour s'assurer que personne ne les écoutait. « Va parler à Sœur Gerald. Elle t'aime bien et je suis sûre qu'elle te trouvera une autre chambre. »

Deux nuits sans sommeil plus tard, Sinéad s'entretint avec sœur Gerald. Elle sentit ses joues s'empourprer lorsqu'elle tenta d'expliquer à la religieuse pourquoi elle n'arrivait pas à dormir mais sœur Gerald lui donna une petite tape amicale sur la main et sembla très bien comprendre la situation. Elle rassura Sinéad et lui promit de lui trouver une autre chambre dès que possible.

Trois jours plus tard, on l'installa dans la chambre de Paula. En défaisant ses affaires, elle trouva le paquet que lui avait donné Sam, intact et dissimulé dans sa valise. Elle l'ouvrit avec précaution, en proie à un sentiment de honte car elle l'avait complètement oublié. Sous le papier brun se trouvait un autre emballage plus délicat. En l'ouvrant, elle découvrit l'imperméable vert foncé qu'elle avait essayé à *Selfridge's*. Elle fut très émue en le voyant et s'assit sur le lit. C'était si aimable de sa part d'y avoir pensé mais comment avait-il su ? Elle avait dû lui en parler lorsqu'ils étaient allés au salon de thé, le jour où elle s'était sentie si malheureuse. Elle retira l'imperméable de l'emballage et une carte postale tomba à terre, un dessin humoristique dépeignant un espion au dos duquel Sam avait griffonné un petit mot lui souhaitant bonne chance.

C'est à ce moment-là que Paula entra dans la chambre et Sinéad lui montra le cadeau, les yeux brillants de larmes. « Beau manteau », commenta Paula, mais elle sembla plutôt indifférente lorsque Sinéad lui parla de Sam et du fait qu'il l'avait accompagnée jusqu'à Rosslare.

« Il faut que tu caches ça. Les bonnes sœurs fouillent souvent nos chambres et confisquent parfois des choses si elles pensent que ça vient de l'extérieur. »

Sinéad lui tendit la carte postale et elle la retourna.

« Le message est sympa, commenta-t-elle, mais je n'y répondrais pas à ta place. Tu ne peux pas sceller les enveloppes, pour que les sœurs puissent les lire, et il ne recevrait probablement jamais ta lettre si elles pensaient qu'elle contenait quoi que ce soit qui donnait une mauvaise image de l'endroit. »

Sinéad ôta les étiquettes, plia le manteau et le remit dans sa valise, se disant qu'en ce qui concernait les religieuses elle aurait très bien pu l'amener avec elle dans ses affaires. Elle dissimula la carte postale sous son matelas.

La nuit sans sommeil suivante fut entièrement de sa propre faute ; les deux jeunes femmes restèrent debout à discuter jusqu'au petit matin.

« Il m'a demandé de l'épouser sur le bateau, dit Sinéad. Tu imagines ? Il est vraiment agréable et drôle et gentil. Sa mère l'est aussi. Elle a été adorable. Mais ce serait de la folie de faire ça.

— Complètement, en convint Paula. Et puis, de toute façon, il est juif. Tu ne pourrais jamais te marier avec quelqu'un qui est juif. Tu serais obligée de te convertir et d'apprendre l'hébreu et tout ça. » Elle se tortilla sur le lit et se massa le ventre. « Parle-moi de la famille chez qui tu logeais. Le docteur était irlandais ? »

Sinéad lui parla de leur maison, de la routine quotidienne, des œufs et finalement de l'incident du rat.

« C'est à mourir de rire ! s'exclama Paula. J'aurais adoré voir sa tête. Et je lui aurais fourré ses œufs là où je pense. » Elle grimaça et ajusta sa position légèrement. « Bon sang. À chaque fois que je commence à me sentir à l'aise, ce bébé se met à donner des coups de pied. Il jouera au rugby, comme son père.

— Tu es toujours en contact avec lui ? Le père ?

— Oui, ça fait un bail qu'on sort ensemble. On va probablement se marier l'année prochaine, une fois que tout ça sera terminé.

— Je croyais que tu allais faire adopter le bébé ? », s'étonna Sinéad.

L'espace d'un instant, Paula eut l'air mal à l'aise. « Oui, ma mère et les assistantes sociales ont pensé que ce serait mieux comme ça, dit-elle. Quand j'ai appris que j'étais enceinte, ma grossesse était trop avancée et, si nous nous étions mariés, tout le monde aurait su qu'il s'agissait d'un mariage forcé à cause de ma situation. »

Sinéad dissimula sa surprise et garda le silence. Paula poursuivit, comme si elle avait perçu sa réaction.

« Il appartient à une famille très connue à Dublin. On en

parle souvent dans les médias, donc c'était hors de question. Ils ne sont même pas au courant. Mon propre père n'est pas au courant non plus. Ma mère a tout organisé pour que tout le monde croie que je passe les vacances d'été en Angleterre avec ma cousine, à Oxford. J'envoie des lettres pour la famille à ma cousine, qui est la seule autre personne au courant de tout ça, et elle les envoie ensuite à Dublin.

— Est-ce que tu as pensé à le garder ?

— Le bébé ? Tu veux dire fuguer avec Mark, un truc du genre ? » Elle s'interrompit, plaçant sa main devant sa bouche. « Oh mon Dieu, oublie ce que je viens de dire, Sinéad. Je ne suis censée dire son nom à personne. Mais garder l'enfant n'est pas une option, non, d'autant plus qu'il ne pensait pas qu'il s'agissait d'une bonne idée, lui non plus. On a simplement décidé de faire ce qui était le mieux pour tout le monde et de reprendre nos vies.

— Ne t'inquiète pas, je n'en parlerai à personne. »

Bien que cela fût formellement interdit, elles échangèrent cette nuit-là leurs vrais noms, leurs adresses et leurs numéros de téléphone, jurant de se retrouver après le couvent, quoi qu'il arrive.

Chapitre sept

Le temps passait lentement, d'autant que Sinéad avait peu d'activités ; la messe quotidienne, les repas, de longues promenades dans la propriété, les commérages habituels. Elle écrivait rarement dans le journal intime qu'elle avait commencé à Londres, par peur que les religieuses ne le trouvent. Le peu qu'elle écrivait était souvent en langage codé, sur des bouts de papier qu'elle dissimulait ensuite soigneusement à des endroits improbables.

Dolores avait accouché de son enfant pendant la nuit et, lorsqu'elles étaient descendues pour le petit-déjeuner le matin suivant, tout était terminé. Quelques jeunes filles étaient parties et des nouvelles étaient arrivées mais, au sein de leur petit groupe, il ne s'était rien passé d'autre. Sinéad s'ennuyait ferme.

La plupart des filles passaient leur temps libre à tricoter et Sinéad finit par accepter à contrecœur de se joindre à elles. À l'école, les arts ménagers n'étaient pas son point fort mais elle se souvenait vaguement d'avoir tricoté le talon de chaussettes sans en avoir jamais tricoté en entier !

Dans la salle de loisirs, où elles passaient la plupart de leur temps en journée, se trouvaient une grande boîte contenant des aiguilles et diverses boules de laine. Une fille du nom de Jacintha l'orienta vers de la laine jaune vif.

« Ça ne sert à rien de prendre du rose ou du bleu, vu que tu ne sais pas s'il s'agit d'une fille ou d'un garçon et qu'une fois que le bébé sera né tu n'auras plus le temps de tricoter », lui dit-elle en riant.

Jacintha s'assit à côté de Sinéad et lui montra comment reproduire un patron simple. C'était une fille très douce venant de Sligo. Son accouchement était proche et elle tricotait pour le nouveau-né de belles tenues toutes en blanc et chacune en deux tailles différentes. Jacintha avait tricoté deux bonnets, deux gilets de laine et deux paires de chaussons, ornés de dentelle et de rubans. Elle lui montra une couverture faite au crochet, avec des petits lapins brodés.

« Je veux que mon bébé ait une très jolie tenue qu'il pourra porter lorsqu'il quittera le couvent et une plus grande pour plus tard – peut-être pour son "vrai" baptême » –, expliqua-t-elle à Sinéad.

Sinéad lui adressa un regard surpris. « Mais je croyais qu'ils étaient baptisés ici, au couvent, avant de partir ?

— Oui mais les gens qui les adoptent les font toujours baptiser à nouveau et leur donnent parfois même un nouveau nom. Pour avoir plus l'impression que l'enfant est le leur.

« Tu perds ton temps », déclara Antoinette qui était assise dans un coin et observait, sans toutefois prendre part. « Les gens qui adoptent les bébés ne gardent ni les vêtements ni les noms. Ils ne veulent rien qui leur rappelle d'où vient l'enfant. Ils jettent sans doute les vêtements à la poubelle ou les donnent aux pauvres. Ils se retrouveront même peut-être ici. » Elle se leva et se massa le dos. « Ce serait plutôt ironique, non ? » Les joues empourprées, Jacintha rétorqua à Antoinette : « J'ai des voisins qui ont adopté un bébé et ils ont gardé tout ce qu'il avait avec lui en arrivant, même les documents au sujet de sa vraie mère. Ils ont mis tout ça dans une boîte spéciale pour lui donner quand il serait plus âgé. »

Antoinette eut un haussement d'épaules. « Si ça t'arrange de le croire », dit-elle.

Jacintha fit le tour de la pièce du regard, y cherchant quelque soutien, mais les autres filles gardèrent les yeux rivés sur leur tricotage ou secouèrent doucement la tête.

« Espérons que ce soit le cas », glissa Sinéad à Jacintha, fusillant Antoinette du regard pour lui intimer de se taire. Mais cette dernière feignit de pas le voir.

Il avait plu toute la journée et elles n'avaient pu se promener. Sinéad passa le plus clair de son temps à tricoter. Cela lui plaisait de plus en plus et elle y devenait même habile. Il était agréable de passer du temps en silence et de se concentrer, cela permettait de ne pas penser à autre chose. Elle possédait maintenant une paire de chaussons et un bonnet et elle avait commencé un gilet de laine, le tout en jaune vif.

Paula, qui ne s'était pas jointe à elles jusque-là, finit par demander à Sinéad de lui tricoter quelque chose, offrant de coudre les différentes pièces. Elles formaient un duo complémentaire car Sinéad cousait très mal et Paula ne savait pas du tout tricoter.

Ce soir-là, juste avant l'heure à laquelle elles allaient au lit, Antoinette fit irruption dans leur chambre dans un état proche de la panique, annonçant que Jacintha avait des contractions et qu'elle semblait avoir très mal. Sinéad et Antoinette l'aidèrent à gagner le bureau de sœur Gerald. Cette dernière parut surprise lorsque Sinéad lui demanda si elle pouvait l'assister de quelque manière et elle répondit que non mais qu'elle y réfléchirait. Sinéad avait lu et relu plusieurs fois le livre que lui avait donné sa tante mais tout cela semblait assez irréel et elle souhaitait se faire une idée plus claire de ce qui allait arriver. Un an d'études de médecine et ses seules connaissances en obstétrique avaient été glanées du livre sur la méthode Lamaze !

Le matin suivant, sœur Gerald appela Sinéad après le petit-déjeuner et lui dit qu'elle n'aurait pas besoin de son aide car Jacintha avait souffert de complications et avait été emmenée à l'hôpital.

« J'ai jeté un œil à votre dossier, dit-elle. Vous auriez dû me dire dès le départ que vous étiez étudiante en médecine. Je me demandais… » Elle marqua une pause. « Cela vous intéresserait-il de m'assister lors de la prochaine naissance ? » Sinéad hocha la tête avec enthousiasme. « Tenez. Voici un manuel d'obstétrique. Vous pouvez vous mettre à l'étudier dès maintenant. »

Plusieurs jours passèrent sans nouvelles de Jacintha. Quelqu'un affirma qu'elle avait dû être opérée et qu'elle avait failli mourir. D'autres alléguèrent que l'enfant était mort-né et que c'était sans doute pour le mieux. Sinéad se demanda comment elle supporterait le fait de se retrouver à l'hôpital, sans le moindre visiteur, enfermée dans une maternité au milieu de mères « légitimes » qui la dévisageaient et chuchotaient entre elles à son sujet.

Les spéculations se poursuivirent toute la matinée et, vers deux heures cet après-midi-là, elles virent une ambulance se garer devant l'entrée principale. Le chauffeur et son assistant en sortirent, jetant un coup d'œil rapide à l'édifice avant de se diriger à l'arrière du véhicule et d'en ouvrir les portes. Elles les virent en extraire Jacintha dans un fauteuil roulant, tenant quelque chose dans ses bras. Ses traits étaient pâles et tirés mais elle sourit et fit un geste de la main lorsqu'elle aperçut les autres jeunes femmes qui se dissimulèrent immédiatement derrière les rideaux par peur d'être vues par les ambulanciers.

Sinéad se précipita en direction de la porte d'entrée mais la mère supérieure surgit de nulle part et lui ordonna de rebrousser chemin. Elle croisa sœur Gerald en retournant à la salle de loisirs ; cette dernière marchait d'un pas rapide, l'air troublé. Elle sortit à la rencontre de Jacintha et la poussa dans son fauteuil jusqu'à la salle d'accouchement avant de réapparaître quelques instants plus tard avec le fauteuil roulant, qu'elle remit aux ambulanciers, vide. Elle retourna immédiatement dans la salle d'accouchement, où elle fut rejointe par une religieuse qui resta vingt minutes environ. Après le départ de cette dernière, elles entendirent le bébé pleurer pendant un moment puis sœur Gerald apparut et demanda à Sinéad et Antoinette d'aider Jacintha à regagner le dortoir. Elles prirent un bras chacune pour soutenir Jacintha qui avança d'un pas hésitant le long du couloir. Sœur Gerald leur emboîta le pas, le bébé dans les bras et, une fois que Jacintha fût installée dans son lit, elle dit aux filles de retourner à leur tricot : elles pourraient revenir voir leur amie plus tard. Sinéad tenta d'apercevoir l'enfant avant de sortir mais sœur Gerald le tenait contre elle et elle n'entrevit qu'un petit poing s'agiter.

Les commérages allaient bon train le jour suivant au petit-déjeuner.

« Il paraît que le bébé a arrêté de respirer pendant la naissance et qu'il a le cerveau endommagé, déclara Antoinette.

— J'ai entendu dire qu'il est difforme, affirma Marie.

— Mais l'une de vous l'a-t-elle vu ? » voulut savoir Sinéad. Elle les défia du regard, l'une après l'autre. « Personne ? Eh bien, attendons d'avoir parlé à Jacintha, alors. »

Dès la fin de la collation matinale, Sinéad se rendit à la salle où se trouvaient les mères et leurs nouveaux bébés. Elle passa devant le bureau de sœur Gerald sur la pointe des pieds et ouvrit doucement la porte de la pièce.

Jacintha était assise dans son lit, en train de donner le biberon à son bébé. Elle leva les yeux à l'approche de Sinéad.

« Viens dire bonjour au petit Fintan », chuchota-t-elle, en tirant la couverture. L'enfant cessa de téter, tournant la tête en direction de Sinéad et révélant une tache de naissance violet vif qui recouvrait entièrement un côté de son visage. Sinéad caressa son visage et il serra fort son doigt. « Hormis la tache de naissance, il est parfait, dit Jacintha, mais sœur Mary Theresa affirme que personne ne voudra l'adopter à cause de ça. » Des larmes coulèrent le long de ses joues. « Doux Jésus, que vais-je bien pouvoir faire, Emily ? »

Tandis que Sinéad tentait de digérer tout cela, sœur Gerald apparut à la porte. « Emily, venez là. J'ai une tâche à vous confier. »

Sinéad la suivit dans son bureau, prête à essuyer des remontrances, mais la religieuse plaça un tabouret devant la bibliothèque, monta dessus et lui passa plusieurs ouvrages volumineux. « J'aimerais que vous parcouriez ces livres afin de voir si vous trouvez quoi que ce soit au sujet des taches de naissance et de leur évolution. » Son visage s'empourpra lorsqu'elle poursuivit, haussant légèrement le ton. « Il me semble totalement injuste que des gens refusent d'adopter un enfant parce qu'il souffre d'une imperfection. Nous devons faire notre possible pour aider ce pauvre petit. »

Sinéad n'avait encore jamais vu la religieuse dans cet état ; elle était d'habitude si calme mais, à cet instant, elle était perturbée, en colère même.

Elle parcourut les ouvrages avec assiduité mais elle trouva bien peu de choses susceptibles de répondre aux attentes de sœur Gerald. Comme elle s'en était doutée, il n'y avait pas de réponse simple. La tache de naissance pourrait s'estomper et même disparaître mais cela pourrait tout aussi bien ne pas être le cas. La meilleure chose à faire était d'emmener le bébé voir un dermatologue mais elle soupçonnait qu'une telle consultation ne serait pas au programme.

Lorsqu'elle retourna faire son rapport à sœur Gerald, la religieuse s'était calmée et semblait maintenant triste, vulnérable même.

« Que va-t-il arriver à Fintan ? » demanda-t-elle à la religieuse qui, pour toute réponse, secoua la tête. Elle replaça les livres sur l'étagère et changea le sujet, se mettant à parler à Sinéad de son travail de missionnaire en Afrique. Leur conversation fut coupée court lorsqu'Antoinette se présenta à la porte du bureau en se tenant le ventre.

« J'ai perdu les eaux, annonça-t-elle, recroquevillée sur elle-même et visiblement très angoissée. Les contractions arrivent toutes les cinq minutes. Marie a mesuré. »

— Décidément, c'est ma journée, commenta sœur Gerald en se retroussant les manches, à nouveau ellemême, semblait-il. Bon, Emily, êtes-vous prête à m'aider ? »

Sinéad aida Antoinette à se déshabiller et à adopter une position confortable sur le lit d'accouchement.

« J'espère que les poils ne repousseront pas tout hérissés », dit Antoinette, s'efforçant de rester immobile tandis que sœur Gerald la rasait.

Une autre contraction commença et Antoinette gémit de douleur.

« Respire. Respire comme je te l'ai montré avec le livre », lui dit Sinéad.

Antoinette tourna la tête face au mur.

« Regarde-moi, Antoinette, insista Sinéad en tirant sur son épaule. Regarde-moi. Respire.

— Allez-vous faire foutre, toi et ton foutu livre », hurla Antoinette.

Sinéad se tourna vers sœur Gerald, s'attendant à ce que la religieuse soit choquée d'entendre de tels propos mais celle-ci se contenta de sourire, lui assurant que c'était tout à fait normal et de ne pas prêter attention à ce que disait une femme qui était en train d'accoucher.

Lorsque les contractions se rapprochèrent et devinrent plus douloureuses, sœur Gerald demanda à Antoinette si elle souhaitait qu'elle lui donne quelque chose pour la douleur. Sans attendre sa réponse, la religieuse sortit la plus longue seringue que Sinéad ait jamais vue et l'emplit d'un liquide transparent.

« Péthidine », expliqua-t-elle à Sinéad.

« Ne t'approche pas de moi avec cette seringue, salope ! » rugit Antoinette alors que la religieuse s'avançait vers elle. Elle dut lui faire quatre injections et Sinéad fut obligée de la plaquer contre le lit jusqu'à ce qu'elle ait terminé. Les injections semblaient plus douloureuses encore que les contractions mais, une fois que la substance se mit à faire effet, Antoinette se calma et cela rappela à Sinéad les gens défoncés qu'elle avait vus dans l'appartement à Londres. Bien que cela ne se soit passé que quelques semaines auparavant, c'était comme si ça avait eu lieu dans un autre monde.

« Mon bébé est arrivé ? demanda Antoinette à Sinéad. Est-ce que c'est un petit garçon adorable ? Je vais lui donner le nom de son père. Il va venir me chercher demain, on va se marier et aller vivre en Amérique. »

Sinéad lui tint la main pendant ce qui lui sembla être des heures jusqu'à ce que, petit à petit, l'effet de la péthidine s'estompe. Antoinette parut se réveiller et annonça qu'elle devait pousser. Sœur Gerald prit les choses en main, tentant de lui dire quand il fallait pousser et quand il fallait se détendre et respirer. Mais Antoinette refusa de l'écouter et ne fit que pousser sans arrêt en criant. Sinéad apercevait le haut de la tête du bébé mais le tissu environnant semblait étiré à la limite et elle se demanda comment l'enfant allait bien pouvoir sortir. Sœur Gerald se rendit en hâte auprès du stérilisateur et revint avec une paire de ciseaux à la main. Lorsqu'Antoinette eut sa contraction suivante, submergée de douleur, la religieuse effectua une petite incision habile à l'endroit précis où émergeait la tête du bébé et, dans un giclement de liquide, l'enfant fut propulsé sur le lit. Sinéad arriva tout juste à l'attraper.

Il y eut quelques secondes de silence. Antoinette semblait être en état de choc. Puis le bébé inspira une bouffée d'air et se mit à hurler. Sinéad tint la petite fille dans ses bras, émerveillée, tandis que sœur Gerald s'occupait du placenta, demandant à Sinéad de couper le cordon ombilical. Elle ne se souvenait pas de grand-chose de ce qui s'était passé ensuite ; la pesée du bébé, sœur Gerald qui mettait des points de suture à l'endroit où elle avait effectué l'incision. Le changement qui s'était opéré chez Antoinette était fascinant ; elle chantait doucement à l'attention de sa fille, les larmes ruisselant sur ses joues. Elle se tourna vers Sinéad. « Elle est si belle, dit-elle, mais je voulais que ce soit un garçon. Les garçons sont bien plus capables de se débrouiller seuls que les filles et je ne veux pas qu'elle finisse comme moi. »

Lorsque Sœur Gerald fut satisfaite, ayant constaté que tout se passait bien, Antoinette et son bébé furent emmenés à la salle pour mères et enfants. Sinéad remarqua que le lit qu'avait occupé Dolores, dans le coin de la pièce, était vide et elle demanda où elle se trouvait. Jacintha lui dit que ses parents étaient venus la chercher pour la ramener chez elle.

« Et le bébé ? voulut-elle savoir.

— Une assistante sociale est venue le prendre, répondit-elle. Ils ne peuvent pas être placés pour adoption avant l'âge de six semaines donc il restera chez une famille d'accueil jusque-là. Dolores aurait pu rester ici jusqu'à ce que l'enfant ait l'âge d'être adopté mais ses parents ont estimé qu'il valait mieux qu'elle passe aussi peu de temps auprès de lui que possible. »

Cette nuit-là, Sinéad n'arriva pas à trouver le sommeil et elle resta allongée sur son lit, à parler à Paula des événements des derniers jours, lui demandant comment elle se sentirait après la naissance, à son avis. Elle avait jusqu'à présent réussi à éviter de penser à ce qui allait se produire. La situation dans son ensemble lui avait toujours paru surréaliste et elle avait réussi à réprimer les doutes qui l'assaillaient et à se convaincre qu'une fois que la naissance aurait eu lieu elle confierait le bébé afin qu'il ou elle puisse entamer sa nouvelle vie heureuse et qu'elle retournerait ensuite à la sienne comme s'il ne s'était rien passé. Mais le fait de voir Jacintha et Antoinette avec leurs enfants avait fait voler en éclats le scénario qu'elle avait soigneusement élaboré.

Paula n'avait clairement pas envie de poursuivre cette conversation. « Écoute, dit-elle, je sais que ce sera sans doute difficile mais j'essaie de ne pas y penser parce que c'est la seule solution. Tout le monde le dit. C'est quelque chose que nous devons endurer et tourner les talons. Il n'est pas possible d'avoir un enfant illégitime dans ce pays, point final ; à moins d'être prête à partir en Angleterre et vivre dans une chambre de bonne miteuse ou une auberge de jeunesse, ou de travailler en tant que femme de ménage à domicile quelque part, tu ne pourras pas subvenir à tes besoins et à ceux du bébé. Les gens profiteront de toi ; regarde ce qui t'est arrivé à Londres. Et même si tu trouvais un emploi décent, qui s'occuperait de l'enfant lorsque tu serais au travail ? En plus, personne ne nous épouserait sachant que nous avions déjà un enfant. Non, au bout du compte, il vaut mieux pour le bébé qu'il soit adopté par une bonne famille qui lui offrira tout ce dont il aura besoin. Quant à nous, nous pourrons nous marier et avoir d'autres enfants plus tard. »

Paula lui dit bonne nuit et se retourna pour trouver le sommeil mais Sinéad resta longtemps éveillée, en proie aux pensées qui se bousculaient dans sa tête.

Chapitre huit

Sinéad passa beaucoup de temps à discuter avec Jacintha et à jouer avec Fintan. Jacintha se confia à elle au sujet de sa famille et elle apprit qu'elle avait une sœur aînée, Geraldine, qui était mariée et vivait à Manchester. Geraldine n'était même pas au courant de la grossesse de Jacintha, donc Sinéad l'aida à rédiger une lettre qui lui était adressée. L'une des autres filles reçut la visite de sa cousine et Sinéad lui donna la lettre à poster, afin d'éviter que la mère supérieure ne la lise. Jacintha fut très surprise et ravie lorsque Geraldine la contacta immédiatement, l'appelant au téléphone au couvent. Elle lui manifesta son soutien et offrit de s'occuper de Fintan pendant que Jacintha chercherait un emploi et s'organiserait.

L'étape suivante était de préparer son départ du foyer pour mères et enfants. Les parents de Jacintha avaient payé son séjour donc, en théorie, le quitter ne devait pas poser problème. Pourtant, lorsqu'elle trouva le courage de l'annoncer à la mère supérieure, cette dernière ne fut pas enchantée par cette idée. Mais Jacintha était devenue plus forte, plus résolue, et tout le monde au couvent savait qu'il serait difficile, voire impossible, de trouver une famille prête à adopter Fintan et la religieuse finit par acquiescer. Jacintha parlait peu de ses parents mais Sinéad comprit à demi-mot qu'ils seraient soulagés de voir le problème s'éloigner.

Le jour du départ de Jacintha et Fintan fut difficile pour tout le monde. Les jeunes femmes la contemplèrent avec des sentiments partagés tandis qu'elle habillait son bébé avec les vêtements qu'elle avait confectionnés pour son baptême, sans jamais se douter qu'elle le verrait les porter. Elle étreignit Sinéad et lui promit qu'elle ne l'oublierait jamais. Tandis qu'elle s'éloignait dans le véhicule de sa sœur, elles lui firent toutes au revoir de la main depuis la fenêtre de la salle commune mais, une fois le soir tombé, le sujet était déjà devenu tabou et personne n'était disposé à évoquer les nouvelles perspectives qu'ouvrait le départ de Jacintha.

Les journées passèrent lentement et la monotonie de leur routine quotidienne ne fut brisée que le jour où un docteur vint les examiner. Toutes les jeunes femmes dont la date d'accouchement était prévue lors du mois à venir furent convoquées au bureau de sœur Gerald et une pièce fut réservée aux examens. Pendant qu'elle était assise dans le couloir en attendant son tour, Sinéad observa les filles qui passèrent avant elle sortir l'une après l'autre, faisant toutes la grimace. Le docteur était un homme taciturne d'âge mûr qui évita soigneusement de la regarder dans les yeux, ne lui posa que quelques brèves questions concernant son état et l'examina sommairement sous une couverture, comme si ce dont il était témoin risquait de l'offenser ou que son péché risquait de le contaminer. Il lui rappela le docteur Malone et elle se demanda une fois de plus comment quelqu'un qui avait obtenu son diplôme de médecin pouvait faire montre de si peu d'humanité.

La vie reprit son cours comme si de rien n'était et personne ne mentionna Jacintha. L'anxiété commença à gagner Sinéad. Et s'il lui arrivait la même chose ; si l'accouchement se passait mal et qu'elle devait elle aussi se rendre à l'hôpital ? Si son bébé avait un problème et que personne ne voulait l'adopter ? Elle n'avait pas de sœur en Angleterre à qui elle pouvait demander de l'aide et si elle ne retournait pas bientôt à l'université, les gens s'en rendraient compte et se mettraient à poser des questions.

Une rumeur circulait selon laquelle une bonne dose d'huile de ricin pouvait accélérer les choses si le bébé avait du retard. Elle savait que certaines des jeunes femmes y avaient eu recours mais elle ignorait si le procédé fonctionnait. Elle en toucha mot à sœur Gerald mais cette dernière éclata de rire, affirmant qu'au pire cela n'occasionnerait que des crampes d'estomac prononcées.

« Et si, comme vous le maintenez, votre enfant n'est censé arriver que d'ici un mois, cela ne changera absolument rien. » Sœur Gerald finit cependant par céder devant l'insistance de Sinéad et sortit la bouteille de son armoire à pharmacie, lui administrant une généreuse cuillerée.

Ses contractions commencèrent vers deux heures du matin la nuit suivante. Sinéad se réveilla en proie à d'intenses douleurs et descendit à l'étage, à la salle d'accouchement, sans être sûre si le moment de la naissance était vraiment arrivé. Elle attendit un moment, jusqu'à ce qu'elle ait un besoin pressant de se rendre aux toilettes. Elle se mit à traverser le couloir pour s'y rendre mais s'arrêta net lorsqu'elle vit une grosse araignée au sol, en travers de son chemin. Elle s'appuya contre le mur, terrifiée et gémissant de douleur, clouée sur place. Elle entendit une porte s'ouvrir et aperçut la forme spectrale de Majella en chemise de nuit qui s'avançait vers elle. Elle passa à côté de Sinéad en fuyant son regard mais Sinéad avait désespérément besoin d'aide. Elle lui saisit le bras et pointa du doigt l'araignée. Majella ne sembla d'abord pas comprendre ce qu'elle voulait puis elle tourna soudain les talons et gagna sans mot dire une remise, d'où elle ressortit armée d'un balai avec lequel elle écrasa l'araignée d'un coup précis. Elle adressa un regard triomphant à Sinéad et s'exclama à voix haute : « C'était le diable venu s'emparer de ton bébé. » Elle retourna à la remise, y replaça le balai et disparut le long du couloir. Sinéad se tint là un moment, stupéfaite ; c'était la première fois qu'elle avait entendu Majella dire quoi que ce soit.

Elle contourna avec précaution le cadavre ratatiné de l'araignée, les jambes flageolantes, et se rendit aux toilettes au même moment que sœur Gerald, réveillée par le bruit, venait voir ce qui se passait.

Le bébé de Sinéad, un petit garçon sans le moindre défaut, naquit huit heures plus tard. Elle n'avait que peu de souvenirs de l'accouchement en lui-même ; bien qu'elle ait été résolue à suivre les conseils prodigués par le livre qu'elle possédait, elle avait elle aussi eu recours à la péthidine – quatre injections, comme Antoinette – et à un moment donné elle avait failli donner un grand coup de pied à sœur Gerald qui, dans le brouillard causé par la douleur et la drogue, lui avait semblé s'approcher avec une grande paire de ciseaux à la main. Elle se rappelait cependant tous les détails de la naissance ainsi que de l'expertise avec laquelle sœur Gerald l'avait aidée à mettre au monde son enfant, lui criant de pousser puis d'arrêter, de respirer à fond et de pousser à nouveau lorsque sa contraction suivante se produirait. Lorsque le bébé sortit, sœur Gerald sourit. « Pas de points de suture ? demanda Sinéad, incrédule.

— Pas de points de suture, confirma sœur Gerald, hochant la tête en signe d'approbation. Et un très beau petit garçon qui m'a tout l'air d'être arrivé à terme. »

Le bébé fut pesé et examiné, le placenta sorti. Une fois le calme revenu dans la pièce, la religieuse revint à ses côtés et lui dit : « Une dernière chose. Je vous ai injecté de l'anti-D car votre groupe sanguin est O négatif. » Des années plus tard, Sinéad comprit à quel point cette injection avait été importante pour les enfants qu'elle avait eus par la suite et elle remercia souvent la religieuse en son for intérieur pour le professionnalisme dont elle avait fait preuve.

Sœur Gerald s'affaira à faire un peu de rangement et de nettoyage, laissant Sinéad se reposer, avant de revenir la voir et de lui demander quel nom elle souhaitait donner à son enfant. « Peu importe quel nom je lui donne ; de toute manière, ils le changeront. Je vais lui donner votre nom.

— C'est ce que répondent la plupart des filles. À ce train-là, tout Cork sera peuplé de Gerald. » Elle réfléchit un instant. « Pourquoi ne l'appelleriez-vous pas Lorcan ? C'était le prénom de mon père. »

Les jours qui suivirent passèrent en un clin d'œil. Elle se souvint qu'on lui avait attaché les seins afin qu'elle ne produise plus de lait maternel. Elle se souvint de la sensation pénible et douloureuse qui s'était ensuivie, l'entrave si serrée qu'elle avait du mal à respirer. Les jeunes femmes qui ne restaient pas au foyer après la naissance n'avaient pas le droit d'allaiter leur enfant.

Elle se souvint également que la mère supérieure était venue la voir, poussant des « Oh » et des « Ah » et déclarant à quel point son bébé était beau, quelle chance elle avait car ils n'auraient aucun mal à le faire adopter. Il y avait de nombreuses familles bonnes et aimables qui n'attendaient qu'un bébé comme le sien.

Antoinette le surnomma le petit canari. « Il ne pleure pas, il chante », dit-elle en riant tandis que Sinéad luttait pour lui mettre la veste jaune vif qu'elle avait tricotée pour lui. Sinéad vivait au jour le jour, évitant de penser au fait de rentrer chez elle, s'efforçant en vain de ne rien ressentir lorsqu'elle tenait Lorcan dans ses bras pour le nourrir, lorsqu'elle le lavait, lorsqu'elle l'habillait, lorsqu'elle l'apaisait quand il pleurait et lorsqu'elle contemplait ensuite alors qu'il dormait paisiblement dans son berceau.

Lorcan était âgé de cinq jours quand la mère supérieure revint la voir.

« J'ai une bonne nouvelle à vous annoncer, Emily, dit-elle, et l'estomac de Sinéad se noua. Mademoiselle Brennan a trouvé une famille formidable pour le petit Lorcan et quelqu'un va venir le chercher après-demain. Il sera dans une famille d'accueil jusqu'à l'âge de six semaines puis il rejoindra sa nouvelle famille. » Pour une raison qu'elle ne comprit jamais, l'arrangement avait été conclu de sorte qu'elle emmènerait elle-même son enfant à Dublin ; une assistante sociale de l'agence d'adoption descendrait de Dublin et remonterait en train avec elle et le bébé. « Veinarde, lui dit Antoinette en l'étreignant avant d'embrasser Lorcan alors qu'elle leur disait au revoir. Je ne sais pas quand je pourrai sortir d'ici. Mais, en fait, ça m'est égal maintenant que je l'ai, elle. » Elle pointa du doigt sa fille qui dormait paisiblement dans son berceau. « Bonne chance, chuchota Sinéad à Marie en lui tapotant délicatement le ventre. J'espère que tout se passera bien pour toi. »

Paula arriva à la hâte dans le couloir alors qu'elle était sur le point de partir et elles s'étreignirent. « Je n'avais pas réalisé que tu partais si tôt. Prends soin de toi, Emily, dit-elle, essoufflée. On se revoit à Dublin quand je serai sortie d'ici. »

L'assistante sociale l'attendait dans le parloir ; c'était une femme assez jeune, dont l'expression distante et fermée décourageait toute conversation. Elles prirent un taxi jusqu'à la gare et montèrent dans le train pour Dublin.

Le voyage fut un véritable cauchemar. Sinéad était anxieuse et Lorcan semblait le percevoir car il était très agité et pleura beaucoup. Ses cris étaient bien plus stridents qu'au couvent. L'assistante sociale n'offrit aucune aide et passa le plus clair de son temps à regarder par la fenêtre, comme si elle faisait mine de ne pas voyager en leur compagnie. Sœur Gerald avait préparé deux biberons pour le voyage et Sinéad dut demander à l'autre femme de se rendre au wagon-restaurant pour en réchauffer un, ce qu'elle n'accepta de faire qu'avec une réticence extrême. Lorsqu'elle revint, le lait était beaucoup trop chaud et Sinéad dut attendre une éternité qu'il refroidisse, tentant désespérément de calmer Lorcan qui était hors de lui. Elle finit par se rendre elle-même au wagon-restaurant pour ajouter de l'eau froide au biberon et le refroidir plus rapidement, confiant Lorcan à l'assistante sociale qui le tint gauchement à bout de bras comme s'il était contagieux.

Un couple de gens âgés était assis de l'autre côté du couloir et, lorsqu'elle regagna son siège, ils lui sourirent. « Quel beau bébé, dit la femme. C'est votre premier ? » Sinéad hocha la tête, luttant pour contenir les larmes. Elle se demanda s'ils avaient la moindre idée de sa situation. Auraient-ils été aussi aimables si tel avait été le cas ?

Lorcan s'endormit pile au moment où le train entrait à la gare de Kingsbridge et Sinéad aperçut sa mère et sa tante qui l'attendaient sur le quai. L'assistante sociale se leva d'un bond et rassembla ses affaires, laissant Sinéad se débrouiller avec Lorcan dans son couffin et sa valise.

La mère de Sinéad vint à la porte du wagon et l'aida à descendre tandis que l'assistante sociale se tenait à l'écart, les observant. Jamais elle n'oublierait l'expression sur le visage de sa mère lorsqu'elle contempla pour la première fois son petit-fils, prenant délicatement le couffin des mains de Sinéad. « Ta tante et moi avons décidé que c'est moi qui l'emmènerai à l'agence d'adoption, ma chérie. Ce sera plus facile pour toi, ainsi. Va te promener avec ta tante Catherine, nous nous verrons plus tard à la maison. »

Trop fatiguée pour protester, Sinéad lâcha le couffin. Déjà, sa mère s'était engouffrée dans un taxi avec l'assistante sociale. Lorcan n'était plus là et elle ne l'avait même pas embrassé pour lui dire adieu.

*

Sinéad retourna à l'université la semaine suivante comme s'il ne s'était rien passé. Si quelqu'un lui posait la question, elle était censée dire qu'elle avait passé l'été à Londres, où elle avait travaillé en tant que fille au pair et avait engrangé de l'expérience professionnelle dans un cabinet de médecin.

Mais personne ne le lui demanda. Elle avait changé d'université, de l'UCD à Trinity, et de cursus, passant de la médecine à un diplôme en administration des affaires, ce qui l'obligea à se faire de nouveaux amis. Au vu des circonstances, c'était sans doute pour le mieux.

À la maison, personne n'aborda le sujet de sa grossesse ou de son enfant et les souvenirs des mois précédents se mirent peu à peu à s'estomper tandis qu'elle se lançait à corps perdu dans des cercles de débats et de rhétorique ainsi que dans la politique estudiantine. Elle fut élue au *Students' Representative Council* et travaillait dur, soucieuse de charger ses journées autant que possible et résolue à obtenir rapidement son nouveau diplôme et trouver ensuite du travail.

Un jour, elle tenta d'appeler Paula – ou plutôt Louise, car c'était là son nom en dehors du couvent. Elle se rendit à une cabine téléphonique, ce qui avec le recul s'avéra sans doute être une erreur car la femme qui répondit sembla méfiante dès le premier abord.

« Comment avez-vous dit que vous vous appeliez ? demanda-t-elle.

— Emily, répondit Sinéad.

— Aucune des amies de Louise de ma connaissance ne s'appelle Emily, affirma la femme. D'où vous connaissez-vous ?

— Nous étions à l'école ensemble, déclara Sinéad, réalisant son erreur alors qu'elle prononçait les mots.

Ah oui, et de quelle école s'agissait-il ? » voulut savoir la femme. Sinéad ne se souvenait pas du nom de l'établissement que Paula avait fréquenté. C'était une école huppée des quartiers sud. Elle entendit la voix de Paula s'élever en fond. « Qui est-ce, maman ?

— Personne, répondit la femme. Quelqu'un du nom d'Emily. Elle s'est trompée de numéro sans doute », ajouta-t-elle avant de raccrocher.

Le jour suivant, Paula/Louise appela Sinéad chez elle et la supplia de ne plus l'appeler. Elle avait l'air effrayée et chuchotait dans l'appareil. Sa mère était résolue à ce qu'elle laisse toute cette histoire derrière elle et tout contact avec des personnes qui s'étaient trouvées au foyer était interdit.

« Qu'est-ce que tu as eu ? lui demanda Sinéad.

— Quoi ?

— Le bébé. C'était un garçon ou une fille ? »

Il y eut un instant de silence. « Un garçon. Mais je ne veux pas penser à ça. »

Chapitre neuf

Killarney, janvier 1971

JACK McDONAGH REPRÉSENTAIT SON université, l'UCD, à la conférence annuelle de l'*Union of Students in Ireland*[4] à Killarney. Sa tâche principale à la conférence était simple : s'assurer que les résolutions formulées par UCD étaient adoptées. Il s'était forgé une certaine réputation de porte-flingue et son groupe l'avait chargé d'éliminer ses adversaires et de faire en sorte qu'aucune autre université n'arrive à faire adopter plus de résolutions ou ne s'attribue le mérite du travail effectué par l'UCD. Tout cela se faisait dans une relative bonne humeur mais c'était aussi une formation utile pour la carrière politique à laquelle aspiraient beaucoup d'étudiants.

Une partie de la stratégie de Jack consistait à faire en sorte que certaines personnes veillent tard et boivent beaucoup d'alcool. En pleine partie de poker à une heure du matin avec deux membres de la délégation de Galway, Michael Leahy et Gerry Mulcahy, il était sur le point de distribuer une nouvelle donne lorsqu'il prit conscience que quelqu'un

---

4 *Syndicat des étudiants d'Irlande (N.D.T.).*

se tenait derrière lui. C'était Ian Hollis, président du SRC de Trinity, accompagné d'une jeune femme qu'il avait aperçue pendant les sessions plénières.

« On peut se joindre à vous ? » demanda Hollis d'un ton affable. Avant que Jack n'ait le temps de répondre, Leahy, qui avait beaucoup trop bu, grommela : « C'est une affaire d'hommes, Hollis. Pas de femmes.

— Ne t'en fais pas, Leahy, rétorqua Hollis. Sinéad fait partie de la bande. » Jack entendait presque les rouages du cerveau de Leahy tourner tandis qu'il tentait désespérément de trouver une répartie mais il finit simplement par hausser les épaules et faire un peu de place sur le canapé.

« *Sixpence*[5] pour jouer et vous ne pouvez relancer que de *sixpence* à la fois. » Ils étaient après tout des étudiants et, une fois le mois de janvier arrivé, leurs bourses universitaires étaient sérieusement entamées.

Sinéad sortit de sa poche un porte-monnaie rouge vif et plaça un petit tas de pièces sur la table. Jack distribua les cartes et la partie reprit.

Hollis était un joueur habile mais il semblait distrait ce soir-là et, au bout de quelques mains, il marmonna quelque chose au sujet d'un rendez-vous. Il ramassa ses gains et les quitta. Ils n'étaient plus que quatre, y compris Sinéad. Et c'était à Jack de distribuer. Tout le monde jouait encore.

---

5 *Avant le passage au système décimal au début des années soixante-dix, la livre irlandaise se divisait en 4 couronnes, ou 20 shillings, ou 240 pence. La pièce de sixpence valait donc un quarantième d'une livre. (N.D.T.)*

Leahy, qui se trouvait à la gauche de Jack, demanda une carte et plaça une des siennes soigneusement devant lui. Mulcahy regarda fixement sa main pendant quelques instants puis réclama lui aussi une carte. Avec un sourire enjoué, Sinéad annonça : « Trois, s'il te plaît. » Jack avait en main une paire de cinq et prit donc également trois cartes. Leahy ouvrit le bal des mises en plaçant deux *sixpence* dans le pot. Mulcahy se coucha et, après un instant d'hésitation, Sinéad fit glisser trois *sixpence* devant elle. « Je suis et je relance de *sixpence* », dit-elle. Ayant tiré un autre cinq et une paire de trois, Jack se sentait assez sûr de lui et il plaça trois *sixpence* dans le pot, dont la valeur augmentait à vue d'œil.

Mulcahy était assis, bouche bée, sa pinte de Guinness suspendue devant lui.

Leahy dévisagea ses deux adversaires restants. Après ce qui leur sembla une éternité, il dit : « Très bien. Puisque c'est comme ça, je suis les *sixpence*… et je relance de deux shillings. » Jack savait qu'il ne pouvait pas abandonner maintenant mais il fut stupéfait de voir Sinéad fouiller dans son porte-monnaie et en sortir quatre *sixpence* qu'elle plaça dans le pot d'un air déterminé. Il suivit en marmonnant un juron et en espérant que Leahy bluffait. Ce dernier étala ses cartes sur la table lentement, l'une après l'autre. « Carré de dix, déclara-t-il d'un air triomphant.

— Ça me suffit », dit Jack, oubliant que ce n'était pas son tour.

Leahy s'apprêtait à s'emparer du pot lorsque Sinéad affirma calmement : « Il me semble que cela m'appartient. » Elle abattit quatre reines sur la table.

« Bon sang ! s'exclama Leahy. C'était un sacré coup de bol ! » Sinéad lui adressa un sourire innocent. Lors des quelques mains suivantes, Leahy gagna régulièrement et amassa un tas de pièces conséquent. Puis Sinéad gagna à nouveau, avec un *full* cette fois. Ce schéma se répéta pendant une heure environ.

C'était à nouveau à Jack de distribuer et Leahy menait assez largement, un joli tas de pièces posé devant lui. Il s'était nettement détendu et, pour la première fois de la soirée, il arborait un sourire.

Il misa le premier avec *sixpence* et tout le monde suivit. Sinéad hésita un instant, inspira profondément puis relança de *sixpence.* Leahy la dévisagea et fit lentement glisser *sixpence* de plus dans le pot. Bien que n'ayant qu'une paire de sept, Jack suivit et demanda à Sinéad combien de cartes elle voulait. « Je suis servie », dit-elle calmement. Leahy darda à nouveau un regard dans sa direction. « Une carte », déclara-t-il. Jack lui donna sa carte et en prit trois pour lui-même. Leahy semblait satisfait et se cala dans son fauteuil. « À toi de miser, Sinéad », dit-il en souriant.

Elle contempla ses cartes un moment en fronçant les sourcils puis compta son argent. Elle glissa une pièce d'un shilling, observant Leahy posément.

« Je me couche », affirma Mulcahy, jetant ses cartes sur la table, visiblement content de voir quelqu'un défier Leahy. « Je suis », dit Leahy, marquant une pause avant d'ajouter : « Et je relance d'une demi-couronne. » Jack hésita. Il savait qu'il n'avait aucune chance de remporter la main mais il lui semblait quelque peu injuste de laisser Sinéad affronter Leahy seule. Ceci étant, trois shillings et *sixpence* constituaient une belle petite somme et il espérait l'inviter boire un verre après la partie, donc…

« Je me couche aussi », finit-il par dire, ce qui lui valut un regard légèrement amusé de la part de Sinéad.

Elle contempla l'argent qui lui restait.

« Je suis ta demi-couronne et je relance de cinq shillings », déclara-t-elle.

Leahy leva les yeux vers elle, tournant ensuite son regard vers Mulcahy et Jack, puis il éclata de rire. « Si tu crois que tu vas me prendre tout mon argent, ma chère, tu te trompes. Je t'ai bien observée et j'ai compris ton petit manège. Tu ne mises que lorsque tu as une très bonne main mais tu ne m'auras pas cette fois. Pour vraiment devenir une bonne joueuse de poker, il te faudra savoir à quels moments bluffer plutôt que de permettre à tout le monde de deviner ce que tu tiens en main. » Il posa ses cartes sur la table et se leva. « L'heure du lit a sonné », dit-il en ramassant ce qui restait de ses gains.

Leahy les quitta et Mulcahy l'imita peu de temps après, laissant Sinéad et Jack assis seuls dans un coin du bar de l'hôtel. Il lui adressa un regard curieux. « Alors, tu bluffais ?

— Peut-être », répondit-elle. Il se pencha vers elle et tenta de retourner les cartes qu'elle avait posées devant elle, mais elle lui donna une tape sur la main. « Tu sais très bien que tu n'as pas le droit de faire ça.

— Depuis combien de temps joues-tu au poker ? voulut-il savoir, sa curiosité piquée.

— J'y ai joué toute ma vie, répondit-elle en riant. J'ai pratiquement été élevée avec mes quatre cousins. Ce sont tous des garçons et j'ai dû apprendre à ne pas me laisser faire. »

Jack l'observa attentivement. Elle était plutôt jolie mais pas du genre à faire tourner les têtes dans la rue, pas le genre de fille qu'il avait tendance à remarquer. Son apparence suggérait une étudiante en architecture ou en histoire de l'art. Il connaissait le genre ; cheveux longs, duffle-coat, chaussures en daim et pantalons en velours côtelé. Sauf qu'elle ne portait pas de duffle-coat. Elle avait un imperméable inhabituel, en tissu lustré vert foncé. Elle avait quelque chose de posé, de distant et renfermé. Elle soutint son regard avec le même air légèrement amusé.

« Tu veux quelque chose à boire ? lui demanda-t-il d'un ton qu'il s'efforça de rendre désinvolte.

— Pas vraiment, répondit-elle, mais je ne dirais pas non à un peu d'air frais et à une cigarette.

— Ça te dérange si je t'accompagne ? Il fait bon dehors pour cette époque de l'année, on pourrait faire le tour du lac », proposa-t-il, sans doute avec un peu trop d'enthousiasme. Faire le tour du lac ! *Tu t'entends parler, McDonagh ?* se dit-il. *Suppose qu'elle dise non.* Mais ce ne fut pas le cas. Elle se leva et prit son sac à main et son manteau. « Allons-y, alors. » En sortant de l'hôtel, ils rencontrèrent Hollis. « Où allez-vous à cette heure, tous les deux ? s'enquit-il, mangeant quelque peu ses mots.

On va juste prendre un peu d'air frais », dit Sinéad.

Il attrapa la manche de Jack en passant. « Viens là, McDonagh, juste une seconde. » Il le prit par le coude et chuchota : « Si tu la touches ne serait-ce que du petit doigt, je jure de te faire briser les deux jambes.

— Elle a l'air tout à fait capable de se débrouiller toute seule, Hollis.

— Je te préviens, McDonagh, je suis sérieux.

— C'est bon, c'est bon, répondit Jack en ôtant la main de Hollis. Je me comporterai en parfait *gentleman.* »

Sinéad se tenait dehors et avait déjà allumé une cigarette. « Qu'est-ce que c'était que ça ? demanda-t-elle.

— Ton ami Hollis qui joue les protecteurs.

— Il est vraiment chou, dit-elle en souriant.

— Vraiment chou ? répéta-t-il. Tu plaisantes ? Ce type est un psychopathe, froid et calculateur. Il dénoncerait sa grand-mère pour obtenir ce qu'il veut.

— Je pense mieux le connaître que toi, rétorqua-t-elle, et, de toute manière, c'est ce que tout le monde dit de toi aussi mais, quand je vous vois jouer au poker, vous m'avez tous l'air plutôt inoffensif. Tout ça n'est que du cinéma, pas vrai ? »

Elle sortit de sa poche un paquet de *Major* et lui en offrit une. « Non merci, refusa-t-il, je préfère celles-ci. »

Elle l'observa tandis qu'il prit l'une des siennes. « *Rothman's*, remarqua-t-elle, comment se fait-il que tous les types des quartiers sud fument ça ? »

Il commença à avoir l'impression qu'ils étaient partis du mauvais pied et se demanda pourquoi il l'avait invitée à aller se promener mais elle écrasa sa cigarette et lui dit : « Bon, cette promenade, on y va ? »

Elle enfila son imperméable et il l'aida maladroitement. « Tu ne risques pas d'avoir froid ? Il n'est pas un peu léger pour cette époque de l'année ? dit-il en touchant le tissu qui lui parut assez mince et caoutchouteux. Remarque, c'est un beau manteau, il te va très bien.

— Merci, répondit Sinéad. C'est un cadeau de quelqu'un

qui m'est cher et il me tient chaud à plus d'un titre, si tu vois ce que je veux dire. »

Il ne voyait pas mais il laissa tomber le sujet, n'étant pas certain de vouloir connaître l'identité de cette personne qui lui était chère.

Ils s'engagèrent sur le chemin qui menait de l'hôtel au lac. En se remémorant cette soirée, il aurait aimé pouvoir dire que la lune brillait mais ce n'était pas le cas. Bien que ce fût le mois de janvier, il faisait assez doux et un léger brouillard flottait. L'écologie n'était pas à l'ordre du jour à cette époque et des lumières brillaient tout le long du chemin et même autour du lac, aussi loin que portait son regard. Sinéad s'arrêta et contempla l'étendue sombre et lisse du plan d'eau. « Ça a l'air un peu lugubre de l'autre côté, non ? J'espère que vous n'avez pas peur de l'obscurité, Monsieur McDonagh. » Il ressentit à nouveau une pointe d'irritation à la manière dont elle semblait toujours se moquer de lui. Il n'avait pas l'habitude que les filles lui parlent ainsi. En fait, en toute honnêteté, il lui fallait bien reconnaître qu'en tant que pur produit de l'éducation catholique non mixte il n'avait pas l'habitude que les filles lui parlent beaucoup et la plupart des conversations qu'il avait avec elles étaient assez guindées et inintéressantes.

Il alluma une autre cigarette, se gardant délibérément de lui en offrir une, et lui demanda sur un ton qu'il voulait désintéressé : « De quel côté de Dublin viens-tu ? » *Bon Dieu*, se dit-il, *qu'est-ce que c'est que cette question banale, McDonagh ?* Il savait qu'il allait devoir faire mieux s'il voulait l'impressionner…

« Du mauvais côté, répondit-elle. Les quartiers nord. Tu sais, l'endroit de l'autre côté de la Liffey, où les perles sont fausses et les… » Elle s'interrompit et éclata de rire lorsqu'elle vit son expression. « Tu connais la suite, non ? »

Il la connaissait évidemment mais feignit l'ignorance.

« Les quartiers nord n'ont rien de mal, mentit-il. J'ai des cousins à Howth et un ami à Malahide. » Il s'abstint de préciser qu'il ne s'était rendu qu'une seule fois chez ses cousins et que son ami vivait dans une grande bâtisse géorgienne dans le quartier plus ancien et le plus cossu de Malahide.

« Tu étais au courant que James Joyce aimait beaucoup les quartiers nord, pas vrai ? » poursuivit-elle, ignorant son intervention conciliante.

« *O, it was out by Donnycarney,*
When the bat flew from tree to tree,
My love and I did walk together,
And sweet were the words she said to me. »[6]

Il la regarda d'un air un peu ahuri.

« Le poème trente et un de *Chamber Music*, clarifia-t-elle d'un air malicieux. Jamais entendu parler ? Tu n'es pas le seul. Mon père le récite lorsque la famille est réunie. » Jack ne pouvait imaginer qui que ce soit – et encore moins James Joyce – écrire un poème au sujet de Donnycarney. Il ignorait d'ailleurs que James Joyce eut écrit des poèmes. Il changea rapidement le sujet.

« Pourquoi es-tu allée à Trinity ?

— Parce que l'université est moins loin de Clontarf que l'UCD maintenant que le campus va être à Belfield.

---

6 *« Ô, c'était du côté de Donnycarney, Lorsque la chauve-souris volait d'arbre en arbre, Que mon amour et moi marchions côte à côte, Et doux étaient ses mots. » (N.D.T. – traduction libre et approximative).*

Et parce qu'administration des affaires sonne tellement mieux que commerce. » À nouveau ce ton moqueur. Mais il fut soulagé de l'entendre dire Clontarf plutôt que Donnycarney – ou, pire encore, Artane et son centre d'éducation surveillée. Cela dit, la seule fois où il s'était rendu à Clontarf, il avait traversé le quartier en voiture pour se rendre à Howth mais l'endroit lui avait paru assez boisé, pas le genre de coin où on était obligé de verrouiller les portières à chaque fois qu'on s'arrêtait à un feu rouge.

« Je croyais que les catholiques n'étaient pas autorisés à étudier à Trinity.

— Qui a dit que j'étais catholique ? »

Il n'en ratait vraiment pas une, se dit-il.

« Bien sûr que je suis catholique… ne le sommes-nous pas tous dans ce merveilleux petit pays ? Catholiques mais rarement de bons chrétiens. »

Il décida d'ignorer cette dernière remarque.

« Tu as eu une dispense de l'archevêque ? s'enquit-il.

— Non, répondit-elle après une pause.

— Mais…

— Mais je pourrais être excommuniée ? C'est ce que tu allais dire ?

— Oui, on m'a toujours dit que, pour entrer à Trinity, il fallait une dispense spéciale de l'archevêque et qu'il n'était possible d'en obtenir une que pour des motifs très sérieux.

— Eh bien, les temps ont changé. Ça fait plusieurs mois que j'y suis et l'Inquisition espagnole n'est pas encore venue frapper à ma porte, déclara-t-elle. Je suppose que l'archevêque a d'autres chats à fouetter. Après tout, je doute que le fait que j'étudie l'administration des affaires dans une université qui applique l'éthique protestante du travail provoque la chute des institutions catholiques. Bien sûr, ce serait autre chose si je faisais des études de théologie.

— Ou de médecine, interjeta-t-il.

— De médecine ? Elle lui lança un regard pénétrant.

— Oui, je veux dire… les attitudes diffèrent sur certaines questions de moralité. La contraception, par exemple…

— J'ai étudié la médecine pendant un an à l'UCD, dit-elle. Préparation aux études médicales. » Cela lui valut un regard incrédule de la part de Jack.

« Mais je ne t'ai jamais vue.

C'est parce que les filles des quartiers nord sont invisibles pour les gens comme toi, sans compter le fait que tu es plus âgé et que tu passais tout ton temps à jouer au rugby et à boire comme un trou au bar », affirma-t-elle.

Il se dit qu'elle l'avait donc remarqué. Cela devait compter pour quelque chose, au moins.

« Et pourquoi es-tu partie, si ce n'est pas indiscret ? voulut-il savoir. Une femme de ton intelligence remarquable n'a certainement pas échoué lors de son examen.

— Eh bien, si, déclara-t-elle, le dévisageant d'un air de défi et tirant une cigarette de son sac à main. Mais j'ai fait quelque chose de bien pire, aussi, qui a fait qu'il m'était impossible d'y retourner après l'été.

— Je suis tout ouïe, dit-il, mais elle refusa d'en dire plus.

Ils marchèrent encore un peu avant d'atteindre un banc. Sinéad s'assit et le dévisagea. « Parle-moi donc un peu de toi, Jack McDonagh, lança-t-elle. Ai-je raison de penser que tu n'es pas aussi dangereux que ta réputation le laisse entendre ?

— Peut-être, répondit-il. Il n'y a qu'une façon de le savoir.

— Et cette façon, c'est… ?

— Se revoir à Dublin une fois qu'on sera rentrés. On pourrait aller au cinéma ou aller boire un verre.

— Sous l'horloge de *Clery's*[7] ? Ce n'est pas trop loin du côté nord, tu devrais être en sécurité.

— Pourquoi pas. Lundi prochain ? Vingt heures ? »

---

7 *Clery's était un grand magasin très connu à Dublin, sur O'Connell Street, l'une des rues principales de la ville, située juste au nord de la rivière Liffey. (N.D.T.)*

Chapitre dix

JACK SE RÉVEILLA EN proie à une nervosité inhabituelle. Il resta au lit, songeant à la soirée qui l'attendait, se demandant ce qu'il allait porter, quel film ils iraient voir, s'il la raccompagnerait ensuite, si elle le laisserait l'embrasser au moment de se dire bonne nuit.

Il entendit le téléphone sonner en bas et, peu après, ses rêveries furent interrompues par sa mère qui tapait à la porte de sa chambre. « Lève-toi, Jack. Nous avons beaucoup à faire aujourd'hui. »

Lorsqu'il finit par descendre les escaliers d'un pas lourd, la maison était en pleine effervescence. Mme Murphy, la femme de ménage, était en train de nettoyer le grand hall d'entrée carré tandis que Sarah, la sœur de Jack, était assise dans la cuisine, toute l'argenterie disposée sur la table devant elle, en train de l'examiner afin de déceler toute trace de ternissement. Sa mère parlait à quelqu'un au téléphone sur un ton animé.

Jack avait englouti la moitié de ses céréales lorsque sa mère entra dans la cuisine et vint s'asseoir à la table en face de lui, arborant un air éminemment satisfait. « Mme Stewart m'a appelée ce main », annonça-t-elle, le regard baissé vers la nappe qu'elle était en train de lisser. Elle était coutumière de ce tic lorsqu'elle souhaitait éviter toute discussion. « Ton père et moi nous sommes beaucoup entretenus avec les Stewart dernièrement et nous nous sommes dit que, vu que Lorna et toi vous voyiez depuis un bon moment maintenant, il serait temps d'envisager des fiançailles. Nous les avons invités ce soir afin de discuter de la question. »

Jack et Lorna s'étaient connus à Ballybunion, lors de vacances passées ensemble. Ils avaient plus ou moins grandi ensemble car leurs familles respectives passaient toutes leurs vacances d'été dans cette petite ville de bord de mer où, tous les ans, ils louaient des maisons voisines au mois d'août. La famille de Lorna représentait tout ce que ses parents n'étaient pas mais aspiraient à devenir. Ils avaient six enfants ; quatre garçons et deux filles, dont Lorna était la cadette. Son père était un éminent professeur de médecine et les parents de Jack espéraient qu'il pourrait être d'une aide précieuse à la carrière de leur fils. Sa mère était issue d'une famille d'aristocrates terriens et leur vaste demeure à Ranelagh était emplie de meubles anciens hérités et de tableaux d'ancêtres aux traits grimaçants. Tout semblait leur venir avec une grande facilité ; leur fortune, leur savoir-vivre, leurs amis, leur intelligence.

Lorsqu'il avait eu besoin d'une cavalière pour une soirée dansante à son école, il avait semblé tout à fait normal qu'il lui demande de l'accompagner et qu'elle accepte, ce qu'elle avait fait – sans doute avec un peu trop d'enthousiasme, avec le recul. Elle avait paru supposer à partir de ce moment-là qu'ils formaient un couple et la fierté qu'il ressentait par rapport au fait d'être accepté par sa famille l'avait mené à balayer toute appréhension qu'il avait pu ressentir. Sans compter qu'il eut l'impression que la relation avait rehaussé son statut, à la fois au sein de sa propre famille et parmi le cercle de ses amis.

Jack posa sa cuillère, pris d'un léger sentiment de panique. « Mais je sors ce soir, protesta-t-il.

— Eh bien, plus maintenant. Où donc allais-tu sortir, de toute manière ? » demanda-t-elle d'un ton brusque. Il lutta intérieurement pour tenter de trouver un prétexte crédible mais il était évident qu'aucune objection ne serait possible.

« Tu peux voir tes amis quand tu le souhaites. Tu n'as qu'à leur dire qu'ils devront se passer de toi ce soir », déclara-t-elle en s'éloignant pour aller adresser d'autres directives à Mme Murphy.

Il passa rapidement en revue les options qui s'offraient à lui. Il n'avait pas le numéro de téléphone de Sinéad ; il ne savait même pas où elle vivait, il savait juste que c'était quelque part dans les quartiers nord – avait-elle mentionné Clontarf ? Il se leva et se dirigea vers l'entrée, où l'annuaire se trouvait dans le meuble pour téléphone en acajou. Il se mit à chercher parmi les Murray mais il y en avait des centaines dans l'agglomération de Dublin et il ne connaissait pas le prénom de son père. Il était de toute façon possible que leur numéro soit sur liste rouge, comme celui de ses parents. Sa mère estimait que c'était là le summum de la distinction.

Il avait beau tourner le problème dans tous les sens, il lui serait impossible de sortir avec Sinéad puis de rentrer à temps pour la soirée que sa mère préparait chez lui.

« J'ai rendez-vous avec quelqu'un », grommela-t-il en passant devant sa sœur, Sarah, qui lui adressa un regard glacial.

« J'espère qu'il ne s'agit pas d'une fille, dit-elle. Tu ne sais pas discerner où se trouve ton intérêt, Jack McDonagh. » Il aurait aimé qu'elle puisse disparaître à cet instant-là – et ce n'était pas la première fois. Elle avait le don de s'introduire dans ses pensées, ce qui était extrêmement irritant.

Il enfila sa veste et quitta la maison, claquant la porte derrière lui, et se rendit aux magasins du coin, où il fuma deux cigarettes à côté de la cabine téléphonique. La femme à l'intérieur racontait visiblement sa vie et la personne à l'autre bout du fil était peut-être morte d'ennui, à en juger de la nature à sens unique de leur conversation. Plusieurs des amies de sa mère passèrent pendant qu'il attendait, jetant des regards curieux dans sa direction et se demandant sans doute pourquoi il n'utilisait son propre téléphone chez lui. Il était certain que l'incident serait rapporté à sa mère.

Lorsqu'il put enfin entrer dans la cabine, il appela Hollis mais ce fut un de ses colocataires qui répondit, lui apprenant qu'Hollis était sorti et qu'il ignorait quand il serait de retour ; peut-être pas avant le lendemain. En désespoir de cause, Jack feuilleta l'annuaire à la recherche du numéro de Trinity et appela le bureau du SRC mais la fille qui répondit lui dit qu'elle ne pouvait pas donner de numéro de téléphone personnel sans le consentement de l'étudiant.

Il s'adossa contre la vitre et pesta face à tant de malchance. De tous les jours que sa mère aurait pu choisir…

Trois personnes faisaient la queue pour le téléphone donc il sortit de la cabine, alla acheter un paquet de cigarettes et marcha jusqu'au bord de mer pour réfléchir.

La solution lui sauta aux yeux. Il allait devoir envoyer quelqu'un la prévenir sur sa place. Il regagna la cabine téléphonique et se mit à appeler tous ses amis, l'un après l'autre. Le seul qui répondit fut Paul Fitzpatrick, un ancien camarade de classe à l'école. Il n'en fallut pas beaucoup pour le convaincre. « Donc je peux l'emmener au cinéma à ta place, c'est ça ? demanda-t-il. Ce doit être un joli morceau si tu te donnes tant de mal pour éviter de lui poser un lapin. Mais franchement, Jack, sous l'horloge de *Clery's* ? Quel cliché. Tu me déçois.

— Ferme-la, Fitzer, rétorqua Jack. Je veux juste que tu sois là à l'heure du rendez-vous, que tu lui dises qu'il y a eu un imprévu et que je n'ai pas pu venir. Honnêtement, je ne pense pas qu'elle soit ton genre de toute manière. Ah oui, demande-lui aussi son numéro de téléphone pour que je puisse l'appeler. »

La soirée de sa mère se déroula comme prévu. Ses parents et les Stewart convinrent que le mariage devrait avoir lieu une fois leurs diplômes obtenus et Jack abandonna toute notion de résistance. Cela semblait être ce qu'il convenait de faire : tous ses amis se mariaient, eux aussi. M. Stewart suggéra qu'ils passent leur lune de miel en Italie car l'un de ses amis y effectuait des recherches archéologiques et il pourrait les aider à l'organiser. Le lendemain, Jack alla en ville avec sa mère pour acheter une bague de fiançailles, un saphir. « Mme Stewart m'a dit que la couleur préférée de Lorna est le bleu », déclara-t-elle. Le soir même, il présenta à sa fiancée le petit boîtier et elle feignit d'être surprise en l'ouvrant. Elle était très belle et avait l'air heureuse et il se demanda pourquoi il laissait une autre femme occuper ses pensées alors qu'il avait devant lui tout ce qu'il avait toujours désiré. Quant à l'amour, il n'était pas certain de savoir ce que cela signifiait. Il l'admirait, elle était belle et intelligente et tout le monde disait d'eux qu'ils formaient un beau couple. Il se dit qu'il avait de la chance. Il devait beaucoup à sa famille et il allait maintenant en intégrer une autre, encore plus accomplie. Le sentiment que cela lui procurait était celui d'une confirmation de sa propre valeur.

Quelques jours plus tard, l'annonce des fiançailles occupait une place de choix dans l'*Irish Times*, visible aux yeux de tous et accompagnée d'une photo très avantageuse des deux jeunes gens. Son destin était scellé.

Il appela Fitzpatrick, qui prit un malin plaisir à lui raconter qu'il avait attendu près d'une demi-heure avant qu'une fille dénommée Karen n'arrive avec son petit ami, à l'air plutôt louche, pour lui annoncer que Sinéad n'avait pas pu venir elle non plus. Jack fut à la fois irrité et soulagé de l'entendre et il arpenta à quelques reprises le domaine du Trinity College les jours suivants, allant même jusqu'à organiser des rendez-vous totalement superflus avec Hollis et sa bande, tentant de se convaincre qu'il ne le faisait pas dans l'espoir secret de la rencontrer. Il crut quelques fois apercevoir l'imperméable vert mais, après s'être fait rabrouer sèchement par plusieurs étudiantes surprises, il imputa cela à son imagination débordante.

Chapitre onze

Mars 1971

Les cauchemars de Sinéad débutèrent environ deux mois plus tard. Le scénario était toujours le même. Elle se trouvait à la gare ferroviaire, un bébé dans ses bras, et se mettait à hurler tandis que sa mère lui arrachait l'enfant. Elle se réveillait invariablement trempée de sueur et les scènes du rêve la hantaient ensuite toute la journée.

Elle avait désespérément besoin de parler à quelqu'un mais décida qu'elle ne pouvait pas parler des rêves à ses parents, et en particulier à sa mère. Après avoir beaucoup tergiversé, elle prit rendez-vous auprès du psychiatre qui officiait à l'université. Ironie du sort, elle le connaissait assez bien à travers le rôle qu'elle occupait en tant que chargée du service social étudiant au sein du SRC. Elle était censée aider d'autres étudiants et n'avait jamais imaginé qu'elle pourrait elle-même avoir besoin d'aide.

S'il avait ressenti la moindre surprise en l'écoutant relater son récit, il l'avait bien dissimulée. Inquiète au départ qu'il serait gênant pour elle d'en parler à quelqu'un qu'elle connaissait, Sinéad se détendit peu à peu en sa présence, rassurée par la manière délicate qu'il avait de lui poser des questions. Le fait de pouvoir se délester de ce poids lui était d'une aide indéniable et les cauchemars se firent de moins en moins fréquents.

Elle le vit trois fois avant que l'incident ne se produise. Elle était assise dans le bus, en route pour l'université. Elle regardait une femme qui poussait un landau sur le trottoir tandis que le bus était arrêté, pris dans la circulation. Lorsque le bus se remit à avancer, quelque chose attira son regard. Elle se retourna pour la suivre des yeux et aperçut un éclat jaune vif à l'intérieur du landau – une veste ? Persuadée qu'il s'agissait de Lorcan, elle descendit du bus en courant à l'arrêt suivant et se précipita en direction de la femme. Une fois plus près d'elle, elle se rendit compte que l'enfant devait avoir presque un an et qu'il s'agissait de toute évidence d'une petite fille. La femme la fixait du regard, visiblement terrorisée.

« Je vous ai prise pour quelqu'un d'autre… » Sinéad marmonna des excuses et tourna les talons, les joues empourprées. Elle marcha le reste du chemin jusqu'à l'université, où elle se rendit directement au cabinet du psychiatre, à nouveau en proie au sentiment de ne plus être à la barre de sa propre vie. Le médecin appela ses parents et ensemble ils décidèrent que le mieux serait de l'envoyer dans une clinique privée afin qu'elle bénéficie de ce qu'il appelait une « cure de sommeil ».

Plus tard, en se remémorant cette période, la seule chose dont elle se souvenait de la semaine qu'elle passa dans la clinique était une sensation de béatitude tandis qu'elle oscillait entre l'éveil et le sommeil, éloignée de tout et de tous. Quelqu'un – l'une des infirmières, sans doute – suggéra qu'elle se mette à écrire tout ce qui lui arrivait. Cela pourrait l'aider à faire face à sa situation et ce serait quelque chose qu'elle pourrait montrer à son enfant, plus tard, pour l'aider à comprendre. Elle pourrait mettre tout cela sous verrou, symboliquement parlant, une fois qu'elle aurait terminé d'écrire à ce sujet. L'idée qu'elle pourrait un jour rencontrer son enfant lui donna de l'espoir.

La cure de sommeil l'aida à trouver le calme et les cauchemars finirent par cesser. Sinéad retourna à l'université et se mit à sérieusement préparer ses examens. Certaines de ses amies projetaient de se rendre aux États-Unis en été, afin d'y travailler en tant que serveuses, et elle décida de postuler pour un emploi là-bas elle aussi.

En mai, elle reçut un coup de fil.

« Emily ? C'est Jacintha.

— Jacintha ! Salut, comment vas-tu ? Et *où* es-tu ? Ça fait vraiment plaisir d'avoir de tes nouvelles !

— Je vais très bien. Ça faisait longtemps que je voulais t'appeler. Je voulais te remercier pour tout, pour les conseils et tout ça. Je crois que je n'aurais jamais eu le courage de faire ce que j'ai fait si tu ne m'y avais pas encouragée. Fintan va bien lui aussi et tu ne vas pas le croire, sa tache de naissance commence à disparaître. Elle est beaucoup moins visible, maintenant. Quand je pense que j'ai failli les laisser me le prendre… Enfin bref, et toi, comment vas-tu ? Tu es retournée à l'université ? Tu es toujours étudiante en médecine ?

— Oui, j'ai repris les études mais j'ai changé de diplôme. Je veux en finir aussi rapidement que possible et m'en aller d'ici.

— Je te comprends. Les choses sont beaucoup plus faciles ici en Angleterre, tu sais. Les gens sont beaucoup moins prompts à juger les autres. Et j'ai eu tellement de chance d'avoir ma sœur à mes côtés. J'ai trouvé du travail dans un bureau et elle garde Fintan pendant mes heures de boulot. »

Elles discutèrent une heure environ et, lorsque Sinéad finit par raccrocher, un plan commençait déjà à mûrir dans son esprit. Elle était censée signer les documents d'adoption en juillet mais elle ferait patienter l'agence et tenterait de gagner un peu de temps. Ensuite, elle gagnerait autant d'argent que possible lors de son séjour aux États-Unis ; elle connaissait des étudiantes qui étaient revenues avec assez d'argent pour financer une année entière de leurs études. Elle récupérerait son bébé et irait trouver du travail en Angleterre. Elle avait des cousins qui vivaient non loin de là où se trouvait Jacintha, et elle se savait capable de s'en sortir. Elle pourrait toujours retourner à l'université plus tard.

Sinéad termina le trimestre et pensait avoir plutôt réussi ses examens. Elle commençait à être excitée à l'idée de son voyage aux États-Unis qui approchait. Elle n'avait pas été contactée par l'agence d'adoption et elle croisait les doigts, espérant qu'ils l'avaient oubliée.

Le jour avant son départ, ses parents étaient sortis se promener, la laissant terminer ses valises ; elle était donc seule à la maison lorsque le téléphone sonna.

« Sinéad ? Mademoiselle Brennan à l'appareil. »

Sinéad se figea.

« Nous devons nous entretenir de la signature des documents – l'acte de consentement final. Cela fait plus de six mois maintenant.

— Je suis vraiment désolée, Mademoiselle Brennan, répondit Sinéad en s'efforçant de ne pas laisser transparaître dans sa voix la panique qu'elle ressentait, mais je pars demain matin pour les États-Unis et je ne peux pas m'en occuper maintenant. Je les signerai à mon retour. »

Sans la moindre hésitation, Mademoiselle Brennan répliqua qu'elle avait largement le temps de venir signer les documents cet après-midi. Tentant le tout pour le tout, Sinéad fit remarquer qu'une grève des bus était en cours à Dublin et qu'il lui serait impossible de se rendre en ville. Même si ses parents avaient été présents, ils ne possédaient pas de véhicule. Elle répéta qu'elle signerait les documents à son retour.

Il y eut un long silence à l'autre bout du fil puis Mademoiselle Brennan se remit à parler.

« Ce n'est pas possible, Sinéad. Vous saviez très bien qu'il vous fallait signer ces documents. Vous me mettez dans une situation très difficile. » Son ton s'était durci. « Vous savez ce qui va se passer, n'est-ce pas ? Vous êtes une jeune femme intelligente et tout ceci vous a déjà été expliqué. Si les documents ne sont pas signés dans la semaine, la famille d'adoption ne souhaitera peut-être pas garder l'enfant et risquer de se le voir retirer. Ce qui signifie que nous serons obligés de le placer dans un orphelinat. »

Sinéad chercha désespérément une réponse à lui opposer mais Mademoiselle Brennan poursuivit.

« Est-ce là ce que vous souhaitez pour votre enfant ? l'interrogea-t-elle. Qu'on l'enlève à son environnement familial où il jouit d'affection et de sécurité, pour être mis dans un tel établissement ? Détruire non seulement sa vie, mais également celle de la famille d'adoption, tout cela parce que vous refusez de signer un document ?

— Non, murmura Sinéad, se sentant prise au piège. Mes parents ne sont pas là. Je ne peux pas…

— Voici ce que nous allons faire. Restez où vous êtes et je vais me rendre chez vous en voiture. Je serai là dans vingt minutes et nous pourrons en discuter. »

Sinéad fit les cent pas chez elle. Elle ne savait pas quoi faire et n'avait personne à qui se confier. Elle pria pour que ses parents ne rentrent pas car elle voulait à tout prix leur éviter ce dilemme. Elle pouvait tout à fait imaginer le visage décomposé de sa mère qui proposerait à nouveau de s'occuper de Lorcan. Mais les menaces proférées par la femme au téléphone résonnaient encore dans son esprit. Et si elle détruisait vraiment sa vie ainsi que celle de sa mère ? Précisément vingt minutes plus tard, une voiture se gara devant la maison et Mademoiselle Brennan sonna à la porte. Lorsque Sinéad finit par lui ouvrir, son ton avait changé.

« Sinéad, dit-elle, presque avec sollicitude. Venez avec moi. Nous pourrons parler dans la voiture. Je suis certaine que vous ne voulez pas que vos parents s'inquiètent. »

Sinéad prit son sac et la suivit jusqu'au véhicule. Elles firent une partie du trajet en silence puis Mademoiselle Brennan se rangea sur le côté et éteignit le moteur.

« Je sais à quel point ceci est difficile pour vous, Sinéad, mais nous en avons déjà parlé et vous êtes consciente qu'il s'agit de la meilleure solution, surtout pour Lorcan. Ce sont des gens très bien, qui feront tout pour lui offrir la meilleure vie possible. » Elle tapota le volant un instant puis se tourna pour faire face à Sinéad. « Vous leur briserez le cœur si vous ne signez pas les documents et il ne serait pas bon pour Lorcan non plus qu'il soit arraché à cet environnement et placé dans un orphelinat. Il s'est vraiment très bien adapté et c'est un bébé si heureux. Il faut absolument que vous pensiez à votre enfant et que vous fassiez passer son intérêt avant toute autre chose. »

Sinéad acquiesça. Elle savait déjà tout cela.

Mademoiselle Brennan alluma le moteur et se remit à conduire. Elle lui parla de tous les bébés qu'elle avait placés dans de nouvelles familles et des vies formidables qu'ils vivaient. Elle parla de toutes les mères qui s'étaient mariées par la suite et avaient eu d'autres enfants, heureuses d'avoir pris la bonne décision.

« Vous êtes jeune, Sinéad. Vous avez toute votre vie devant vous et vous rencontrerez un garçon bien puis vous vous rangerez. Vous êtes en mesure d'avoir d'autres enfants. Ces gens-là ne peuvent pas en avoir ; c'est pour cela qu'ils souhaitent adopter Lorcan. C'est un don merveilleux que vous leur faites. »

Lorsqu'elles arrivèrent au bureau de l'officier de l'état civil, Sinéad était rongée par la culpabilité à l'idée de renoncer à son enfant mais elle était incapable de trouver une parade aux arguments que Mademoiselle Brennan lui avait assénés avec tant de vigueur. Elle signa les papiers en présence d'un fonctionnaire impassible et Mademoiselle Brennan lui dit qu'elle avait pris la décision qui convenait. Une fois la tâche effectuée, elle lui appela un taxi et la renvoya chez elle, payant la course d'avance.

Sinéad demanda au chauffeur de taxi de la déposer près de la grève de Dollymount et fit une longue promenade, laissant l'air marin froid éparpiller sa chevelure et lui mordre le visage. Elle marcha jusqu'au bord de l'eau et contempla la baie de Dublin, captivée par l'étendue grise. Elle avait lu des récits faisant mention de gens qui s'avançaient dans les flots et s'y noyaient ; elle se demanda ce qu'ils pouvaient ressentir. Elle imagina les gens sur la plage, saisis d'horreur, les sauveteurs appelés en panique, son corps inerte gisant mort sur le sable. Elle imagina la détresse de ses parents, les questions qu'on leur poserait, leur sentiment de culpabilité.

« Sinéad ! » Une voix familière l'extirpa brutalement de ses rêveries.

Elle se retourna et vit, l'estomac noué, deux de ses anciennes camarades de classe qui lui adressaient des signes de la main.

« Salut, dit-elle en agitant elle aussi son bras.

— Ça fait une paye qu'on ne t'a pas vue, dit l'une d'entre elles. Tu as l'air en forme. Comment se passe l'université ?

— Vraiment bien, ouais. Écoutez, je n'ai pas le temps de m'arrêter. Je pars à New York demain, je vais travailler aux États-Unis pour l'été. Je prenais juste un bol d'air frais avant mon départ. On se voit à mon retour ?

— New York ? Ça se passe bien pour toi, Sinéad Murray. Vous avez la belle vie, vous autres étudiants. »

Elle laissa les deux jeunes femmes derrière elle à la contempler d'un regard envieux.

Le lendemain, elle s'envola pour New York puis rallia le New Hampshire en bus. Elle arriva à l'hôtel où elle passerait le reste de l'été à travailler et tenter d'oublier l'année qui venait de s'écouler. La plupart du personnel saisonnier était comme elle ; de jeunes étudiants venus gagner de quoi payer leur année d'études suivante. Ils organisaient leurs propres divertissements, se retrouvant assis autour d'un feu de camp le soir à écouter l'une des filles chanter avec un certain talent des morceaux de Carole King. Le fils des propriétaires de l'hôtel, qui devait avoir environ seize ans, était amoureux de toutes les filles venues travailler et les emmenait voir des films au *drive-in* dans la voiture énorme de son père. Sinéad gagna bien plus d'argent qu'elle n'eût cru possible ; les pourboires des Américains étaient très généreux, surtout lorsqu'ils étaient servis par une jeune Irlandaise authentique dotée d'un accent adorable. L'été écoulé, elle retourna à l'université afin de terminer son diplôme.

Dès qu'elle l'eût obtenu, elle accepta le premier poste qui lui fut offert, au sein d'une grande organisation internationale, et elle quitta l'Irlande, résolue à laisser son passé derrière elle.

Chapitre douze

Dublin, 1984

C'ÉTAIT UN VENDREDI APRÈS-MIDI pluvieux comme novembre en produisait beaucoup. Jack McDonagh était assis dans son bureau au ministère de la Santé, où il travaillait en tant que conseiller principal du ministre, Jim Dempsey. Malgré des antécédents différents et la différence d'âge importante, ils s'entendaient bien. Jim était issu d'une famille de fermiers du Tipperary, la région où la mère de Jack avait grandi. Contrairement à Jack, il avait été éduqué par les Frères chrétiens et, bien que ses résultats scolaires aient été brillants, son comportement en société demeurait assez gauche et naïf.

La réforme du secteur de la santé était une priorité principale du gouvernement de l'époque et l'un des objectifs déclarés de Jim était de se rendre dans tous les pays de l'Union européenne où le système de santé fonctionnait correctement afin d'y rencontrer des experts et des professionnels sur le terrain. Avant de devenir ministre, il avait peu voyagé hors d'Irlande et nombre d'anecdotes douteuses circulaient au sujet de son manque d'entregent.

Il entra dans le bureau de Jack, l'air songeur. « Comment va, Jack ? » dit-il en calant sa masse corpulente dans le fauteuil faux Louis XVI que Mme McDonagh avait offert à son fils pour faire bonne impression auprès des dignitaires qui viendraient le voir.

« Toujours en train de travailler à six heures et demie un vendredi ? Si on allait boire une pinte ? J'aimerais te parler de quelque chose.

— Pourquoi pas, répondit Jack. J'en ai plus ou moins terminé pour la semaine ; ça a été plutôt calme lors de votre déplacement à l'étranger. »

Il rassembla ses papiers en un petit tas et se rendit dans le bureau de sa secrétaire, déposant la pile dans sa corbeille de documents entrants. Elle était déjà partie, sans doute pour aller chercher ses enfants à l'école.

Tandis qu'ils quittaient le ministère, Jim s'arrêtant toutes les trente secondes pour une poignée de main et s'enquérir de l'état de santé d'une épouse, d'un enfant ou d'une grand-mère, à l'aise et sûr de lui sur son propre terrain, Jack se demanda distraitement quelle pouvait être cette nouvelle idée qu'avait eue son patron. Depuis sa nomination au poste, Jim était résolu à le marquer de son empreinte et élaborait constamment de nouveaux projets visant à révolutionner le ministère, le gouvernement, voire le pays. Pour la plupart, ces projets étaient tués dans l'œuf discrètement mais fermement par de hauts fonctionnaires de l'État.

Jim invitait souvent ses plus proches conseillers à prendre un verre et discuter de ses plans avant de les soumettre. Il écoutait parfois leurs conseils mais, même lorsqu'ils arrivaient à le convaincre qu'ils n'étaient pas réalisables, il s'échinait souvent à les proposer, « juste pour m'amuser ».

Comme il venait de passer toute la semaine à Genève dans le cadre d'une réunion organisée par l'Organisation mondiale de la santé, Jack supposa que toutes sortes de nouvelles idées farfelues lui trottaient dans la tête.

Ils se rendirent comme de coutume au pub du coin, évitant l'attroupement habituel de journalistes et d'apparatchiks du parti se tenant au comptoir et se rendant dans l'arrière-salle. Une fois installés avec leurs pintes de Guinness devant eux, Jim se pencha vers lui, dardant le regard d'un côté puis de l'autre pour s'assurer que personne ne pouvait l'entendre, puis il chuchota : « Jack, j'ai rencontré une femme à Genève. »

Jack se figea. Il ne s'était pas du tout attendu à cela et il se sentit mal à l'aise. Il connaissait la femme de Jim, Caroline, car sa sœur Deirdre était l'épouse de l'un des frères de Lorna, ce qui l'avait d'ailleurs aidé à obtenir ce poste.

Lorsqu'il vit l'expression de Jack, Jim se redressa en faisant non de l'index et éclata de rire.

« Quel esprit mal tourné, Jack ! Non, non, ce n'est pas du tout ce que tu penses. Je ne suis pas comme toi ! J'ai rencontré une femme que j'aimerais placer à la tête du nouveau groupe de réflexion que je vais constituer. »

Cela faisait des lustres que Jim rebattait les oreilles de tout le monde avec ce groupe de réflexion mais personne n s'attendait vraiment à ce qu'il voie le jour. Il y avait eu de par le passé de nombreux comités et groupes de travail se consacrant à la réforme mais les gouvernements allaient et venaient au gré des élections et leurs bureaux étaient jonchés des vestiges de projets inachevés. Jack se souvenait vaguement d'une conversation fortement alcoolisée avec Jim lors de laquelle ils avaient conclu qu'il fallait faire venir quelqu'un de l'extérieur qui n'avait aucun lien avec les diverses mafias politiques qui opéraient à Dublin.

« Est-elle suisse ? » demanda-t-il, soulagé de ne pas devoir écouter l'exposé d'une liaison extraconjugale.

Jim se cala dans son fauteuil et le dévisagea en se grattant le crâne. « À vrai dire, Jack, je n'en suis pas vraiment certain. Je crois qu'elle est peut-être française, ajouta-t-il. Ou belge. Enfin, peu importe, ça n'a pas d'importance. Je veux que tu te rendes à Genève et que tu la persuades d'accepter le poste.

— Moi ? Mais pourquoi moi ?

— Eh bien, pour commencer, tu en sais plus au sujet de ce poste que moi… et tu parles bien français… »

Il leva son verre et lui adressa un sourire malicieux tandis que Jack le fixait d'un regard méfiant. Jim mijotait quelque chose ; il savait très bien que Jack parlait à peine français. Même si les foutaises concernant le fait de mieux connaître le poste que lui étaient sans doute vraies.

Le silence fut brisé lorsque la porte de l'arrière-salle s'ouvrit, emplissant la pièce du bruit de verres qui s'entrechoquaient et des rires un peu trop gras qui découlaient d'un excès de boisson. Un homme et une femme entrèrent.

« Jim, Jack, comment allez-vous ? Jim, il faut vraiment que je te parle. »

C'était le chef du parti, un homme de petite stature aux cheveux gris qui dégageait une autorité que ne suggérait pas son apparence. Jack se disait souvent qu'il aurait sans doute bien du mal à le reconnaître si on le lui demandait lors d'une séance d'indentification.

Sa secrétaire lui emboîtait le pas. Jack l'avait déjà aperçue à quelques reprises au service de dactylographie et elle lui adressa un sourire éclatant, comme s'ils se connaissaient depuis longtemps.

« Laissons donc ces deux-là discuter, Jack, et allons boire un verre dehors ». Pour une fois, il ne sut pas quoi dire en retour et se leva pour la suivre. « Veille à raccompagner Dympna chez elle, Jack », lui lança Jim en lui adressant un clin d'œil tandis que l'autre homme s'efforçait de prendre un air indifférent.

Tandis qu'ils traversaient le pub, Dympna prit Jack par le bras et chuchota : « Trouvons un endroit plus tranquille, j'aimerais vous parler de quelque chose, moi aussi ». Cela lui parut quelque peu cavalier, vu qu'il s'agissait de leur première rencontre, mais c'était vendredi : Lorna était partie pour le week-end avec les enfants et Jack se sentait d'humeur aventureuse.

Il n'écouta Dympna que d'une oreille. Il s'avéra qu'elle souhaitait savoir si, à son avis, elle ferait mieux de rester en tant que secrétaire du chef du parti ou d'accepter un autre poste important qu'on lui avait proposé. Il ne se rappelait pas ce qu'il lui avait conseillé mais sa recommandation avait dû être la bonne car, quelques années plus tard, elle devint l'épouse du chef du parti, après s'être débarrassée de la titulaire précédente avec une efficacité calculatrice. Ce dont il se souvenait très bien, en revanche, c'est qu'il avait terminé la soirée chez elle, dans sa demeure décorée avec goût derrière Leeson Street, et qu'elle était très douée au lit.

Le lundi suivant, il arriva tôt au bureau. Sa secrétaire Brenda était arrivée avant lui. Brenda était une excellente secrétaire, très efficace lorsqu'elle ne partait pas plus tôt pour aller chercher ses enfants. Il n'avait jamais besoin de lui expliquer les choses plus d'une fois et il se disait souvent qu'elle pourrait probablement faire son travail aussi bien que lui.

« Vous allez à Genève cette semaine, annonça-t-elle en souriant, ramassant une enveloppe blanche posée sur son bureau. J'ai vos billets ici ; l'itinéraire est un peu serré. Vous partez très tôt de Dublin et vous rentrez assez tard le soir même. Mais cela devrait vous donner juste assez de temps pour un déjeuner et une réunion dans l'après-midi. La personne que vous allez rencontrer s'appelle Mme De Clercq ; vous avez ici une note avec ses coordonnées. Le patron veut que vous la sondiez pour voir si elle serait disposée à prendre la tête du groupe de réflexion pendant un an au minimum.

— De Clercq, répéta-t-il. C'est un nom français ?

— Belge, je crois, répondit Brenda.

— Le « De », ça ne signifie pas qu'il s'agit d'une aristocrate ?

— Je crois que c'est seulement le cas lorsque c'est un « d » minuscule.

— Vous devriez travailler au service du protocole, en fait, affirma-t-il, ce qui la fit rire.

Attention à ce que vous souhaitez, Jack ».

Il avait un discours à écrire pour le ministre et ni Mme De Clercq ni leur réunion à venir n'occupèrent ces pensées à nouveau avant la fin de l'après-midi. Il décida de l'appeler mais la personne qui répondit était une femme à l'accent allemand et au ton féroce qui n'allait visiblement pas déranger sa patronne en pleine réunion à la demande d'un vulgaire sous-fifre.

« Mme De Clercq vous attend demain. Vous déjeunerez ensemble », décréta-t-elle sur un ton de menace.

Lorsqu'il rentra chez lui ce soir-là, l'entrée était jonchée de jouets et de vêtements. Sa fille aînée, Fiona, était assise sur une marche d'escalier, l'air contrarié. Il avait une tendresse particulière pour Fiona, sans doute parce que son caractère ressemblait le plus au sien, même si elle avait hérité de la beauté de sa mère. « Où est Maman, lui demanda-t-il, la prenant dans ses bras et arrangeant la cravate de son uniforme d'écolière.

— Elle se repose, répondit-elle en haussant les épaules. Elle a passé toute la journée au lit. »

Rien de bien nouveau, se dit-il en montant les marches en direction de leur chambre. Cela faisait plusieurs années que Lorna était sujette à des accès de dépression et il n'était pas inhabituel qu'il trouve ses deux enfants laissés à eux-mêmes lorsqu'il rentrait tandis qu'elle était au lit à l'étage. Il soupçonnait également qu'elle buvait mais, si tel était le cas, elle faisait en sorte de n'en laisser aucune preuve. À un moment donné, il avait engagé une aide à domicile en journée, afin que les filles soient surveillées, mais Lorna était réfractaire à la présence d'une inconnue chez eux et l'avait congédiée. Depuis, il arrivait la plupart du temps à trouver quelqu'un pour s'occuper des filles de manière ponctuelle mais, de temps à autre, il n'avait d'autre choix que de les emmener au bureau, où Brenda finissait par s'en occuper pendant qu'il travaillait. On ne parlait jamais ouvertement de la dépression, que ce soit avec la famille de Lorna ou avec la sienne. Ils ne l'auraient de toute façon pas cru car elle arrivait toujours à se comporter de façon normale en présence d'autres personnes.

Lorsqu'il entra dans la chambre, Lorna était levée et leur fille cadette, Isabelle, était assise sur le lit en pyjama. Il se demanda si on l'avait habillée aujourd'hui. « J'étais sur le point d'aller préparer le dîner, dit Lorna. Ma sœur est passée tout à l'heure et a amené du ragoût de bœuf.

— Ça n'allait pas bien ? s'enquit-il.

— Non, ça va, répondit-elle en détournant le regard. Je n'avais juste pas envie de sortir vu le temps affreux qu'il fait.

— Écoute, Lorna, il faut que j'aille à Genève demain donc, si tu ne te sens pas bien, on devrait peut-être appeler ta mère et lui demander de venir rester ici.

— Non, non, protesta-t-elle nerveusement. Ça ira, Olivia a dit qu'elle viendrait si jamais j'ai besoin d'elle. »

Olivia était la meilleure amie de Lorna ; sa seule véritable amie, sans doute. Elles se connaissaient depuis l'école. Olivia était célibataire, sa famille avait de l'argent et elle ne travaillait que lorsque ça l'arrangeait dans une galerie d'art. Elle ne cherchait pas à dissimuler l'antipathie qu'elle éprouvait envers Jack. Il nota dans un coin de sa tête qu'il lui faudrait tenter à nouveau de trouver une solution de secours plus permanente pour les jours comme celui-ci.

Les filles furent agitées pendant le dîner et il était tard lorsque Lorna et lui purent enfin s'asseoir tous les deux. Il essaya de raconter sa journée au bureau à Lorna et d'obtenir quelques informations sur la sienne en retour mais elle ne répondait que par monosyllabes et n'exprima aucun intérêt pour son voyage à Genève. Lorsqu'il tenta de l'interroger concernant ses projets pour le reste de la semaine, elle répondit de manière évasive et finit par annoncer qu'elle était fatiguée et qu'elle montait se coucher. C'était devenu le schéma habituel de leurs conversations. Les sujets se limitaient désormais au ramassage des enfants à l'école, aux rassemblements familiaux ; bref, à tout ce qui n'avait pas trait à leur relation. Il avait depuis longtemps abandonné toute tentative d'aborder le sujet de la possibilité qu'elle reprenne le travail.

Lorna avait fait des études de médecine, elle aussi ; ils avaient fait partie de la même classe et elle terminait souvent première aux examens. Elle était très douée pour apprendre par cœur et était capable de reproduire avec une précision stupéfiante page après page de connaissances techniques. Elle aurait pu faire une brillante carrière de spécialiste dans un domaine comme l'ophtalmologie mais elle cessa de travailler peu de temps après leur mariage. D'un accord tacite, il était convenu que nulle mention ne serait faite de la crise d'hystérie qu'elle avait faite un jour dans une salle d'opération, un incident qui n'avait bien entendu jamais été avancé comme constituant une explication possible au fait qu'elle ait quitté la profession. La version officielle était qu'elle s'est arrêtée pour se consacrer à l'éducation des enfants.

Il y avait un autre sujet qui n'était jamais abordé : leur nuit de noces.

À l'époque, lorsqu'elle avait refusé d'avoir des rapports sexuels avant le mariage, Jack y avait vu un certain charme suranné. Mais après la nuit de noces décevante, qu'il attribua à la fatigue et au stress, leur lune de miel pire encore et les six semaines qui suivirent sans que ses tentatives ne mènent à la moindre consommation de leur union, elle finit par accepter d'aller voir un médecin. Il ne lui demanda jamais ce qui s'était passé exactement ce jour-là au cabinet du médecin mais ils purent ensuite faire l'amour, physiquement du moins. Mais l'acte ne répondit jamais à ses attentes et elle ne semblait pas éprouver d'intérêt pour la chose.

Peu de temps après leur mariage, sa sœur Sarah annonça qu'elle allait se fiancer au frère de Lorna, James. Il sut à ce moment-là que son sort était irrémédiablement scellé, que sa vie était déjà toute tracée pour lui et que toute idée qu'il avait pu entretenir de se libérer de sa situation était devenue impossible. L'Irlande était une société qui évoluait en vase clos.

Chapitre treize

Jack dormit durant le vol de Londres à Genève. Il s'était levé à l'aube pour prendre sa correspondance pour Londres. Dans le taxi, il se rendit compte qu'il n'avait lu aucune des notes que Brenda avait préparées pour lui. Il se mit à fouiller dans son attaché-case lorsque le véhicule s'arrêta devant un grand bâtiment, à l'extérieur duquel flottaient de nombreux drapeaux. Il n'avait pas réalisé que le trajet de l'aéroport serait si court et il fut saisi en sortant du véhicule d'une nervosité peu coutumière, furieux qu'on lui ait confié cette tâche ridicule.

Les formalités à l'entrée ne prirent que cinq minutes et il se retrouva bientôt assis dans le bureau de la *sturmführer*, où il attendait de pouvoir pénétrer dans le saint des saints. Il regarda autour de lui et nota le mobilier onéreux. Cette Mme De Clercq devait avoir un poste important car sa secrétaire occupait un bureau plus imposant que le sien à Dublin mais il se dit que ces organisations internationales devaient avoir de l'argent à dépenser. Il s'était souvent fait la réflexion qu'il devrait tenter de trouver un poste auprès de l'UE ou de l'ONU, que c'était peut-être ce dont Lorna avait besoin – s'éloigner un peu de sa famille et connaître la stimulation d'un nouveau défi.

Le cours de ses pensées fut interrompu lorsque le téléphone de Mme *Sturmführer* sonna. Cinq petites lumières étaient allumées et il se demanda qui étaient tous ces gens qui appelaient cette femme. Elle proféra quelques phrases en un français rapide puis passa à l'anglais. « Mme De Clercq va vous recevoir maintenant, M. McDonagh ».

Il n'y avait personne lorsqu'il entra dans le bureau et il hésita à s'asseoir. C'était une pièce spacieuse, dotée de trois fenêtres qui s'étendaient du plancher au plafond et offraient une vue sur le lac. Au ministère à Dublin, le nombre de fenêtres d'un bureau était directement proportionnel au degré d'importance de la personne qui l'occupait au sein de la hiérarchie. Il supposa que ce devait être pareil ici. Sur un grand bureau étaient posées deux piles de documents bien ordonnées et un agenda relié en cuir rouge à l'aspect coûteux qui était grand ouvert et à côté duquel reposait un stylo à plume. Le mobilier était moderne et aux lignes pures. Près de la fenêtre se trouvaient un petit canapé en cuir noir et une table basse en verre. Le tout contribuait à créer ce que certains de ses collègues auraient appelé une atmosphère zen malgré les livres et documents divers qui encombraient les étagères situées derrière le bureau. Un grand sac à main noir était posé à même le sol, un foulard en soie aux couleurs vives noué autour de la bandoulière. Il s'agissait d'un foulard Hermès ; Jack le reconnut parce que Lorna faisait toujours des allusions lourdes de sens au fait que son frère en rapportait toujours un à sa femme lorsqu'il se rendait à Paris.

Un imperméable vert foncé était accroché au porte-manteau, près de la porte, et quelque chose se mit à ressurgir parmi ses souvenirs. Il était en train de l'examiner de plus près lorsque la porte s'ouvrit et qu'une femme entra.

Sa coupe de cheveux était différente ; ils étaient coupés court, une de ces coupes géométriques à la mode, et la couleur – claire, dans son souvenir – était rehaussée au moyen de quelques mèches blondes discrètes. Mais c'étaient indéniablement les mêmes yeux gris-bleu qui le jaugeaient, le même regard amusé.

Il essaya de se rappeler combien de temps s'était écoulé depuis leur dernière rencontre.

« Sinéad… Sinéad Murray.

Ma parole, mais c'est Jack McDonagh, le joueur de poker. Je me doutais que ça pourrait être toi mais je n'en étais pas sûre. Tu n'as pas changé – à part ta tenue, bien sûr. » À nouveau ce sourire. « À ce propos… » Retrouvant son sang-froid, il indiqua du doigt l'imperméable vert qui pendait près de la porte. « Je crois me souvenir que tu portais cela à Killarney. Ils te paient si mal que ça, à l'OMS ? »

Elle secoua la tête et rit. « Je suis très attachée à ce manteau. ». Elle agita la main en direction du canapé près de la fenêtre et il s'assit lentement, encore désarçonné, tandis qu'elle s'installait dans le fauteuil à côté.

« Donc Jim t'a envoyé pour me recruter ?

— Il a dit que tu étais française ou belge ; ou quelque chose du genre. »

Elle haussa un sourcil d'un air interrogatif. « Cela a-t-il de l'importance ? Je croyais que l'idée était de faire venir quelqu'un de l'extérieur.

— Aucune importance mais tu comprends ce que je veux dire. »

Elle l'avait acculé et elle y prenait plaisir. En son for intérieur, il maudit Jim de l'avoir piégé ainsi et se demanda ce qu'il savait au juste.

Ravie de sa confusion, elle sourit, se leva et alla chercher un dossier sur son bureau. « J'ai seulement dit qu'il était possible que j'aie connu quelqu'un qui s'appelait comme ça, si c'est sa loyauté qui te préoccupe. Bon, parlons plutôt de ce groupe de réflexion, si tu le veux bien. »

Il était évident que Sinéad s'était bien renseignée concernant le projet et elle le soumit à un barrage de questions relatives aux échéances, au budget, à son rôle précis, aux autres membres du groupe. Jack avait eu l'occasion de parcourir rapidement les notes de Brenda pendant qu'il patientait dans le bureau de la secrétaire et il fut capable de répondre à la plupart des questions, improvisant pour les autres. Elle prit des notes dans un cahier rouge vif tout au long de la discussion, lui adressant à peine un regard. C'était assez déconcertant ; un peu comme un entretien d'embauche ou une consultation chez un médecin.

Elle finit par poser son stylo et le regarder bien en face. « Et quel rôle auras-tu dans tout ceci, Jack ?

— Qu'est-ce que tu veux dire ?

— Feras-tu partie du groupe de réflexion ou du personnel administratif ? Est-ce à toi que je rendrais des comptes ou au ministre ?

— Je ferai la liaison avec le cabinet du ministre, donc je participerai à la tâche du groupe, mais tu rendras directement compte au ministre », affirma-t-il. Ceci sembla la contenter.

Ils passèrent environ une demi-heure de plus à étudier le mandat suggéré du groupe de réflexion puis Sinéad jeta un coup d'œil à sa montre et lui demanda à quelle heure partait son vol de retour. Comme il était censé prendre le vol de Londres à six heures du soir, ils décidèrent de poursuivre leur discussion en déjeunant. Elle appela la *sturmführer* et lui demanda de vérifier s'il y avait une table disponible au restaurant La chance leur souriait apparemment ; elle se leva, lissa sa robe et empoigna son sac à main.

« Allons-y », annonça-t-elle en souriant.

Il leur fallut traverser la cantine pour se rendre au restaurant et Jack fut admiratif de l'aisance avec laquelle elle échangeait quelques mots en français ou même en allemand avec toutes sortes de gens, de l'agent de sécurité aux employées de cantine. Tandis qu'ils entraient dans la salle à manger, quatre hommes qui avaient déjà bien entamé leur repas se levèrent à leur passage. L'un d'entre eux embrassa Sinéad sur les deux joues, les autres lui serrèrent la main. Elle présenta rapidement Jack et ils échangèrent tous une poignée de main. Il eut l'impression d'être examiné attentivement.

Un serveur arriva en se hâtant et les guida vers une table située près de la fenêtre.

Le déjeuner fut excellent et très bien accompagné par un vin autrichien. Il prit note du nom pour en parler à son frère qui se voyait volontiers comme un connaisseur en la matière.

Après lui avoir posé quelques questions de plus concernant le groupe de réflexion, Sinéad se détendit un peu et lui raconta qu'elle avait quitté l'Irlande presque aussitôt qu'elle avait obtenu son diplôme et qu'elle vivait à Genève depuis.

« Je me plais vraiment beaucoup ici et j'ai un poste très satisfaisant à tous points de vue mais cela fait un moment maintenant que je pense à retourner au pays et la rencontre avec Dempsey est arrivée au bon moment.

— Ça ne me regarde probablement pas mais pourquoi donc voudrais-tu rentrer en Irlande ? lui demanda Jack, faisant le tour de la salle à manger du regard. Ta qualité de vie est certainement bien meilleure ici. »

Elle tourna et retourna sa fourchette à dessert, avant de poser son regard sur le lac.

« J'y ai des affaires à régler », finit-elle par dire. À son ton et son expression, Jack comprit qu'elle ne souhaitait pas en parler et il changea de sujet. Ils échangèrent les questions habituelles ; où ils habitaient, comment ils meublaient leur temps libre, etc. Il lui apprit qu'il était marié et qu'il avait deux enfants et lui demanda, du ton le plus désinvolte qu'il fut capable de feindre, si elle était mariée elle aussi. « Je l'étais, brièvement, dit-elle en souriant à nouveau. Tu viens de faire la rencontre de mon ex-mari.

— C'est donc lui, M. De Clercq ? Celui qui t'a embrassé sur la joue ? Vous avez l'air d'avoir de bons rapports.

— Nous sommes très bons amis, oui, répondit-elle en haussant les épaules. Le divorce s'est fait à l'amiable.

— Voilà qui est très civilisé et continental. » Jack posa sa fourchette et son couteau sur la table. « Tu es au courant que le divorce n'est toujours pas autorisé en Irlande ?

— Bien sûr. Je ne suis pas complètement déconnectée. Je retourne voir mes parents même si, honnêtement, ils préfèrent de loin venir me rendre visite, surtout pendant les Fêtes. » Elle laissa à nouveau son regard se perdre sur l'étendue du lac et laissa échapper un sourire. Puis elle se tourna à nouveau vers lui, avec une expression différente. « Que font les gens, alors, quand leur mariage échoue ?

— Oh, nous avons d'autres façons de gérer la situation », répondit-il.

Elle haussa les sourcils. « Nous ? » Ce ton railleur. Elle n'avait pas changé tant que ça, se dit-il, choisissant d'ignorer la question.

« Certains vivent chacun de leur côté, d'autres ont des liaisons ; mais tout se fait dans une grande discrétion. Dans quelques cas, le couple obtient une séparation légale mais c'est difficile à réaliser. Une annulation l'est encore plus même si certains empruntent cette voie. Ou bien ils se rendent en Angleterre pour divorcer mais le divorce n'est ensuite évidemment pas reconnu en Irlande. C'est compliqué.

— Je n'en doute pas une seconde. Et lorsque les gens se séparent ou ont des aventures, personne n'en parle jamais, pas vrai ? Il y avait une fille à l'école dont les parents étaient séparés et elle était traitée comme une pestiférée. Alors dis-moi : si je retournais vivre là-bas, deviendrais-je une sorte d'Ellen Olenska de notre époque ? »

Elle lut dans son regard qu'il n'avait pas saisi la référence et laissa échapper un rire. « Je suis désolée, je viens de lire *Le Temps de l'innocence* mais ce n'est peut-être pas ta tasse de thé en termes de lecture. » Jack secoua la tête.

« Edith Wharton. La société new-yorkaise à la fin du dix-neuvième siècle. Apparemment, celle de Dublin à la fin du vingtième est assez similaire ! »

Le serveur réapparut et leur demanda s'ils souhaitaient prendre un café. Sinéad jeta un coup d'œil à sa montre. « Il va falloir qu'on se presse un peu pour que tu sois à l'heure pour ton vol. Prenons le café dans mon bureau, nous pourrons y parler des derniers détails à régler. »

Tandis qu'ils quittaient la salle à manger, une jeune femme l'approcha et se mit à lui parler en français. Sinéad s'arrêta et fronça les sourcils puis se tourna vers Jack. « Myriam vient de m'informer qu'il pourrait y avoir un problème concernant ton vol. Ils ont apparemment fermé Heathrow à cause du brouillard et il n'y a pas d'autres vols pour Londres de Genève ce soir. Je vais lui demander de vérifier si tu pourrais rentrer *via* Paris ou autre part. Ne t'inquiète pas, notre service des voyages fera de son mieux pour trouver une solution. »

Dès qu'ils eurent regagné son bureau, la secrétaire de Sinéad entra avec un plateau sur lequel se trouvaient deux tasses de café qu'elle plaça sur la table basse près de la fenêtre. Sinéad fit signe à Jack de s'asseoir, ramassa un dossier et suivit sa secrétaire dans son bureau. Il l'entendit dicter quelque chose puis des rires. Elle réapparut le sourire aux lèvres. « Je viens de rédiger une note pour Jim, déclara-t-elle. Je peux te la donner pour que tu la rapportes avec toi, cela épargnera le coût du timbre aux contribuables. »

Elle ouvrit le dossier du groupe de réflexion, qu'elle avait toujours en main, et le feuilleta rapidement. « J'ai juste quelques questions de plus à te poser, Jack. » Elle était à nouveau en mode professionnel et l'intimité qu'il avait cru sentir se développer au cours du déjeuner semblait s'être évaporée.

Environ une demi-heure plus tard, sa secrétaire toqua à la porte et entra à nouveau. « Oh, non, dit Sinéad après leur bref échange. Mauvaise nouvelle. Ils n'ont pas pu te trouver de place sur un vol ce soir ; le temps est très mauvais partout en Europe et les quelques vols qui sont toujours programmés sont pleins. Elle a réussi à te trouver un vol pour Paris demain matin mais nous allons devoir te trouver un hôtel pour cette nuit. Y a-t-il un endroit en particulier où tu aimes rester ?

— Non, c'est la première fois que je viens à Genève. N'importe quel hôtel conviendra très bien, je ne suis pas difficile. »

Une fois sa secrétaire repartie, Sinéad demanda à Jack : « Qu'allons-nous faire de toi ce soir, alors ? »

Il ne put pas s'empêcher. « Eh bien… je suppose que tu pourrais m'emmener faire une promenade autour du lac ? »

Elle éclata de rire. « Ce lac-ci est légèrement plus étendu que le dernier mais je vois que devenir fonctionnaire ne t'a pas fait perdre ton sens de l'humour. Plus sérieusement, Jack, je suis vraiment désolée mais je dois aller à un dîner ce soir qui est prévu depuis longtemps et il serait malpoli de ma part de ne pas m'y rendre. Sinon j'aurais pu te faire visiter un peu la ville et nous aurions pu manger un morceau. Peut-être qu'un de mes collègues…

— Non, non, ne t'en fais pas pour ça, protesta-t-il. Je me suis levé tôt ce matin et une soirée tranquille à l'hôtel serait la bienvenue. »

Fronçant les sourcils, elle se rendit à son bureau et décrocha le téléphone. Il ne comprit que quelques mots mais c'était visiblement un appel personnel et la conversation était ponctuée de nombreux éclats de rire.

L'euphorie initiale qu'il avait ressentie lorsqu'elle lui avait annoncé que son vol était annulé avait disparu, laissant la place à la perspective plutôt déprimante d'une soirée passée dans une chambre d'hôtel quelconque à regarder une chaîne de télévision suisse.

Sinéad termina sa conversation au téléphone et se tourna à nouveau vers lui. « Bon, écoute, j'ai parlé à mon ami qui organise le dîner et il m'assure qu'il n'y a aucun problème ; tu peux te joindre à nous si tu le souhaites. Nous ne serons pas nombreux, nous allons skier ensemble la semaine prochaine et nous allons discuter autour d'une fondue des derniers préparatifs. Nous sommes cinq, mais il a six fourchettes à fondue, donc tout va bien !

— Mais je ne parle pas français.

— Aucun problème. Tout le monde parle anglais, ici. Et ne te préoccupe pas de ta tenue, ce sera très décontracté. » Elle posa un regard chargé de sens sur son costume. « Un pull ira très bien. »

Une heure plus tard, il s'enregistrait dans un charmant petit hôtel dans le centre-ville. Il passa un coup de fil rapide chez lui pour s'assurer que tout se passait bien puis fit une brève promenade et fut agréablement surpris par le côté pittoresque du quartier. L'hôtel lui avait fourni le nécessaire de toilette mais il lui fallait acheter sous-vêtements et chaussettes. Il s'offrit également une nouvelle chemise ainsi qu'un pull en cachemire gris au prix exorbitant.

Il eut tout juste le temps de prendre une douche et de se raser ; le téléphone sonna à sept heures tapantes et le réceptionniste l'informa dans un anglais impeccable que Mme De Clercq l'attendait dans le hall d'entrée.

Il dut faire deux fois le tour de l'entrée du regard avant de l'apercevoir, portant désormais un jean et un polo avec une veste en cuir jetée par-dessus l'épaule. Sa chevelure semblait moins raide et elle ne portait pas beaucoup de maquillage.

« Tu es prêt ? lui demanda-t-elle avec un large sourire. J'espère que tu n'as pas l'impression que je t'ai obligé à venir ; il serait tellement dommage de passer ta première soirée à Genève dans une chambre d'hôtel, à regarder la télé. La plupart des choses sont bien faites en Suisse mais la télévision est une exception. Beau pull, au fait », ajouta-t-elle d'un air approbateur.

Sa voiture était garée juste à côté et elle fit grand cas de lui ouvrir la portière. Elle fit un léger détour afin de lui montrer le lac. Même dans l'obscurité il était imposant, bien que le célèbre jet d'eau ne fût pas en activité. « Ils l'éteignent pendant l'après-midi à cette époque de l'année, expliqua-t-elle. Pour éviter qu'il ne gèle. »

Sinéad gara la voiture à l'arrière de l'immeuble où résidait son ami et tandis qu'ils sortaient du véhicule, un autre couple arrivait : la femme faisait de grands signes adressés à Sinéad. Les présentations suivirent ; Nicole était française et travaillait pour l'ONU, Stephen était anglais et travaillait à l'OMS – il le reconnut comme l'un des quatre hommes présents à la salle à manger lors du déjeuner.

L'ascenseur qui les mena au quatrième étage semblait sorti tout droit d'un film, tout en acajou et en cuivres rutilants. « Bel immeuble, non ? fit remarquer Stephen. Pur style Art Déco et très convoité mais il est quasiment impossible pour le commun des mortels d'acheter ici.

— N'allez pas croire que nous vivons tous comme ça à Genève, ajouta Nicole en riant. Thierry est fils unique et l'a hérité de ses parents, comme le chalet de montagne. »

Un trentenaire, grand et bel homme, leur ouvrit la porte. Il serra Sinéad et Nicole chaleureusement dans ses bras et échangea une poignée de main avec Stephen. Il dit ensuite dans un anglais impeccable : « Vous devez être Jack. Sinéad m'a prévenu de votre visite. Quelle chance pour vous que votre vol ait été annulé ; vous allez pouvoir goûter à ma cuisine mondialement connue ! »

Le hall d'entrée de l'appartement était vaste et carré, avec un parterre en marbre et des panneaux de verre qui donnaient sur le salon. Il y avait partout de superbes tableaux et sculptures et des tapis orientaux qui auraient été à leur place dans une collection de musée. Les meubles étaient pour la plupart des antiquités, des bois clairs aux marqueteries élégantes, avec ici et là quelques touches modernes comme un fauteuil Corbusier ou une table Eileen Grey.

Thierry les mena dans le vaste salon, prenant Sinéad par le bras.

« Venez voir la vue, Jack, dit-il en lui adressant un regard par-dessus son épaule. On aperçoit le lac d'ici. » Il ouvrit une porte-fenêtre donnant sur un grand balcon et ils passèrent à l'extérieur.

On sonna à la porte et Thierry les quitta. Il revint bras-dessus bras-dessous avec Inge, le dernier membre de leur petit groupe. Thierry invita tout le monde à rentrer au salon et se mit à servir du kir et de nombreux amuse-gueules soigneusement présentés qui étaient clairement faits maison.

La conversation était entièrement dévolue au séjour de ski de la semaine suivante. Le tirage au sort des chambres dans le chalet de Thierry provoqua beaucoup de rires et de plaisanteries tandis que les choix des voitures à prendre et des rotations des tâches ménagères furent vivement contestés.

« Est-ce que vous skiez, Jack ? s'enquit Stephen.

— Je n'ai jamais chaussé de skis, répondit-il. Il neige rarement en Irlande.

— Sinéad se débrouille mieux que n'importe lequel d'entre nous, maintenant », dit Thierry en lui adressant un sourire empli d'admiration. Jack se demanda si elle et lui… puis il se rappela qu'elle avait sa propre chambre dans le chalet.

« Je ne fais que du ski de fond, déclara Inge. C'est la meilleure façon de voir le paysage et c'est de l'excellent exercice.

— Le ski de fond, c'est bon pour les poules mouillées et les Norvégiens. Vous avez tous l'air complètement ridicule à vous traîner avec vos chaussettes jusqu'aux genoux et vos culottes de grands-mères. » Thierry se leva. « Mais assez parlé de ski. C'est l'heure du clou de la soirée. Veuillez passer à table. » Inge et lui rapportèrent les plateaux vides à la cuisine pendant que les autres s'asseyaient à la table qui se trouvait à l'autre bout du salon. Quelques minutes plus tard, il revint avec une marmite en fonte qu'il plaça de manière théâtrale sur le brûleur situé au milieu de la table.

Dans cette marmite se trouvait un liquide jaune pâle épais et sur la table il n'y avait qu'un grand panier rempli de petits cubes de pain, un bol de salade et plusieurs bouteilles de vin. Assise à côté de Jack, Sinéad avait dû apercevoir son expression perplexe. « Fondue savoyarde, chuchota-t-elle. C'est excellent après le ski. Thierry a décidé de nous donner un avant-goût. Il suffit de tremper le pain dans le fromage, comme ça. »

Elle piqua un morceau de pain avec une fourchette à fondue et le fit tournoyer dans la marmite jusqu'à ce qu'il soit recouvert de fromage, le laissa refroidir un instant puis le plaça dans sa bouche comme si elle nourrissait un enfant.

Thierry leur dit qu'il utilisait trois fromages différents et que c'était la dernière goutte de *kirsch* qui donnait son goût unique à la fondue.

Il est quasiment impossible de manger une fondue sans interagir avec tous les autres convives et lorsque le repas touchait à sa fin, Jack se sentait très à l'aise et passait une excellente soirée. C'étaient des gens intéressants et il ressentit une pointe de déception lorsque Sinéad se leva de table vers dix heures et annonça qu'il était temps pour eux de les quitter car Jack prenait un avion qui partait tôt le matin suivant.

« Vous devriez venir avec nous la semaine prochaine, Jack, lui dit Thierry. Je suis sûr que nous pourrions vous trouver de la place.

— Une autre fois, peut-être, répondit-il en lui serrant la main chaleureusement.

Le trajet de retour vers son hôtel fut plus direct cette fois. Après environ cinq minutes de route, Sinéad ralentit et pointa du doigt un petit immeuble moderne. « C'est là que je vis. Au dernier étage. Ça n'a rien à voir avec l'appartement de Thierry mais c'est agréable. »

« Tu ne m'invites pas à boire un café ?

— Non, sinon je devrai ressortir pour te ramener à ton hôtel. Et de toute façon, mes estampes japonaises sont au garde-meuble. » Elle rit en voyant son expression et lui tapota le bras. Lorsqu'ils arrivèrent à l'hôtel de Jack, elle donna les clés du véhicule au portier et ils entrèrent dans le vestibule. « Si tu veux vraiment boire un café, nous pouvons en prendre un ici. »

Ils s'assirent dans un coin, près de la fenêtre. Sinéad commanda deux expressos et, suivant sa recommandation, Jack choisit une eau-de-vie de poire locale qu'il but à petites gorgées.

« J'ai passé une très bonne soirée, dit-il. Merci de m'avoir invité.

— Ce sont de bons amis, ça fait des années qu'on se connaît. »

Ils discutèrent amicalement pendant un moment puis elle finit par jeter un coup d'œil à sa montre. « Tu vas avoir besoin de sommeil. Nous t'avons commandé un taxi pour sept heures demain matin, ce qui devrait te donner largement le temps d'arriver à l'aéroport et de prendre ton vol.

— Je t'appellerai lorsque je serai de retour à Dublin. Il faut qu'on discute de l'étape suivante.

— Oui, il va falloir que je vienne rencontrer les membres de ce groupe de réflexion et qu'on discute de la manière de le faire fonctionner. »

Il la raccompagna jusqu'à la porte, où elle l'embrassa sur la joue. « Bonne nuit, Jack. Ça m'a fait plaisir de te revoir après tout ce temps.

— Moi aussi. Je me réjouis à l'idée de travailler à tes côtés. »

Alors qu'elle se tournait pour partir, il ajouta : « Je suis vraiment désolé de t'avoir posé un lapin à Dublin ce soir-là, après Killarney. »

Elle eut l'air perplexe. « Je croyais que c'était moi qui t'avais posé un lapin ?

— Comment ça ?

— J'avais envoyé mon amie Karen et elle m'a dit que tu n'avais pas l'air très surpris lorsqu'elle est arrivée à ma place. Elle m'a même raconté que tu avais essayé de lui faire du gringue.

— Non, non, ce n'était pas moi. Il est arrivé quelque chose ce jour-là et je n'ai pas pu y aller, donc j'ai envoyé un ami te le dire. »

Elle éclata de rire et secoua la tête, n'en croyant pas ses oreilles.

« C'est donc pour ça qu'elle s'est montrée si dédaigneuse, ce n'était pas toi du tout ! Elle m'a dit que je perdais mon temps et que tu étais un prétentieux qui préférait de toute évidence les hommes mais faisait semblant de la trouver à son goût. Mais j'ai vu l'annonce de tes fiançailles dans le journal quelques jours plus tard, donc je me suis dit que tu étais pris. Il n'y a pas de mal. Je n'étais pas vraiment disponible à ce moment-là non plus. »

Ils se dirent à nouveau au revoir et il la regarda quitter le hall d'entrée de l'hôtel et regagner sa voiture avant de tourner les talons et monter les escaliers.

Le matin suivant, tandis qu'il se trouvait à l'aéroport de Genève avec du temps à tuer, il acheta du Toblerone pour les filles et une montre pour Lorna. Noël approchait et il ne savait jamais quoi lui offrir mais l'horlogerie suisse avait fait la renommée du pays et il était presque certain que la montre lui plairait.

Chapitre quatorze

JACK ARRIVA À DUBLIN en fin d'après-midi et se rendit directement au bureau. Brenda lui avait laissé une note lui demandant d'aller voir le patron pour lui donner un compte rendu de la réunion à Genève. Il jeta un coup d'œil à sa montre ; cinq heures déjà, six heures en Suisse. Elle était peut-être encore au bureau. Il décrocha le téléphone et demanda à la standardiste de le mettre en rapport avec Sinéad mais il n'y eut de réponse ni sur sa ligne directe ni sur celle de sa secrétaire.

Il fouilla dans son attaché-case pour y trouver la lettre qu'elle avait rédigée pour Jim puis se rendit au bureau du ministre.

Jim l'accueillit avec un grand sourire. « J'ai eu des échos de tes aventures à Genève. Ce n'était pas de chance mais on ne peut jamais compter sur la météo à cette époque de l'année. Enfin bref, te voilà de retour, alors raconte-moi tout ça. » Il prit la lettre que Jack lui tendait et le fixa d'un regard inquisiteur.

« Ça s'est bien passé ? J'espère que tu l'as convaincue, il faut vraiment que nous avancions là-dessus.

— Oui, je pense que ça s'est bien passé et, comme vous, qu'elle semble être la personne adéquate pour le poste. Elle a également l'air disposé à revenir s'installer en Irlande, Dieu sait pourquoi ; si j'étais à sa place, je préférerais largement rester à Genève.

— Pourquoi donc ? voulut savoir Jim en haussant les sourcils. L'herbe est toujours plus verte ailleurs, c'est ça ? »

Sans attendre de réponse, il se redressa dans son fauteuil, ouvrit la lettre et la parcourut rapidement. « Parfait. Elle dit qu'elle est d'accord pour tenter le coup et qu'elle est relativement certaine que l'OMS consentira à lui accorder un congé sabbatique. Je vais tout de même appeler son supérieur et arranger tout ça. Débrouille-toi pour la faire venir ici dès que possible. Il lui faudra un peu de temps pour mettre de l'ordre dans ses affaires mais tentons de faire en sorte qu'elle entre en fonction juste après Noël. J'aimerais tout de même qu'elle nous rende visite avant cela pour qu'elle puisse se faire une idée de l'endroit où elle sera établie et qu'elle puisse rencontrer les autres membres du groupe de réflexion. Bon Dieu, Jack, ça me rappelle qu'il faut encore les nommer. Et si on la faisait venir la semaine prochaine ?

— Elle part skier la semaine prochaine, l'informa Jack, mais j'essaierai d'organiser cela pour la semaine suivante. »

Jim acquiesça. « Très bien. En fait, si tu lui donnes deux semaines, elle pourrait venir pour la réception de Noël. Comme ça, elle pourra rencontrer tout le monde et se faire une idée de ce qui l'attend ! Je te laisse t'en occuper, Jack. Assure-toi simplement qu'elle arrive un jour où je suis à Dublin. »

Il se leva et rassembla ses documents en un tas. « Désolé Jack, je dois me rendre à une réunion du parti ce soir – à Mullingar, le crois-tu ? – et mon chauffeur m'attend. »

Jack ne put s'empêcher de lui demander : « Pourquoi ne m'as-tu pas dit qu'elle était irlandaise ?

— Je me demandais quand tu allais me poser cette question, rétorqua Jim en riant. Eh bien, lorsque je l'ai rencontrée à Genève et que j'ai mentionné ton nom, elle a dit qu'il lui semblait se souvenir quelqu'un qui s'appelait comme ça il y a des lustres et je me suis dit qu'il serait amusant que vous vous connaissiez vraiment... » Il marqua une pause. « Et alors, vous vous connaissiez ?

— Oui, nous nous sommes croisés à l'université, brièvement, pendant une partie de poker. Ça semble bien loin, maintenant. »

Jim lui donna une grande tape dans le dos en quittant la pièce. « Une partie de poker, hein ? commenta-t-il en riant. Je suis sûr que vous allez faire une fine équipe. »

Jack retourna à son bureau. Il songea un moment à rentrer chez lui, puis se ravisa et ouvrit son agenda pour consulter les dates qui pourraient convenir à la visite de Sinéad. Il descendit ensuite les escaliers pour aller voir Gerry au service du personnel et lui demanda combien de temps il faudrait pour mettre en branle le processus de recrutement.

« Le patron souhaite qu'elle commence en janvier, essaie de voir si tu peux faire en sorte que ça se fasse.

— Je vois que son nom de jeune fille est Murray, murmura Gerry, pinçant les lèvres et levant les yeux vers le plafond comme s'il y cherchait une réponse. Sinéad Murray. Ce nom me dit quelque chose. »

Jack se cala dans sa chaise, les mains derrière la tête, en esquissant un sourire. « Je te donne un indice. En fait, je t'en donne trois : Killarney, 1971, poker. »

Gerry le dévisagea un moment, le regard vide. Puis soudain, il frappa la surface de son bureau de la paume.

« Ça alors ! Bien sûr ! La fille qui a plumé Leahy, celle qui accompagnait Hollis ! » Il secoua la tête en souriant. « Le monde est petit, Jack ! »

Lorsqu'il arriva chez lui ce soir-là, les filles étaient au lit et Lorna avait déjà dîné donc il se fit un sandwich avec des restes trouvés dans le frigo et mangea devant la télévision. Il parla à Lorna de son voyage et lui raconta la soirée de la fondue au fromage.

« Je me disais… On a un ensemble à fondue qui n'a jamais été sorti de son emballage. Pourquoi on n'inviterait pas quelques personnes, on pourrait s'en servir ?

— On est vraiment obligés, Jack ? Je n'ai aucune idée de comment préparer une fondue. Et puis, qui est-ce qu'on inviterait ? Qui aimerait ce genre de chose ?

— Tes frères, par exemple. Ils mangent de tout. »

Elle eut l'air sceptique.

« Je préparerai tout, dit-il. Invite tes frères et leurs épouses et fais en sorte que la maison soit présentable. Je m'occupe du reste. Pas la peine que tout soit parfait, juste une soirée décontractée entre amis. »

Il se rendit tôt au bureau le matin suivant et appela à nouveau Sinéad, qu'il réussit à joindre directement cette fois. Il l'appela trois fois lors des deux jours qui suivirent, prétextant à chaque reprise quelque détail mineur de son contrat qu'il fallait régler. Ils se mirent d'accord sur le fait qu'elle viendrait à Dublin le 10 ; il ressentit un certain soulagement par rapport au fait qu'elle ne pouvait se rendre à la réception de Noël le 8, à laquelle les conjoints et compagnons étaient invités.

Il proposa de lui trouver un hôtel mais elle dit qu'elle logerait probablement chez ses parents, à Clontarf.

La semaine qui suivit fut chargée au bureau et il passa la majorité de son temps à parachever les détails du groupe de réflexion, ou groupe de travail puisque telle était désormais sa désignation officielle. Frank Curzon, psychiatre et universitaire, présiderait le groupe et Sinéad le conseillerait, organiserait les réunions et rédigerait le rapport final. Les autres membres seraient choisis par les partis politiques.

Lorsqu'arriva le jeudi, Jack avait réglé la plupart des détails et avait rencontré Curzon donc il décida de rédiger une note à l'intention de Sinéad. Elle était censée être assez brève mais elle finit par faire six pages, exposant ce qui pourrait constituer selon lui un modèle pour le mode de fonctionnement du groupe ainsi que les ressources qui lui seraient disponibles. Il passa des heures à s'assurer que le texte était complet et bien articulé puis Brenda fit une dernière relecture et l'envoya par fax à Genève afin que Sinéad puisse le lire dès son retour de son séjour au ski.

Ils invitèrent à dîner ce week-end-là deux des frères de Lorna et leurs épouses ; James, un avocat dont la carrière était en plein essor et qui avait épousé la sœur de Jack, Sarah, ainsi que Mark, plus réservé et moins ambitieux que son frère mais qui gravissait un à un les échelons au ministère de la Justice. Sa femme, Deirdre, était médecin généraliste. C'était une femme de nature chaleureuse, drôle et attentionnée, qui n'affichait aucune des affectations et minauderies que la sœur de Jack avait adoptées. Bien qu'elle n'ait pas été particulièrement douée pour les études, Sarah possédait une sorte d'intelligence innée qu'une excellente éducation avait enrichie. Depuis son mariage, elle s'était consacrée à son nouveau rôle d'épouse d'avocat éminent à Dublin. Elle faisait tout juste comme il fallait ; elle recevait beaucoup, se rendait à tous les événements caritatifs, ses enfants fréquentaient les bonnes écoles et elle les élevait de manière à ce qu'ils fassent partie de la prochaine génération de l'élite du pays. En prenant le manteau de sa sœur, Jack contempla à quel point ils étaient différents l'un de l'autre ainsi que le fait qu'il ne s'était jamais senti son égal.

Toujours aussi pleine de ressources, Brenda lui avait trouvé une recette de fondue savoyarde qui semblait assez simple même s'il lui fallut un certain temps pour trouver les bons fromages, un vin approprié et une bouteille de *kirsch*. Un de ses bons amis, Bernard Morris, qui travaillait aux Affaires étrangères, lui avait fourni quelques adresses utiles. Pour les hors-d'œuvre et le dessert, il se rendit à l'épicerie fine du coin donc tout ce que Lorna avait à faire était de préparer une salade et mettre le couvert.

⋆

Dire que la soirée ne fut pas un grand succès serait un euphémisme.

Tout commença avec la fondue. Lorsqu'il l'apporta à la table, Sarah feignit le dégoût. « C'est ça que tu appelles une fondue ? dit-elle en faisant le tour de la table du regard, en quête de soutien. Ça ressemble à du fromage fondu !

— C'est parce que *c'est* du fromage fondu, rétorqua-t-il. C'est ce que mangent les gens quand ils rentrent du ski.

— Voilà qui explique pourquoi nous n'en mangeons jamais ici, commenta-t-elle en riant. Ça m'a l'air un peu lourd. C'est comme ça qu'il faut faire ? » Elle piqua un morceau de pain et le trempa avec précaution dans le fromage. « Intéressant. Mais je ne voudrais pas en manger tous les jours.

— C'était une très bonne idée, Jack, dit Deirdre en souriant.

— Vu que nous allons skier avec les Johnston l'an prochain, je suppose qu'il vaut mieux que je m'y habitue », ajouta Sarah.

Deirdre ramena la conversation sur leur hôte. « Il paraît que tu viens de rentrer de Genève, Jack. Comment s'est passé ton voyage ? »

Il leur raconta la réunion et expliqua les projets qui étaient élaborés pour le groupe de travail. « Bonne idée, intervint James. Ce pays a besoin d'une bonne réorganisation et le secteur de la Santé est un vrai chantier. Frank Curzon est un choix judicieux. Cette femme qui vient travailler à ses côtés, comment s'appelle-t-elle ?

— Sinéad Murray, dit-il. Enfin, De Clerq, plutôt. Elle a étudié la médecine pendant un an à l'UCD puis elle a obtenu un diplôme d'administration des affaires à Trinity.

— Trinity ? lança Sarah. Elle est protestante ? »

Jack ignora le commentaire. Deirdre fronça les sourcils. « Il y avait une Sinéad Murray dans ma classe lorsque j'étais à l'UCD. Je me demande s'il s'agit de la même personne. Si c'est le cas, elle était très intelligente mais je crois qu'il s'est passé quelque chose et qu'elle est partie. Il faut dire que beaucoup de gens abandonnent leurs études de médecine après la première année.

— C'est un nom très répandu, de toute manière. À quelle école est-elle allée ? voulut savoir Sarah.

— Je l'ignore, répondit Jack. Quelque part dans les quartiers nord, sans doute ; elle est de Clontarf.

— Je me souviens avoir joué au hockey sur gazon contre une école des quartiers nord, une fois. Quelque part près de Howth. Ou peut-être Sutton, déclara Sarah en se servant des cubes de pain.

— Avez-vous gagné ? s'enquit Deirdre sur un ton innocent.

— Comment ?

— Le match de hockey ; l'avez-vous gagné ?

— Je ne me souviens pas. Probablement. Ils ne jouent pas beaucoup au hockey dans ce coin-là. Plutôt au *camogie*[8] et ce genre de chose. Cela dit, au moins ils avaient des courts de tennis. »

Deirdre lança un regard en coin à Jack et sourit.

« Elle semble en tout cas avoir très bien réussi ; poste important à Genève, recrutée personnellement par Jim Dempsey. Ça va faire grincer quelques dents ! s'exclama Mark.

— Très bel endroit, Genève, fit remarquer James en se servant du vin. J'y suis allé dans le cadre d'une conférence. Le lac est magnifique.

— Oui, c'est très beau. Je n'en ai pas vu grand-chose mais, du coup, je me suis demandé comment ce serait

---

8 *Sport gaélique qui se joue avec une crosse et une balle, équivalent féminin du hurling. [N.D.T.]*

de travailler là-bas. Dans l'une des grandes organisations internationales. »

Il y eut un moment de silence et Lorna fixa son mari d'un regard stupéfait. « Tu plaisantes, Jack ?

— Pourquoi diable voudrais-tu habiter là-bas ? intervint Sarah. Et les enfants, les écoles, la langue ?

— Il y a des écoles internationales, fit remarquer Deirdre. Les enfants s'adaptent facilement, de toute manière. C'est plus difficile pour nous, les adultes.

— Excellents salaires et avantages aussi, d'après ce que j'ai entendu, ajouta Mark.

— Bref, dit Jack en se levant et en ramassant les assiettes. C'est juste une idée qui m'a trotté dans la tête dans l'avion au retour.

— Une idée insensée, si tu veux mon avis, affirma Sarah. T'es-tu même demandé ce que ressentirait cette pauvre Lorna, sans personne de sa famille autour d'elle ?

— Eh bien, je ne le demande pas, ton avis, Sarah, rétorqua Jack sèchement. Et cela nous ferait peut-être beaucoup de bien de nous éloigner de nos familles de temps en temps.

— Ça ne m'étonne pas de toi, Jack ; tu es tellement égoïste et si peu reconnaissant pour la vie que tu as ici. » Sarah se passa furieusement sa serviette sur la bouche.

Lorna semblait sur le point d'éclater en sanglots.

Deirdre se leva et se mit à aider à débarrasser la table tandis que James dirigeait avec tact la conversation vers les projets des uns et des autres pour les Fêtes. Jack la rejoint dans la cuisine, ramenant l'ensemble à fondue et ses divers accessoires. « Ne fais pas attention à Sarah, lui dit-elle avec une tape sur l'épaule. Trop de Riesling. Et pour ce que ça vaut, je pense que cela vous ferait beaucoup de bien, à Lorna et toi, de vous éloigner d'ici un moment. Ça peut parfois devenir assez claustrophobe. »

Lorsqu'ils regagnèrent la table, James racontait avec entrain un procès important qu'il venait de remporter et ils attaquèrent le dessert tandis qu'ils l'écoutaient revivre son moment de triomphe.

Une fois tout le monde parti, Lorna et Jack se rendirent dans la cuisine et il se mit à faire du rangement. Lorna s'assit à la table et se tint la tête entre les mains.

« Pourquoi faut-il toujours que tu me rabaisses devant ma famille, Jack ?

— Je ne t'ai pas rabaissée.

— Si. Tu as parlé de déménager à l'étranger en sous-entendant que ça me ferait du bien.

— Eh bien, ça le pourrait.

— Comme si j'étais malade.

— Tu ne t'ennuies pas ici, Lorna ? Ça ne t'arrive jamais de vouloir faire autre chose de ta vie ? Bon sang, toutes ces années d'études et tu passes tes journées à la maison à ne rien faire. Tu pourrais faire tellement mieux que ça.

— Je ne fais pas rien. Je m'occupe des enfants et de la maison. Et…

— Sauf quand je dois les emmener au bureau, marmonna-t-il, penché au-dessus du lave-vaisselle.

— Qu'est-ce que tu viens de dire ?

— Rien. »

Il lui tendit un torchon. « Je lave, tu essuies. Ces verres doivent être lavés à la main.

— Je vais me coucher. Je t'ai dit que Mme Foley ferait ça demain matin.

— Pourquoi ne peut-on jamais discuter de quoi que ce soit sans que tu montes sur tes grands chevaux ?

— Parce qu'on ne parle que de ce dont tu veux parler. Tu te fiches de ce que je veux. Tu ne m'écoutes pas.

— Je ne t'écoute pas ? Tu ne me dis jamais rien. Tu ne me dis jamais ce que tu ressens, ce que tu veux. La seule chose qui t'importe, c'est ta famille et ce que les autres pensent de toi.

Elle se leva et jeta le torchon dans l'évier.

« Tu vois ? Tu viens de me donner raison », cria-t-il après elle tandis qu'elle montait furieusement les escaliers en direction de leur chambre.

Une fois que tout fut rangé et nettoyé, il alla s'asseoir avec un scotch pour décompresser et lorsqu'il finit par monter se coucher, Lorna dormait déjà.

Chapitre quinze

10 décembre

Il faisait froid lorsque Jack partit de chez lui pour se rendre au travail. C'était l'une de ces journées de décembre assez rares à Dublin où le soleil brillait, le ciel était bleu et dégagé et l'air vif. Il ne prêtait d'habitude pas grande attention à ce qui se trouvait autour de lui lorsqu'il était en chemin pour le centre-ville mais la lumière était magnifique ce matin-là. Il décida sur un coup de tête de dévier de son trajet habituel et traversa Ballsbridge pour se rendre au bord de mer, à Sandymount. La marée était si basse qu'il était difficile de discerner où commençait la mer et ou s'arrêtait le ciel. Bien que ce fût un jour de semaine, beaucoup de gens promenaient leurs chiens ou admiraient la vue, assis sur un banc. Il se gara dans l'aire de stationnement et sortit de sa voiture, observant un avion au loin qui effectuait son approche finale avant d'atterrir à l'aéroport de Dublin. La vue de l'avion devait être spectaculaire aujourd'hui tandis qu'il descendait au-dessus de Howth Head, la plage de Portmarnock sur sa droite et l'étendue de la baie de Dublin sur sa gauche.

Sinéad était censée arriver vers midi et il croisa les doigts pour que ce temps splendide dure au moins jusqu'à cette heure-là. Il prit quelques grandes bouffées d'air, emplissant ses poumons de l'air marin. Il aurait aimé aller courir mais il n'était pas habillé pour et il était déjà huit heures et demie. Il avait beaucoup de choses à faire ce matin et Jim avait organisé un déjeuner au *Dáil*[9] pour les membres du groupe de réflexion. Il fuma rapidement une cigarette et remonta dans sa voiture pour effectuer le reste du trajet.

Il se demanda en pénétrant dans le bâtiment ce que Sinéad allait penser de son nouveau lieu de travail. Hawkins House était sans doute l'un des édifices les plus laids de Dublin. Bâti pendant les années soixante, il aurait aisément eu sa place dans un pays de l'Est. Le seul attribut qui compensait quelque peu cette laideur était la vue splendide du neuvième étage, où était situé son bureau. Il remarqua en entrant que les fenêtres étaient sales et nota dans un coin de sa tête qu'il devait contacter le service des travaux publics à ce sujet.

À peine fut-il assis que Brenda entra et lui remit un dossier. « Bonjour, Jack. Voici la liste finale des membres du groupe de réflexion avec quelques notes au sujet de leurs antécédents. »

Son café l'attendait sur son bureau ainsi que son programme pour la journée. Il jeta un coup d'œil au dossier que Brenda lui avait donné et il dut reconnaître que Jim avait effectué des choix judicieux. Un équilibre parfait était maintenu entre les trois politiciens choisis ; un libéral, un conservateur et un troisième que l'on pouvait sans doute

---

9 *Chambre du parlement irlandais (N.D.T.).*

considérer comme un radical. Ils représentaient à eux trois les principaux courants de pensée de l'époque. Il n'y avait que deux femmes ; l'une était politicienne, l'autre la représentante des patients et elles possédaient toutes deux des connaissances techniques approfondies dans le domaine. Il commençait à se dire que ce projet pourrait bien s'avérer intéressant, après tout.

Sinéad l'avait appelé en réponse à la note qu'il lui avait envoyée dès son retour du ski. Elle semblait assez surprise, voire impressionnée, ce qui avait bien entendu été le but. Lors de la semaine qui suivit, ils eurent de nombreuses conversations téléphoniques et il attendait souvent la fin de la journée pour l'appeler afin de pouvoir passer autant de temps qu'il souhaitait au téléphone et d'être moins sujet aux interruptions.

Peu après midi, Robert Fitzgibbon, un autre conseiller, passa le prévenir. « Le patron t'attend en bas. Tu devrais sans doute te dépêcher. »

La voiture du ministre attendait devant l'entrée principale et Jim se tenait à côté, bavardant cordialement avec des passants.

Quasiment tous les membres les attendaient déjà dans l'imposant hall d'entrée et ils étaient en train de les saluer lorsque Sinéad arriva, suivie d'Eoghan Coughlan, un jeune fonctionnaire qui avait été affecté au groupe de réflexion en tant qu'espèce d'homme à tout faire. Il portait une petite valise et Jack était en train de se demander si on l'avait envoyé accueillir Sinéad à l'aéroport, légèrement irrité contre lui-même de ne pas avoir pensé à le faire.

Coughlan annonça sans s'adresser à qui que ce soit en particulier : « Le taxi s'arrêtait devant la porte de débarquement alors que j'arrivais donc je me suis occupé des formalités de sécurité pour Mme De Clercq. »

Une fois les présentations terminées, ils emboîtèrent le pas à Jim le long du couloir à la moquette épaisse qui menait au restaurant où ils prirent place à table.

Jim était en grande forme et Sinéad semblait avoir un premier contact positif avec Frank Curzon. Jim esquissa les grandes lignes de son projet pour le groupe et tout le monde sembla d'accord avec l'échéancier et le budget. Jack nota que Sinéad avait fait mention de sa contribution et il en ressentit une certaine satisfaction. La date de la première réunion fut fixée et à deux heures tapantes. Jim se leva de table. « Mesdames et messieurs, Sinéad et Jack ont maintenant des choses à régler à Hawkins House. Quant à moi, il me faut me remettre à gouverner le pays et je me vois donc contraint de vous quitter. Je vous souhaite bonne chance et n'oubliez pas que ma porte vous est toujours ouverte. »

« J'ai l'impression que ça s'est bien passé, fit remarquer Jim en s'installant à l'avant. Il faut dire que nous les avons choisis avec soin, pas vrai, Jack ? » ajouta-t-il en adressant un clin d'œil à son conseiller.

À chaque tournant, Jack était très conscient du parfum discret de Sinéad et de sa cuisse contre la sienne même si elle portait un manteau épais et qu'il supposait qu'elle ignorait totalement l'effet qu'elle avait sur lui.

Il lui montra le bureau qu'ils lui avaient alloué, situé non loin du sien. « Pas aussi agréable que celui de Genève, malheureusement », commenta-t-il, mais elle ne semblait pas y attacher grande importance. Comme on ne lui avait pas encore trouvé de secrétaire, ils descendirent au Personnel rendre visite à Gerry Mulcahy.

Gerry était visiblement ravi de la rencontrer à nouveau et ils passèrent une bonne demi-heure à se remémorer l'époque de leurs études et à bavarder de ce que faisaient aujourd'hui les personnes qu'ils avaient connues. Il informa Sinéad du fait qu'en raison des restrictions de budget, ils avaient du mal à lui trouver une secrétaire. Il jeta un coup d'œil en direction de Jack et lui demanda s'il lui serait possible de partager.

« Brenda, tu veux dire ?

— Ce serait faisable, à ton avis ?

— Écoutez, intervint Sinéad, j'ai l'habitude de me servir d'un traitement de texte lorsque je travaille donc je n'ai vraiment pas besoin d'une secrétaire à plein temps. Il me faut juste quelqu'un qui puisse prendre mes messages et mettre en page mes textes. »

Ils conclurent qu'ils en reparleraient plus tard.

Ils quittèrent Mulcahy et gagnèrent l'ascenseur au bout du couloir. Alors qu'il appuyait sur le bouton, Jack remarqua un panneau d'affichage sur lequel on avait épinglé des photos de la réception de Noël de l'autre jour. Avant qu'il ne puisse la distraire, Sinéad les examina. « Jim n'a pas l'air très frais dans celle-ci ! Ça a dû être une bonne soirée. » Elle examina la photo de plus près. « Et voilà Gerry. Oh, et toi. Tu fais bonne impression quand tu t'habilles, Jack. »

Il devait reconnaître qu'à la vue de ces photos et vu de l'extérieur, on ne soupçonnait pas la moindre lézarde dans l'édifice des McDonagh. Lorna était très photogénique et elle arborait un grand sourire. Elle avait même sa main dans la sienne. Lui aussi souriait à pleines dents mais c'était le propre des photos de soirées ; les gens sont souriants et s'efforcent de présenter leur meilleur profil ; du coup, lorsqu'on feuillette leurs albums de famille, on a l'impression de n'y trouver que des souvenirs heureux.

Il était quatre heures et demie lorsqu'ils regagnèrent son bureau. Il demanda à Sinéad si elle avait des projets pour le week-end. « Pas vraiment. Je suis chez mes parents, donc rien de très palpitant. Revoir des cousins, rattraper le temps perdu, me promener le long des falaises à Howth, c'est tout, plus ou moins. Mon vol de retour est dimanche après-midi.

— Ç'aurait été agréable de dîner ensemble et d'avoir une bonne discussion sur la tâche qui nous attend, regretta-t-il. Tout était un peu précipité pendant le déjeuner.

— Oui, c'est vrai, répondit-elle. Tant pis. Je reviens en janvier ; on pourra en discuter à ce moment-là. »

Il proposa de l'emmener à Clontarf. « Ça ne me dérange pas du tout, affirma-t-il lorsqu'elle protesta. Il y a un nouveau pont à péage qui traverse la Liffey, il paraît que ça raccourcit considérablement le trajet. Ça fait un moment que je veux l'essayer. »

Ils se retrouvèrent très rapidement à Fairview et il faisait nuit tandis qu'ils faisaient route en direction de Dollymount ; on distinguait les lumières qui brillaient à Howth Head. Le long de la route qui suivait la côte, on voyait quelques arbres de Noël précoces au travers des fenêtres de certaines des maisons.

« J'adore Noël à Dublin, soupira-t-elle. Mais mes parents veulent toujours venir à Genève. Ils sont comme des enfants, en fait ; ils aiment la neige, les marchés de Noël et tout le kitsch qui va avec. Moi aussi, remarque. »

Lorsqu'ils atteignirent Vernon Avenue, elle lui dit de prendre à gauche et le guida à travers un dédale de petites rues, jusqu'à un cul-de-sac tranquille où ils se garèrent devant une modeste maison mitoyenne en briques rouges. Tandis qu'il sortait sa valise du coffre, la porte d'entrée s'ouvrit et une femme leur fit un signe de la main. Elle s'avança jusqu'au portail et Sinéad et elles s'étreignirent chaleureusement. « Voici Jack, un de mes nouveaux collègues. Il a eu l'amabilité de me raccompagner.

— Ravie de vous rencontrer, Jack. Entrez donc, venez dire bonjour au père de Sinéad. Il est en train d'essayer d'accrocher les décorations de Noël – Dieu sait pourquoi, vu que nous ne serons pas là, mais il voulait égayer la maison pour Sinéad. » Elle sourit et contempla sa fille avec une évidente fierté.

Comparée à la sienne ou à celle de ses parents, la maison était petite mais elle était décorée avec goût et dégageait une atmosphère chaleureuse. M. Murray se tenait debout sur une échelle dans le salon, en train d'essayer de placer une étoile dorée au sommet d'un sapin de taille assez réduite tandis que de la musique classique tonnait dans la pièce. Il descendit de l'échelle non sans mal et tendit la main. « Heureux de vous rencontrer Jack. Nous avons beaucoup entendu parler de vous. » Il darda un regard en direction de Sinéad, se demandant ce qu'elle avait bien pu leur dire, mais elle se contenta de sourire.

« Baisse donc la musique, Noel », lui demanda sa femme. Elle se tourna vers Jack et ajouta : « On ne s'entend plus penser dans cette maison. Nous disons sans arrêt à Noel qu'il devrait ouvrir un magasin de disques. Venez, Jack, enlevez donc votre manteau et asseyez-vous. Sinéad dit que vous allez rentrer à Mount Merrion. C'est un long trajet ; vous prendrez bien une tasse de thé avant de vous mettre en route ? »

Elle disparut à la cuisine et revint quelques minutes plus tard avec un plateau. Sans trop savoir comment, il se retrouva assis sur le canapé en train de boire du thé et de déguster une *mince pie*[10] cuite à la perfection.

Les parents de Sinéad étaient des gens intéressants et sans prétention, visiblement instruits. Mais ce qui le frappa par-dessus tout était l'affection et le respect qui émanait d'eux, ce qui était très différent de sa famille à lui.

Il resta un peu plus d'une heure et Sinéad finit par interrompre son père pour lui rappeler que Jack devait rentrer chez lui. Il les quitta à contrecœur ; cela faisait bien longtemps qu'il ne s'était pas senti aussi à l'aise, où que ce soit. Ils se souhaitèrent tous de bonnes Fêtes tandis que Sinéad le raccompagnait à la porte. Ils restèrent là un moment pendant que Jack fouillait dans ses poches à la recherche de ses clés de voiture.

« Merci de m'avoir raccompagnée, dit Sinéad.

— Pas de problème, répondit-il. C'était un vrai plaisir de rencontrer tes parents. Ils sont charmants.

— Mon père a tendance à ne plus s'arrêter une fois qu'il est lancé, dit-elle en riant. J'espère que tu ne t'es pas trop ennuyé.

---

10 Les « mince pies » sont des tartelettes fourrées aux fruits secs traditionnellement mangées lors de la période des Fêtes. [N.D.T.]

— Pas du tout, protesta-t-il. Je l'aime bien. C'est une mine d'informations. » Il fit tinter ses clés et se pencha en avant pour l'embrasser sur la joue. Ils laissèrent tous deux échapper un rire lorsque leurs nez se heurtèrent. « Je t'appellerai la semaine prochaine, on pourra se reparler.

— Sois prudent sur la route » dit-elle en lui adressant un signe de la main tandis qu'il regagnait son véhicule.

Chapitre seize

JACK TRAVERSA LA PÉRIODE de Noël dans une sorte de brume de l'esprit. C'était comme si la même journée se répétait année après année, se dit-il, les mêmes rituels, jusqu'au moindre détail. Les courses de dernière minute à Grafton Street pour les cadeaux, la ronde des célébrations en famille, la veille de Noël chez ses parents et le jour suivant chez ceux de Lorna. Le 26, la Saint-Étienne, ils reçurent famille et amis chez eux pour un apéritif et le 27 ils descendirent tous à Kilkenny en prévision du Nouvel An. James y possédait une demeure qui était certes grande mais loin de pouvoir loger l'ensemble de la famille élargie donc Lorna et lui louèrent une petite maison non loin.

Il offrit la montre à Lorna le matin de Noël, pendant que les filles déballaient leurs cadeaux. Elle sembla plutôt contente et lui adressa même un sourire ironique en lui tendant son cadeau : également une montre. C'était une Baume et Mercier, élégante et discrète ; en la mettant à son poignet, feignant la surprise et la joie, il remarqua qu'il était inscrit « Genève » sur le cadran de la montre. Il se demanda quels cadeaux étaient échangés au sein de la famille Murray, et comment se passaient leurs vacances à Genève.

Il trouvait, d'habitude, agréable la période de Noël car il pouvait se détendre et n'avait pas le sentiment de devoir marcher sur des œufs avec Lorna – et, bien sûr, les enfants adoraient cette époque de l'année – mais, cette fois-ci, il trouva cela pénible et avait hâte de retourner au bureau.

Lorsqu'il reprit le travail, début janvier, tout s'enchaîna très vite. Mulcahy avait fait preuve de son efficacité légendaire et réglé tous les détails administratifs ; il était donc prévu que Sinéad commence le 15. Il fut surpris d'apprendre que Brenda était d'accord pour travailler pour eux deux, avec l'aide d'une dactylographe du service du ministère, et semblait même très satisfaite de cet arrangement.

Les choses sérieuses débutèrent dès l'arrivée de Sinéad. Deux réunions plénières du groupe de travail eurent lieu lors des premières semaines et le ministre approuva leur plan pour les six mois à venir. La plupart des réunions consistaient en interventions faites par des experts ou des parties prenantes mais, à l'initiative pas totalement désintéressée de Jack, il fut convenu d'organiser quelques voyages à l'étranger afin que le groupe puisse constater en personne de quelle manière le système de santé fonctionnait ailleurs et s'entretenir directement avec leurs homologues étrangers.

Sinéad trouva, avec l'aide de Brenda, un petit appartement situé à Merrion Square, tout près du *Dáil,* sous-loué par une collègue du ministère des Affaires étrangères mutée à Bruxelles pour un an. Elle était ravie car cela lui évitait non seulement de devoir trouver du mobilier mais lui permettait aussi de facilement se rendre à pied à Hawkins House.

Avec le recul, Jack pouvait affirmer en toute honnêteté que leur relation de travail était la meilleure qu'il ait jamais eue avec qui que ce soit. Ils faisaient tous les deux très bien leur travail (ce qu'il pouvait dire sans fausse modestie) et, bien qu'ils n'aient pas toujours vu les choses du même œil en termes de stratégie – ou peut-être justement parce que cela avait été le cas –, leurs discussions étaient toujours positives et dynamiques. Plus important encore, peut-être, ils avaient le même sens de l'humour. Lors des réunions, Jack s'asseyait souvent à l'arrière de la pièce, à l'abri des regards, lui passant des notes ici et là ; parfois sérieuses, comme des recommandations pour le président, parfois frivoles, se moquant d'un membre qui avait émis une suggestion qui lui semblait stupide. Il aimait à penser qu'il décelait une lueur pétillante dans son regard lorsqu'elle les lisait, quand bien même elle personnifiait le sérieux et la bienséance pour le reste du groupe. Ils passaient beaucoup de temps dans l'un ou l'autre de leurs bureaux, à échanger des idées et confronter leurs impressions, déjeunaient presque tous les jours ensemble à la cantine du ministère, parfois juste tous les deux. Il attendait avec impatience ces moments-là et, les rares fois où elle était absente, il en ressentait un vide étrange. Il avait remarqué les regards que leur jetaient ses collègues lorsqu'ils entraient à la cantine ou quittaient le ministère ensemble et il les imputait à une forme d'envie. De temps à autre, ils travaillaient tard et il la raccompagnait à son appartement, nourrissant toujours l'espoir qu'elle l'inviterait à entrer mais craignant de le suggérer lui-même, par peur de rompre le charme.

Si quelqu'un lui avait demandé quand il s'était rendu compte pour la première fois qu'il était amoureux d'elle, il aurait répondu que ce devait être lors du séjour à Washington, en mars.

Tous les ans, un représentant du gouvernement irlandais était invité aux célébrations de la Saint-Patrick à Washington ; c'était là une tradition bien établie. Les ministres se disputaient ce privilège avec acharnement car il s'agissait d'un voyage très prisé aux frais du contribuable et c'était cette année-là au tour de Jim d'en bénéficier. Deux semaines avant l'événement, le ministre fit irruption dans le bureau de Jack et déclara qu'une idée de génie lui était venue. Celle-ci était que Jack l'accompagne lors de son déplacement, flanqué de Curzon et Sinéad également, afin qu'ils s'entretiennent avec leurs homologues américains du système de santé en vigueur outre-Atlantique.

Comme la Saint-Patrick tombait un dimanche cette année-là et que le président des États-Unis serait en déplacement à l'étranger, la cérémonie à la Maison-Blanche aurait lieu le vendredi précédent, le 15. Jack prit soin d'organiser la réunion avec les officiels de la santé pour le lundi suivant, de manière à ce que leur week-end soit libre. Il justifia cette décision – à lui-même et aux autres – en considération du fait qu'une réunion allait déjà avoir lieu le 13 mars à Bruxelles et qu'il serait donc impossible de choisir une date antérieure. Curzon, Sinéad et lui prendraient l'avion à Bruxelles pour rallier les États-Unis le 14 avec un retour à Dublin prévu le soir du 18.

Ils prirent l'avion pour Bruxelles le mercredi matin et se rendirent directement à la réunion – qui se termina tard dans l'après-midi. Sinéad et Jack avaient déjà prévu de dîner à l'hôtel car leur journée débuterait tôt le matin suivant. La représentation permanente irlandaise s'occupait de Jim et Curzon rendait visite à l'un de ses vieux amis, professeur de psychiatrie à l'une des universités.

Tandis qu'ils s'enregistraient à l'hôtel, le réceptionniste consulta le passeport de Jack, l'étudia un instant, puis se fendit d'un large sourire et dit : « Joyeux anniversaire, M. McDonagh. Souhaitez-vous que je demande au chef de préparer un dessert pour l'occasion ? » Sinéad lui adressa un regard surpris. « C'est ton anniversaire aujourd'hui ? Pourquoi ne m'as-tu rien dit ?

— Je ne voulais pas d'histoires », répondit-il, légèrement irrité. Il se tourna à nouveau vers le réceptionniste. « Pas de gâteau ni de bougies, s'il vous plaît. Je suis allergique.

— Je n'ai jamais entendu parler d'allergie aux bougies, commenta Sinéad, ce qui fit rire le réceptionniste.

— Aucun problème, M. McDonagh mais, si vous changez d'avis, prévenez le serveur et nous nous ferons un plaisir d'organiser cela pour vous. »

Quelqu'un prit leurs bagages et ils se rendirent à leurs chambres respectives pour un brin de toilette avant de se retrouver quelques minutes plus tard dans le hall d'entrée et de se rendre au restaurant.

Le serveur les plaça dans un coin calme de la pièce et ils s'installèrent, consultant le menu. Il lui demanda si elle souhaitait prendre un apéritif et Sinéad leva les yeux, ravie. « Pourquoi pas ? Du champagne, Jack ? Vu que c'est ton anniversaire. »

Il haussa les épaules. Pourquoi pas, en effet.

Ils commandèrent à manger et on leur apporta un verre de champagne chacun. Sinéad leva son verre : « Bon anniversaire, Jack » et ils burent en silence pendant quelques instants.

Il aurait pu s'en tenir là mais quelque chose le poussa à dire : « Cette histoire d'anniversaire… il faut que je te dise quelque chose, Sinéad. » Elle parut surprise mais garda le silence et attendit qu'il poursuive. « Je n'ai jamais vraiment fêté mon anniversaire. Du moins, mes parents ne le fêtaient jamais. Ils m'ont adopté alors que j'étais âgé de quelques semaines et ils ont toujours estimé que mon véritable anniversaire était le jour de mon arrivée chez eux plutôt que le jour de ma naissance. » Il baissa les yeux, poussant et repoussant ses couverts du doigt tandis qu'il parlait, mais, lorsqu'il leva à nouveau le regard, elle était très pâle et semblait mal à l'aise. Il y eut un moment de silence.

« Tu as été adopté ? Sais-tu… sais-tu quoi que ce soit concernant tes vrais… tes parents naturels, je veux dire ? finit-elle par lui demander.

— Non », répondit-il, légèrement déconcerté par sa question. Ce n'était pas la réaction à laquelle il s'attendait. Les quelques personnes auxquelles il s'était confié jusqu'alors avaient soit changé le sujet de la conversation soit témoigné de leur sympathie. Il y eut un autre long silence puis elle lui demanda : « As-tu tenté de te renseigner à leur sujet ?

— En aucun cas », dit-il, mal à l'aise avec la tournure que prenait la conversation. Il s'était attendu à ce qu'elle le plaigne plutôt que de lui poser des questions délicates.

Mais elle refusait de lâcher prise.

« Pourquoi pas ?

— Très franchement, ça ne m'intéresse pas du tout. Mes parents m'ont dit que le foyer pour mères et enfants auprès duquel ils m'ont adopté accueillait principalement des prostituées. Ma mère est donc probablement une catin et mon père un marin qu'elle a croisé sur les quais. »

Elle parut choquée. « C'est un peu sévère, non ? »

Jack pesta contre lui-même d'avoir abordé le sujet. Et ce foutu réceptionniste, fallait-il vraiment qu'il remarquât sa date de naissance ? Il cherchait désespérément une manière de changer de sujet.

« Et à supposer qu'elle n'en soit pas une ?

— Qu'elle ne soit pas quoi ?

— À supposer qu'elle ne soit pas une prostituée.

— Pourquoi m'aurait-elle abandonné, alors ? Elle aurait pu épouser mon père.

— Peut-être ne le pouvait-elle pas, contra-t-elle sur un ton neutre. Peut-être qu'il était déjà marié. Ou qu'elle l'était mais pas à lui. Peut-être qu'elle a été violée. Ou… je n'en sais rien. Il peut y avoir toutes sortes de raisons. As-tu déjà réfléchi à cela ? » Son visage s'était empourpré et il remarqua que ses mains tremblaient légèrement. « Et même si elle se prostituait, cela ne fait pas forcément d'elle quelqu'un de méprisable. T'es-tu déjà dit qu'il pourrait y avoir quelque part une femme malheureuse, qui pense à toi aujourd'hui, le jour de ton anniversaire, qui se sent affreusement coupable de t'avoir abandonné et qui regrette de l'avoir fait ? »

Malgré son émoi évident, son ton était raisonnable et sa sollicitude palpable mais Jack persista.

« Eh bien, non, je n'y ai pas vraiment réfléchi et je ne souhaite pas particulièrement le faire. Peut-être qu'elle aurait dû y penser avant de me confier à des gens qu'elle ne connaissait ni d'Ève ni d'Adam. Je suis certain que mes parents ont raison et que cela vaut mieux ainsi. De toute façon, si elle avait vraiment voulu me retrouver, elle avait largement le temps de le faire. J'ai trente-cinq ans, bon sang ! »

C'est à ce moment-là que le serveur arriva avec leurs repas. Ils se mirent à manger en silence. Après quelques instants, Sinéad posa son couteau et sa fourchette.

« Jack… », commença-t-elle.

Il la coupa net.

« Écoute, Sinéad, je te suis très reconnaissant de ta bienveillance mais c'est un sujet dont j'ai beaucoup de mal à parler. Je ne dis quasiment jamais à qui que ce soit que j'ai été adopté et j'ignore pourquoi je te l'ai dit ce soir ; c'est juste sorti d'un coup. Je ne veux pas vraiment savoir qui est ma mère ni pourquoi elle m'a abandonné. J'ai une vie que beaucoup pourraient m'envier ; j'ai été adopté par une famille qui m'a donné tout ce dont j'aurais pu avoir besoin, notamment la meilleure éducation possible, et cela me suffit amplement.

— Très bien, Jack », concéda-t-elle, mais il était trop tard.

La soirée était gâchée – la sienne, du moins – et il était furieux contre lui-même, persuadé que ça allait nuire à l'atmosphère de leur séjour.

Le matin suivant, ils se retrouvèrent tous pour le petit-déjeuner et Jim fit grand cas du fait que Jack portait des lunettes. Il se moqua gentiment de lui, affirmant qu'il voulait se donner un air intellectuel. La réalité était qu'il portait d'habitude des lentilles de contact mais qu'il lui fallait les enlever pour les vols long-courriers. Il ne voulait pas que

Sinéad le voie comme un intello binoclard mais elle ne prit pas part aux taquineries et lui parut un peu distante, tendue même.

Sinéad s'assit à côté de Curzon dans l'avion et Jack prit place devant eux avec Jim, qui avait visiblement passé une courte nuit à Bruxelles et s'endormit plusieurs fois. Jack tendait l'oreille de temps à autre pour entendre des bribes de conversation, se demandant vaguement s'ils parlaient de lui mais cela semblait toujours concerner le travail ou les concerts et pièces de théâtre auxquels ils avaient assisté dernièrement. Il ne put parler à Sinéad que lorsqu'ils se rendirent à l'arrière de la cabine pour fumer une cigarette mais ils se retrouvèrent empêtrés dans une conversation avec l'un des stewards qui les régala d'une diatribe sur l'état du système de santé en Belgique. Ils s'échappèrent aussi poliment que possible et n'y retournèrent pas.

Lorsque l'avion atterrit à Washington, ils furent guidés jusqu'à la salle d'attente VIP pour y rencontrer l'ambassadeur et patienter pendant que l'on récupérait leurs bagages.

« Jack. Jack McDonagh. La voix avait quelque chose de familier et lorsqu'il se retourna il vit Paul Fitzpatrick, plus épais autour de la taille et bien mieux vêtu que la dernière fois qu'il l'avait vu.

« Jack. Ça fait plaisir de te revoir. Qu'est-ce que tu fais là ? » Jack fit un signe de la tête en direction de Jim. « Je travaille pour le ministre ces jours-ci ; nous sommes venus pour la remise du shamrock[11] et ainsi de suite. Et toi ?

---

11 *Le shamrock est le trèfle irlandais. [N.D.T.]*

— Je travaille pour l'Union européenne, ici à Washington. Quelques-unes de nos huiles arrivent aujourd'hui et je suis venu les accueillir. »

Il connaissait visiblement déjà le ministre, donc Jack le présenta à Sinéad et Frank. Lorsque Jack dit le nom de Sinéad, Paul lui serra la main et lui adressa un regard en coin, arborant un grand sourire. « Je vois que vous avez fini par vous retrouver. Dites-moi où vous logez pendant votre séjour. Il faut absolument qu'on rattrape le temps perdu. »

« Que voulait-il dire ? demanda Sinéad, suivant Fitzpatrick du regard d'un air perplexe.

— Ça ne fait rien, c'est une longue histoire. Je te raconterai ça plus tard. »

Lorsqu'ils arrivèrent à l'hôtel, Jim et lui rencontrèrent brièvement l'ambassadeur afin de régler les derniers détails du programme du lendemain. Après la Maison-Blanche et d'autres réunions, un dîner officiel en l'honneur de Jim, auquel Jack devait se rendre, allait avoir lieu à la résidence de l'ambassadeur. Sinéad et Curzon étaient libres de faire ce qu'il leur plairait.

Il était presque dix-sept heures, heure locale, lorsqu'ils eurent terminé et Jack commençait à ressentir les effets du décalage horaire mais il savait que se coucher tôt serait une grave erreur. Jim avait une fois de plus ses propres plans pour la soirée et n'avait pas besoin de lui, Curzon avait disparu, donc il décida d'appeler Sinéad pour voir ce qu'elle avait prévu de faire. La ligne dans sa chambre était occupée pendant une éternité et il se demanda à qui elle pouvait bien être en train de parler. Lorsqu'il réussit finalement à la joindre, elle lui dit qu'elle avait contacté un ancien collègue qui avait travaillé à Genève et était maintenant en poste à Washington mais, à son grand soulagement, elle ajouta que son ami n'était pas disponible ce soir et ne serait pas sur place du week-end.

Ils finirent par se rendre à un minuscule restaurant italien près de l'hôtel, à côté de Dupont Circle. Il n'y eut pas de champagne cette fois-ci, juste de l'eau pétillante et une demi-bouteille d'un Valpolicella pas mauvais du tout en accompagnement d'un plat de pâtes très simple. Un silence gênant s'installa tandis qu'ils attendaient le repas.

« Tu m'as demandé qui était Paul. On le surnommait Fitzer. »

Elle hocha la tête.

« On était à l'école ensemble. C'est lui que j'ai envoyé la fois où j'étais censé te retrouver à Dublin. Celui qui a rencontré ton amie.

— Ah, d'accord. Oui, je comprends mieux maintenant. »

Il fit le tour de la pièce des yeux, tentant désespérément de trouver quelque chose d'intéressant à dire.

« Plutôt sympathique, cet endroit, fit remarquer Sinéad en suivant son regard.

— Oui, c'est mieux que celui d'hier soir avec le serveur prétentieux », répondit-il, regrettant immédiatement la remarque.

Un autre silence s'installa, interrompu par l'arrivée du serveur.

« Tout se passe bien ? » demanda ce dernier en plaçant avec soin les assiettes devant eux, avant d'ouvrir la bouteille de vin. « S'il vous faut quoi que ce soit, vous n'avez qu'à demander. »

Après avoir mangé la moitié de son plat, Sinéad posa sa fourchette et poussa son assiette de côté.

« Ça va ? s'enquit Jack.

— Oui, ça va, je n'ai pas très faim, c'est tout, répondit-elle, avant d'inspirer profondément. Bon, c'est mon tour ce soir. Il faut que je te dise quelque chose.

— Ne me dis pas que tu as été adoptée, toi aussi », dit-il en enfourchant ses pâtes. Elle ne sourit pas et garda le silence un long moment. Juste au moment où il se dit qu'elle avait peut-être changé d'avis, elle se lança.

« Tu te souviens de ce que tu m'as dit hier soir, que tu ne souhaitais pas chercher ta mère parce que tu craignais ce que tu pourrais découvrir.

— Ce n'est pas tout à fait ce que j'ai dit mais bon, oui, pourquoi ? »

Elle eut encore un temps d'hésitation et il crut à nouveau qu'elle allait se raviser mais elle finit par poursuivre, sur un ton de texte préparé très à l'avance.

« En 1970, je suis tombée enceinte et j'ai accouché d'un petit garçon dans un foyer pour mères et enfants à Cork. Il a été adopté et je ne l'ai pas vu, ni obtenu la moindre information à son sujet, depuis la semaine qui a suivi sa naissance. J'ignore complètement où il se trouve et même s'il est en vie mais je serais prête à tout pour le retrouver. »

Jack fixa sur elle un regard ébahi, s'efforçant d'assimiler ce qu'elle venait de lui annoncer.

« Donc tu vois, ta mère n'est peut-être pas une prostituée sur les quais. Elle pourrait être quelqu'un comme moi. » Sa voix ne tremblait pas mais ce n'était pas le cas de ses mains et il crut déceler les prémices de larmes dans ses yeux.

Il posa son verre et s'appuya contre le dos de sa chaise. Tout commençait à s'expliquer ; pourquoi elle avait quitté l'université puis le pays ; sa réaction le soir précédent lorsqu'il lui avait confié qu'il avait été adopté. Mais il n'arrivait pas à croire que quelqu'un comme elle ait pu avoir un enfant dans l'un de ces endroits. D'après ce qu'il avait entendu, les filles qui s'y retrouvaient étaient soit peu éduquées soit des prostituées ou les deux. Il ne s'agissait pas de gens qu'il risquait de connaître.

Elle lui raconta brièvement son histoire, sur un ton presque détaché. Il l'écouta en silence, stupéfait par la maîtrise de soi dont elle faisait preuve.

★

« Avez-vous terminé, Madame ? » Le serveur se tenait à côté de Sinéad. Elle n'avait quasiment pas touché à son assiette. « Je suis vraiment désolée, lui dit-elle en souriant. Nous avons trop bavardé et nous souffrons tous les deux du décalage horaire. »

Il débarrassa le couvert et Jack tendit la main au-dessus de la table, prenant celle de Sinéad dans la sienne. « C'est moi qui suis désolé, dit-il. Ce que j'ai dit hier soir, c'était vraiment maladroit. »

Ils regagnèrent l'hôtel à pied et en silence. Les questions fusaient dans l'esprit de Jack mais il ne savait pas où commencer et Sinéad avait l'air épuisé. Il fut surpris lorsqu'elle suggéra d'aller boire un dernier verre.

Ils commandèrent au comptoir, trouvèrent une table libre et le barman leur apporta un verre de cognac chacun, avec de petits bols d'amuse-gueule. Lorsqu'il fut reparti, Jack se pencha en avant et prit à nouveau sa main. « Je suis désolé si ce que j'ai dit hier soir t'a blessée. Je n'avais aucune idée.

— Personne n'a la moindre idée, répondit-elle avec un sourire ironique. Ou plutôt, tout le monde est au courant de ce genre de chose mais personne n'en parle. Et je suis désolée de m'épancher à ce point. Cela faisait des années que je n'en avais parlé à personne.

— Donc la fois où on s'est rencontrés à Killarney, c'était peu de temps après…

— Oui et la raison pour laquelle Hollis était si protecteur est qu'il était l'une des seules personnes au courant. Il prenait son rôle de chevalier blanc très au sérieux.

— Et les affaires à régler que tu as mentionnées à Genève, ça a quelque chose à voir avec tout ça ?

— Oui. Je n'ai jamais abandonné l'idée de retrouver la trace de mon fils. J'ai même presque tenté de faire annuler l'ordonnance d'adoption, il y a de nombreuses années de cela. Mais tous les experts sur le sujet m'ont affirmé que l'arracher à la seule famille qu'il connaissait pourrait lui faire subir beaucoup de tort et je me suis juré d'attendre qu'il soit adulte avant d'essayer d'entrer en contact avec lui. »

Il était presque onze heures lorsque le flot de leurs paroles se tarit. « Nous avons tous les deux besoin de sommeil, déclara-t-elle. Tu as une journée chargée demain et tu devras avoir l'esprit alerte pendant ta visite à la Maison-Blanche. Je crois qu'il est temps de plier boutique. »

Elle resta là un moment sans rien dire et il s'approcha, comme pour l'embrasser.

« Tiens, tiens, vous voilà, les tourtereaux ! Jim a mentionné que vous logiez ici ! » C'était Fitzpatrick, l'air passablement éméché.

« Je rentrais chez moi et j'allais vous laisser un message à la réception mais c'est bien mieux ainsi. »

Sinéad se leva. « Désolée, Paul, je suis très fatiguée mais restez donc avec Jack. »

Paul tira une carte de son portefeuille et lui tendit. « Voici mon adresse. J'organise une fête chez moi pour la Saint-Patrick, demain soir. Ce n'est pas loin d'ici et j'aimerais que vous veniez tous les deux. Toute la fine fleur de Washington y sera. Curzon va venir, lui aussi, et Jim a dit qu'il passerait peut-être après le dîner à l'ambassade. »

— Merci, Paul, ce sera avec grand plaisir que je viendrai à votre soirée. À demain, alors »

Il l'observa d'un œil appréciateur tandis qu'elle se dirigeait vers l'ascenseur puis s'installa confortablement dans son fauteuil et se tourna vers Jack. « Tu caches bien ton jeu, McDonagh. Allez, vas-y, raconte.

— Il n'y a rien à raconter. Jim l'a recrutée pour diriger un groupe de travail et nous travaillons ensemble depuis. Nous sommes ici en mission pour le bureau, c'est tout.

— À d'autres. Je viens de vous voir en pleine conversation et ne me raconte pas qu'il était question de travail. Remarque, je ne te jette pas la pierre. Si mes penchants allaient dans ce sens, je la trouverais sans doute attirante. »

Jack lui adressa un regard perplexe. « Allons, McDonagh, tu devais être au courant. Une fois qu'on quitte notre petit paradis vert étouffant, on se rend compte qu'il existe plein de gens qui ne sont pas aussi coincés par rapport à ce genre de chose. »

Il se pencha en arrière dans son fauteuil et étira les bras au-dessus de sa tête.

« Alors, dis-moi, quels sont tes projets pour ce week-end ? Une escapade romantique ? Je peux te donner quelques conseils, si tu veux. »

Il marqua une pause, comme s'il cherchait de l'inspiration.

« Je connais l'endroit idéal où tu pourrais l'emmener : Monticello, la demeure de Thomas Jefferson, en Virginie. Vous pourriez faire l'aller-retour le même jour. Sinon, si tu veux quelque chose de vraiment romantique, vous pourriez faire la Skyline Drive et loger dans une auberge de luxe. Mais il faudrait qu'il fasse beau et ce n'est peut-être pas la meilleure idée à cette époque de l'année. Ah, et si tu aimes la musique, il y a un bon concert ici aussi dimanche soir au Kennedy Center ; Schubert, grand romantique devant l'Éternel. Je pourrais t'avoir des places, si tu veux. »

Il se leva soudain.

« Bon, écoute, je vois que tu es crevé et je ne veux pas te retenir. Pense à ce que je t'ai dit et n'oublie pas de venir à ma soirée. Je garderai un œil sur ta Sinéad jusqu'à ce que tu arrives.

— Ce n'est pas ma Sinéad », répondit Jack.

Une voiture de l'ambassade surmontée d'un drapeau irlandais discret attendait devant l'entrée de l'hôtel le lendemain matin lorsqu'il quitta la salle du petit-déjeuner. Il aperçut

Jim et l'ambassadeur en pleine conversation dans le hall d'entrée. Il ne vit ni Sinéad, ni Curzon et il se demanda ce qu'ils allaient faire toute la journée.

Mais il n'eut pas vraiment le temps d'y penser car Jim le poussa dans la voiture.

C'était la première fois que Jack se rendait à la Maison-Blanche. L'ambassadeur leur fit un exposé rapide au sujet du bâtiment et de son architecte né en Irlande, James Hoban. Jack n'apprit pas grand-chose de nouveau car il avait effectué des recherches pour le discours de Jim et avait même réussi à caser quelques traits d'humour sur le sujet. Jim n'avait visiblement pas lu le discours qu'il avait si soigneusement élaboré ; c'était rarement le cas mais Jack ne lui en voulait pas.

La cérémonie s'avéra très enjouée et peu formelle. Tout semblait avoir été décoré en vert, y compris la nourriture et les boissons. Jack consigna le tout dans son esprit, jusqu'aux uniformes vert émeraude des *girl scouts* qui leur présentèrent des cookies, afin de pouvoir raconter la journée à Sinéad lorsqu'il la reverrait. Le discours de Jim fut très bon, le dosage entre humour et politique savamment maîtrisé, et le président était d'excellente humeur. Il fut particulièrement ravi d'entendre Jim l'informer de l'importance du clan Reagan dans le comté de Cork.

L'étape suivante fut le Capitole et un déjeuner avec le *Speaker* de la Chambre des représentants suivi d'une réunion avec des membres du Congrès et des sénateurs puis un retour en coup de vent à l'hôtel avant le dîner organisé à la résidence de l'ambassadeur.

Jack eut la tête ailleurs pendant une grande partie du dîner et le décalage horaire se mit à nouveau à se faire ressentir.

Heureusement, il était assis à côté de l'épouse de l'un des ambassadeurs de l'Union européenne qui le divertit avec des ragots salaces au sujet de tous les convives présents malgré les regards noirs qui lui jetait son mari, dont la réputation de coureur de jupons n'était un secret pour personne.

À son grand soulagement, ils quittèrent la réception relativement tôt et Jim demanda à leur chauffeur de les déposer chez Fitzpatrick.

La soirée battait son plein lorsqu'ils arrivèrent. *Me and Julio Down by the Schoolyard* de Simon et Garfunkel retentissait sur la sono et il aperçut Sinéad en train de danser avec Fitzpatrick, clairement en train de passer un bon moment. Il les regarda tandis qu'ils exécutaient une espèce de jive. Il dut reconnaître que Fitzer dansait très bien et qu'ils formaient un beau couple. Elle portait une jupe plissée noire qui tournoyait en dansant et un haut noir élégant parsemé de ce qui ressemblait à de minuscules feuilles vertes. À la fin du morceau, elle aperçut Jack et lui fit un signe de la main. Fitzpatrick baissa la musique et vint les accueillir. Il adressa un clin d'œil à Jack et prit Jim par le bras, l'entraînant en direction d'un groupe de stagiaires qui se tenaient dans un coin de la pièce, l'air quelque peu emprunté.

Quelqu'un remit le volume et les premières notes de *Scarborough Fair* se firent entendre. Il vit du coin de l'œil un type s'avancer en direction de Sinéad. « Désolé, elle m'a promis cette danse », lui annonça-t-il en prenant la main de Sinéad et en la guidant vers l'espace désigné à cet effet, laissant son rival planté bouche bée. « Ce n'était pas très sympa de ta part, fit-elle remarquer.

— Tu préfères danser avec lui ? »

Elle secoua la tête avant de se rapprocher, plaçant ses mains sur ses épaules.

À chaque fois qu'il entendait ce morceau par la suite, il avait envie de se recroqueviller sur lui-même et de pleurer mais, ce soir-là, il s'y laissa complètement aller, au point de ne plus ressentir que la frêle présence dans ses bras, la douceur de ses cheveux contre sa joue, le sentiment de tomber follement et éperdument amoureux.

Ils s'échappèrent dès qu'il leur fut décemment possible de le faire et ils retournèrent à l'hôtel. Il n'y eut pas besoin d'en parler ; il la suivit jusqu'à sa chambre. Lorsqu'ils entrèrent, il la prit dans ses bras et ils s'approchèrent du lit. Il la posa dessus avec douceur et se mit à la déshabiller. « Je n'ai pas dormi la nuit dernière, je n'ai fait que penser à toi », dit-il tandis qu'ils commencèrent à faire l'amour. Il n'y eut pas la moindre gêne ; de la passion, bien sûr, mais également de la joie, de la tendresse et une harmonie totale et merveilleuse. Plus tard, affalés sur les oreillers, il essuya du pouce une larme qui coulait le long de la joue de Sinéad.

« Tu pleures ? lui demanda-t-il.

— Des larmes heureuses, dit-elle. De soulagement. »

Ils commandèrent le petit-déjeuner et le prirent dans la chambre, assis sur le lit en tailleur, évoquant leurs projets pour le reste du week-end. Lorsqu'il mentionna Monticello, elle éclata de rire et alla chercher quelque chose dans son sac à main. Dans son peignoir de bain molletonné qui faisait au moins deux tailles de trop, elle semblait plus petite, plus fragile. « Toi, tu as parlé à Paul, dit-elle en agitant une brochure. Il me l'a également suggéré. J'ai demandé quelques guides touristiques au concierge hier. Frank voulait visiter le Smithsonian aujourd'hui et aller à un concert demain soir donc je lui ai dit qu'on s'organiserait aujourd'hui. J'aimerais vraiment aller au concert si nous sommes de retour à temps. Qu'est-ce que tu en penses ?

— Curzon peut aller visiter le Smithsonian et tous les musées qu'il veut. Nous allons à Monticello et, si tu le veux vraiment et que nous sommes rentrés à temps, le concert me va très bien. Je vais descendre louer une voiture. Prépare-toi et prends un petit sac avec des affaires au cas où on loge quelque part pour la nuit. Rendez-vous dans le hall d'entrée dans une demi-heure. »

Il ramassa ses vêtements, qui formaient un tas sur la moquette depuis la nuit précédente, s'habilla en vitesse puis s'en alla, déposant un baiser au sommet de son crâne avant de la quitter. Tandis qu'il refermait la porte derrière lui, elle était déjà en train de s'arranger avec Curzon au téléphone pour les places de concert.

Une heure plus tard ils étaient en route pour Monticello. Il faisait froid mais le ciel était dégagé. Ils décidèrent de suivre le trajet plus long en suivant l'Interstate 66 jusqu'à Front Royal avant de poursuivre le long de la Skyline Drive qui traverse le parc national de Shenandoah. Sinéad triturait la radio pendant que Jack conduisait et, lorsque Simon et Garfunkel résonnèrent dans la voiture, ils échangèrent un regard et éclatèrent de rire.

Tandis qu'ils laissaient la ville derrière eux et approchaient des confins du parc national, la vue devint rapidement spectaculaire malgré la saison.

« Arrête-toi ici ! dit-elle soudain. Le guide dit qu'il y a une chute d'eau très proche de la route. » Jack se gara sur le belvédère et ils sortirent du véhicule. « Regarde », dit-elle en souriant et en pointant du doigt la seule autre voiture garée là, dont la plaque d'immatriculation déclarait fièrement *Virginia is for Lovers*[12]. Ils descendirent la pente jusqu'aux chutes de Dark Hollow, amusés par les panneaux les avertissant de la présence d'ours bruns et de dindons sauvages, croisant à un moment donné un couple de randonneurs aux visages empourprés qui remontaient en direction du belvédère.

Lorsqu'il fallut gravir la pente en sens inverse, ce fut plus ardu que prévu et ils étaient à bout de souffle en arrivant à leur véhicule. Sinéad sortit des viennoiseries qu'elle avait mises de côté au petit-déjeuner et ils les grignotèrent, bras dessus-dessous.

« Regarde, il pleut là-bas et de l'autre côté, le ciel est bleu. » D'un geste du bras, elle brassa l'horizon au-dessus des cimes des arbres.

« Mmm, marmonna-t-il. C'est comme en Irlande. Tu vois le lutin ? » Elle rit et l'embrassa, balayant les miettes de sa bouche.

Ils reprirent la route jusqu'au Hogback Overlook, d'où ils purent admirer la rivière Shenandoah qui taillait son tracé à travers une vaste étendue de verdure luxuriante, jusqu'aux monts Blue Ridge au loin, recouverts d'un épais linceul de brume. Des touches de couleurs vives agrémentaient le paysage ici et là, où apparaissaient des bosquets de laurier des montagnes et de fleurs sauvages.

---

12 « La Virginie appartient aux amoureux » (N.D.T.)

« Tu te souviens du film *Shenandoah* ? D'après mon bouquin, il a été tourné sur les pentes de ces montagnes. Ça doit être magnifique en automne, quand les couleurs changent.

— On reviendra », lui chuchota-t-il à l'oreille, l'entourant de ses bras et plongeant son visage dans sa chevelure.

Ils firent une brève halte dans un chalet pour y manger un morceau. Des feux de bois crépitaient dans les coins de la pièce, des puzzles ornaient les tables et de grandes baies vitrées permettaient de profiter de la vue. Il était clair qu'ils n'arriveraient pas à Monticello avant l'heure de fermeture.

« Allons à Charlottesville, on y trouvera un endroit où passer la nuit », dit Jack. Tandis qu'ils quittaient la Skyline Drive et s'approchaient de la ville, la nuit tomba et il se mit à pleuvoir à grosses gouttes. Ils distinguèrent tout juste l'enseigne au néon d'un motel, un peu plus loin sur la route.

« Un long trajet en voiture et un orage. Pourquoi cela me fait-il penser au Bates Motel ? observa Sinéad.

— Tu regardes trop de films hollywoodiens, répondit-il en riant. J'espérais plutôt trouver une auberge de luxe. »

Mais elle voulait descendre dans un motel et l'endroit finit par s'avérer tout à fait correct. Le lit était un peu bosselé mais la chambre était propre et spacieuse, il n'y avait pas de psychopathe caché dans la douche et il était pratique de pouvoir se garer juste devant la porte de la chambre. Ils étaient tous deux épuisés du fait du décalage horaire, de l'émotion et de la nuit quasi blanche précédente. Ils se contentèrent de se rendre dans un *diner* à proximité pour manger un morceau en vitesse avant de regarder la télé dans leur chambre comme deux écoliers qui faisaient l'école buissonnière et de s'endormir dans les bras l'un de l'autre.

Chapitre dix-sept

Monticello

Le matin suivant, Jack se réveilla tôt et contempla Sinéad en train de dormir à ses côtés. Il ne ressentait ni l'irritation ni la culpabilité qui suivaient généralement ses aventures d'un soir, cette sensation qu'il aurait dû s'éclipser au beau milieu de la nuit, cette appréhension de la gêne inévitable qui allait s'ensuivre – ou, pire encore, des larmes. Il ne ressentait pas non plus cette résignation torpide, qu'il ne connaissait que trop bien, lorsqu'il se réveillait auprès de la personne qu'il avait épousée pour toutes les mauvaises raisons et qu'il se rendait compte que rien n'irait jamais mieux.

Il caressa doucement les cheveux de Sinéad et bannit de son esprit toute spéculation au sujet de ce qui allait se passer maintenant. Ils trouveraient une solution. Il le fallait. Tout irait bien.

Elle ouvrit les yeux et l'attira vers elle. Elle se pressa contre lui et chuchota : « *Pancakes* au sirop d'érable.

— Quoi ?

— Un vrai petit-déjeuner américain. Tu n'as pas faim ?

— Si mais je n'ai pas envie de sortir. Je veux rester ici au lit avec toi. Je t'avais dit qu'on aurait dû descendre dans un bon hôtel ; on aurait pu appeler le service de chambre.

— L'expérience américaine authentique est bien plus intéressante », rétorqua-t-elle en repoussant la couverture et en se dirigeant vers la salle de bains. Il la suivit dans la douche en grommelant. Il s'efforça de ne pas bouger tandis qu'elle lui passait du gel douche et du shampooing puis la fit pivoter sur elle-même et se mit à lui laver le dos.

« Excusez ma maladresse, Madame, dit-il. C'est ma première fois.

— Menteur », répondit-elle, décrochant la pomme de douche de son crochet et orientant le jet d'eau vers lui. Mais c'était la vérité. Il n'avait jamais pris de douche avec une femme, pas même la sienne, et il se dit que c'était sans doute parce qu'il n'avait jamais connu un tel degré d'intimité naturelle et spontanée avec qui que ce soit.

« À ce rythme, nous n'arriverons jamais à Monticello, murmura-t-il, l'entourant de ses bras et plongeant son visage dans sa chevelure mouillée. Et quelle importance ? »

Il était dix heures lorsqu'ils quittèrent le motel et se rendirent au *diner*. Il observa Sinéad s'attaquer à un monticule de *pancakes* aux myrtilles recouvertes de sirop d'érable.

« J'y ai pris goût quand j'ai travaillé comme serveuse dans le New Hampshire. C'était la seule nourriture correcte qu'on nous servait, tous les matins, au petit-déjeuner. Tiens », dit-elle en enfourchant un morceau et en lui tendant pour qu'il le goûte. Il essaya de saisir la fourchette mais elle la retira et le sirop d'érable coula le long de son menton pendant qu'il s'efforçait de garder en main le morceau de *pancake*. Sinéad se laissa tomber en arrière sur sa chaise et éclata de rire.

« J'aurais dû amener mon appareil photo ! »

Elle se pencha à nouveau vers lui et lui essuya le visage avec une serviette. Il lui prit la main et la tint un instant puis embrassa le bout de ses doigts.

« Voilà qui est mieux, déclara-t-elle. Maintenant, en route pour Monticello.

— Attends, dit-il. Promets-moi une chose avant qu'on parte.

— Ça a l'air sérieux.

— Je suis sérieux, Sinéad. Promets-moi… » Il hésita. « Promets-moi que quoi qu'il arrive après ce séjour, où que nous soyons et avec qui, promets-moi que nous nous retrouverons à Washington à la Saint-Patrick.

— Quand ça ?

— Oh, je ne sais pas. Que dirais-tu de l'an 2000 ?

— Ça semble éloigné d'un siècle ! J'ignorais que tu étais un romantique, Jack McDonagh. »

Lorsqu'elle vit son expression, elle sourit et prit sa main dans la sienne. « Bon, d'accord, très bien, ne prends pas cet air de chien battu. Je te le promets. Tu es content, maintenant ? »

★

« Si tu vas à Monticello, ne mentionne pas l'esclavage. Tout y est centré autour de la vie, de la liberté et de la recherche du bonheur, maintenant ! » lui avait dit Fitzpatrick lors de sa soirée. Et il ne le fit pas ; personne ne le fit, surtout pas les deux couples américains d'âge mûr venus d'Oregon qui leur adressaient des sourires bienveillants sans arrêt, s'imaginant sans doute qu'ils étaient en lune de miel.

D'après leur jeune guide qui maîtrisait bien son sujet, Jefferson avait disposé l'édifice suivant les préceptes de Palladio, selon lesquels les plus beaux atours étaient bien en évidence et les parties « moins avenantes » étaient placées de manière à apparaître le moins possible. « La meilleure façon de faire, chuchota Jack à l'adresse de Sinéad, lorsqu'une petite armée d'esclaves s'affaire dans les cuisines pour préparer vos repas.

— Je ne suis pas née le bon siècle. Je pourrais tout à fait vivre ici », commenta Sinéad tandis qu'ils suivaient le guide et admiraient le bureau de Jefferson et la pièce du dôme. La demeure était imposante, bien entendu, mais il se dégageait autre chose de l'endroit que Jack n'arrivait pas tout à fait à identifier ; une impression de paix et de quiétude.

Une fois la visite guidée terminée, ils s'assirent sur un banc dans le jardin ouest, s'imprégnant de l'atmosphère des lieux.

« Dommage que les iris ne soient pas encore en fleur, regretta Sinéad. Je les adore. Et j'aurais aimé voir les iris tigrés dont parlait le guide. Comme par hasard, c'est un Irlandais qui les a données à Jefferson.

— Dommage qu'il faille s'en aller, dit Jack en s'étirant. Je pourrais vivre ici, moi aussi. » Il se leva et aida Sinéad à faire de même. « Il faut que je trouve quelque chose pour mes filles. Allons voir à la boutique avant de partir. »

Sinéad lui suggéra une maquette en papier de la demeure à monter soi-même et des albums de coloriage, évitant tout ce qui était trop clairement pour filles. Pendant qu'il passait à la caisse, elle fit le tour de la boutique et prit des paquets de graines. « J'ignorais qu'on pouvait faire pousser ces fleurs à partir de graines. Un pour toi, un pour moi, dit-elle en lui en tendant un.

— Tu n'as même pas de jardin !

— Pas pour l'instant, non, mais je connais l'endroit idéal pour les planter. »

Ils prirent le chemin direct pour Washington et arrivèrent juste à temps pour se préparer pour le concert. Ce ne fut que lorsqu'ils retrouvèrent Curzon dans le hall d'entrée de l'hôtel que Jack se rendit compte qu'il n'avait pas la moindre idée de ce qu'ils allaient entendre.

Lorsqu'ils arrivèrent au JFK Center, Curzon les mena sur la terrasse qui surplombait la rivière Potomac et leur parla du programme.

« C'est une vraie chance d'avoir l'opportunité d'écouter Brendel jouer ici. Surtout du Schubert ; pour moi, personne ne joue Schubert comme il le fait. Connaissez-vous les trois dernières sonates, Jack ? » s'enquit-il. Jack secoua la tête.

Sa famille, contrairement à celle de Sinéad, ne s'intéressait pas ou peu à la musique classique et elle n'avait pas non plus occupé une grande place dans ses enseignements. Lorna et lui se rendaient de temps à autre à des concerts mais il s'agissait en fait d'événements sociaux dont l'objet était de voir et d'être vus, organisés par Sarah la plupart du temps.

« Les personnes qui ne les connaissent pas bien les trouvent parfois assez complexes à l'écoute », affirma Curzon, ce que Jack trouva un peu prétentieux. Il faisait froid et un avion passa au-dessus de leurs têtes, volant assez bas et rendant toute conversation impossible. Ils retournèrent dans l'imposant foyer des spectateurs et Curzon leur expliqua que le bâtiment avait été bâti comme une sorte de « boîte encastrée dans une autre boîte », principalement pour l'isoler du bruit des avions, car l'aéroport ne se trouvait pas loin.

Tandis qu'ils admiraient les seize chandeliers suédois, Jack se tint derrière Sinéad et passa délicatement ses lèvres sur sa nuque, ce qu'elle feignit de ne pas remarquer. Ensuite, lorsqu'ils s'arrêtèrent devant l'imposante statue de bronze de John F. Kennedy, Curzon tendit sa caméra à un employé du centre et lui demanda de prendre une photo d'eux devant elle. Jack avait toujours cette photo dans son bureau, nichée derrière une rangée de livres. Trois personnes souriantes qui passaient une soirée agréable, ignorant tout de l'orage qui se profilait à l'horizon. Lui qui tentait de saisir la main de Sinéad sans que Curzon s'en aperçoive.

Il ne trouva pas les sonates compliquées à écouter du tout et il aimait à penser que la passion qu'il développa sur le tard pour la musique naquit lors de ce concert ; ou peut-être était-ce lorsqu'il avait vu Sinéad penchée en avant, subjuguée, tandis que Brendel jouait un *Impromptu* magnifique en guise de bis. C'était sans doute le plus beau morceau qu'il avait entendu de sa vie. La chevelure de Sinéad, cette merveilleuse chevelure épaisse dans laquelle il aimait passer ses doigts, recouvrit l'un de ses yeux et elle la rejeta en arrière puis se tourna vers lui et indiqua son bras. « Chair de poule », chuchota-t-elle. Il remonta la manche de sa chemise et montra le sien à son tour. « Pareil. »

« J'adore cet *Impromptu*, dit-elle tandis qu'ils regagnaient l'hôtel. Un jour, un ami m'en a donné la partition et j'ai toujours eu pour ambition d'être capable de le jouer.

— Vous devez très bien jouer pour vous y attaquer, commenta Curzon. Plus le morceau a l'air simple, plus il est difficile de le jouer correctement.

— Je me suis remise au piano lorsque je vivais à Genève, expliqua-t-elle, et peu à peu j'ai retrouvé le niveau que j'avais lorsque j'ai arrêté, à treize ans, mais il me faudra encore un certain temps avant d'être en mesure de jouer du Schubert. »

Curzon, qui était un violoniste amateur assidu – y avait-il donc quelque chose que cet homme ne sache pas faire, se demanda Jack – proposa de lui présenter un excellent professeur à Dublin, ce qui parut la ravir.

Jack suggéra d'aller boire un verre au bar mais Sinéad fit non de la tête.

« Il est tard, Jack, dit-elle. Je suis épuisée et nous avons une réunion demain. Tu n'avais pas oublié ? Mais si Frank et toi… »

Frank secoua la tête et ils se rendirent ensemble à l'ascenseur. Ils étaient tous au même étage. La chambre de Curzon n'était qu'à quelques portes de celle de Sinéad tandis que celle de Jack se trouvait au bout du couloir donc il leur souhaita une bonne nuit et se rendit directement à sa chambre. Il attendit quelques minutes et se demanda s'il valait mieux appeler Sinéad d'abord puis finit par sortir dans le couloir. S'il croisait Curzon, il lui dirait qu'il devait aller chercher quelque chose à la réception. Il frappa doucement à la porte de Sinéad et elle lui ouvrit presque immédiatement, plaçant un doigt sur ses lèvres alors qu'il entrait.

« À quel point es-tu fatiguée ? » dit-il en la prenant dans ses bras. Elle s'écarta de lui et s'assit sur le bord du lit. « Qu'est-ce qui ne va pas ? voulut-il savoir.

— Rien, répondit-elle. C'est juste… les deux derniers jours ont été plutôt intenses et je ne sais pas trop où ça nous mène. Tu es marié, tu as des enfants… »

Jack laissa échapper un soupir et s'assit à côté d'elle. « Je sais, Sinéad, et il faut qu'on en parle. Mais ce n'est sans doute pas le moment idéal.

— Tu as raison. On a tous les deux besoin de sommeil et de se vider la tête avant demain. Ça te dérangerait de dormir dans ta chambre ? » Elle lui adressa un sourire presque confus et il dissimula sa déception en l'embrassant sur la joue.

« Bien sûr que non. » Alors qu'il se dirigeait vers la porte, il se retourna et lui dit : « Je suis vraiment heureux de t'avoir rencontrée à nouveau, Sinéad.

Moi aussi, Jack », répondit-elle et ils s'étreignirent un long moment.

★

Il se réveilla le matin suivant en proie à un désespoir grandissant à l'idée de rentrer chez lui. Leur réunion avec des homologues américains pétris de bonnes intentions n'eut rien de remarquable, confirmant ses soupçons selon lesquels Jim l'avait suggérée uniquement pour leur permettre de rester un peu plus longtemps à Washington.

Ils durent partir en milieu d'après-midi car un vol de correspondance les attendait à New York. Comme Curzon voyageait avec eux, ils n'eurent pas l'occasion de se parler en privé pendant les deux vols. Tandis qu'il essayait de dormir, il comprit qu'il en serait également ainsi à Dublin, chose à laquelle il avait préféré éviter de penser pendant le séjour aux États-Unis. Il n'était donc pas de bonne humeur lorsqu'ils atterrirent à l'aéroport de Dublin et encore moins lorsqu'il entendit un cri perçant alors qu'ils quittaient l'aire de livraison des bagages.

« Papa ! » Il vit d'abord Fiona en train de courir vers lui, apercevant ensuite Lorna qui se tenait nettement en retrait, Isabelle dans ses bras. Lorna ne venait jamais l'accueillir à l'aéroport. Il n'osa pas adresser le moindre regard à Sinéad. Il se pencha et ramassa Fiona qui enfouit sa tête dans son cou, lui donnant un peu de temps pour rassembler ses pensées avant de se rendre auprès de son épouse, qu'il embrassa sur la joue, se tournant ensuite vers Sinéad et Curzon pour faire les présentations. Ils échangèrent tous des poignées de mains, Fiona toujours agrippée à son père.

Curzon se tourna vers Jack : « Jack, vous souhaitez certainement ramener ces dames chez vous. Puis-je vous déposer quelque part, Sinéad ? Je vais aller me reposer un peu avant de me rendre au bureau. » Elle acquiesça, soulagée, et ils s'éloignèrent ensemble après avoir dit au revoir à tout le monde.

Jack s'efforça de se comporter aussi normalement que possible même si, intérieurement, il passait en revue les pires scénarios les uns après les autres mais toute conversation fut impossible dans la voiture car les deux filles papotèrent pendant tout le trajet. Lorna soupçonnait-elle quelque chose ? Mais comment le pourrait-elle ; il ne s'était rien passé avant Washington. Ceci étant, Fitzer avait remarqué à quel point ils étaient proches ; peut-être n'était-il pas le seul. Peut-être que quelqu'un lui en avait parlé.

Alors qu'ils remontaient l'allée qui menait à la maison, Lorna se tourna vers lui et dit : « Maman a appelé hier et a suggéré que nous allions à l'aéroport ce matin pour te faire une surprise. Fiona a deux jours de libre et elle s'est dit que ce serait l'occasion pour nous de sortir un peu. » Il l'observa attentivement mais ne détecta pas la moindre trace d'ironie sur son visage. Il se tourna ensuite vers ses filles et leur dit : « Eh bien, merci les filles, c'était une très agréable surprise, juste ce qu'il me fallait après tout ce travail ennuyeux. »

À peine avait-il passé le pas de la porte que les petites se mirent à le harceler au sujet des cadeaux qu'il leur avait ramenés : il ouvrit donc sa valise dans l'entrée et en sortit la maquette qu'il avait achetée à Monticello. Bien qu'elles eussent l'air plutôt contentes et lui firent promettre de les aider à l'assembler ce soir-là, elles furent bien plus intéressées par les deux paquets de beurre de cacahuète recouvert de chocolat qu'il sortit de son attaché-case.

Il donna à Lorna le foulard de soie qu'il avait acheté la boutique de l'hôtel lorsque Sinéad n'était pas dans les parages. « Ce n'est pas un Hermès mais je trouve que les couleurs te vont bien. »

Comme ses filles étaient occupées avec leurs friandises, il se rendit à sa chambre pour se changer et faire un brin de toilette. Lorsqu'il sortit de la douche, il fut surpris de voir

Lorna qui se tenait près de la porte, arborant une attitude presque timide, triturant le foulard qu'elle avait drapé sur ses épaules.

« J'ai entendu Frank dire qu'il allait se rendre au bureau. Tu ne vas pas y aller maintenant, toi aussi ? Tu m'as manqué pendant ton voyage.

— Je suis vraiment désolé, Lorna, mais je n'ai pas le choix. Le patron est rentré avant nous, hier, et il s'attend à des rapports et à ce genre de chose. Tu le connais.

— Quelqu'un d'autre ne peut pas s'en occuper ? Cette femme qui travaille pour toi depuis peu, par exemple ? Sarah dit qu'elle est célibataire et n'a pas d'enfants donc elle n'a sans doute rien de mieux à faire. »

Il cessa de se sécher et la contempla. « Elle ne travaille pas pour moi, Lorna. C'est même plutôt le contraire. Et comment se fait-il que Sarah soit si bien renseignée au sujet de mes collègues et de ce qu'ils font ou ne font pas ? »

Elle haussa les épaules. « Tu connais Sarah. Elle veut toujours tout savoir. »

Il laissa échapper un soupir. « Tu ne devrais pas trop faire attention à ce que dit Sarah. Elle en sait beaucoup moins que ce qu'elle croit. »

Il déposa un baiser sur sa joue et lui dit : « J'essaierai de rentrer tôt pour jouer avec les filles avant qu'elles aillent se coucher. On pourrait regarder un film après ça ou même sortir si tu veux. À toi de voir. »

Elle lui adressa un sourire dont l'éclat lui parut quelque peu excessif puis elle quitta la pièce.

Il prit sa montre et consulta l'heure ; il était presque quatorze heures et il fallait absolument qu'il parle à Sinéad.

Il était presque quinze heures lorsqu'il arriva au bureau. Les ascenseurs étaient hors service à Hawkins House et il dut monter les neuf étages à pied. Lorsqu'il ouvrit la porte de son bureau, tentant de reprendre son souffle, Brenda leva les yeux, visiblement surprise. « Je ne m'attendais pas à vous voir aujourd'hui, Jack. Je pensais que vous seriez au repos après la nuit dans l'avion et le décalage horaire. Votre voyage s'est bien passé ?

— Oui, merci Brenda. Je vous raconterai ça plus tard. Il faut vraiment que je parle à Sinéad. Elle est là ? »

Brenda fit un signe de la tête en direction de la porte du bureau de Sinéad et lui dit qu'elle était occupée mais il l'ignora et entra sans frapper. Sinéad et Curzon étaient assis, en pleine conversation et surpris de le voir, de toute évidence.

« Bonjour, Frank, annonça-t-il. Désolé de faire irruption comme ça, mais je dois m'entretenir avec Sinéad. Au sujet du rapport », ajouta-t-il en réponse au regard perplexe de Frank.

Curzon se leva et sourit. « Oui, bien entendu, Jack. Je vous laisse. »

Il se tourna vers Sinéad et lui dit : « Bon courage. » Elle haussa les sourcils et grimaça. « Merci, je vais en avoir besoin. Je vous tiendrai au courant. »

Jack le regarda sortir et fermer la porte derrière lui.

« Vous avez l'air très copain-copain, tous les deux. Qu'est-ce qui se passe ? »

Elle se contenta pour toute réponse de secouer la tête et de lui adresser un regard légèrement amusé.

« Bon, très bien, désolé, ça ne me regarde pas, dit-il en levant les mains. Mais il faut vraiment que je te parle. »

Il marqua une pause et inspira profondément avant de poursuivre. « Écoute, Sinéad, ce qui s'est passé à Washington…

— Ne t'en fais pas, Jack, l'interrompit-elle, toute trace de sourire évanouie. C'était une erreur. Je savais dès le départ que tu étais marié. » Elle secoua lentement la tête et baissa les yeux vers ses mains. « Je ne sais pas ce qui m'a pris de pouvoir même envisager une liaison avec toi.

— N'utilise pas ce mot, je t'en prie ! répondit-il. Écoute, Sinéad, je suis venu cet après-midi pour te dire qu'en ce qui me concerne ce n'était pas une aventure d'un soir, une passade, ou quel que soit le terme que tu veux choisir. Et je ne veux pas d'une liaison avec toi ; je ne veux pas devoir me cacher. » Elle secoua à nouveau la tête et un long silence s'ensuivit. Il fit les cent pas autour de la pièce, avant de s'asseoir finalement dans le siège qui faisait face au sien.

« Je vais quitter Lorna. J'y pensais déjà longtemps avant de te rencontrer à nouveau, de toute manière. Ce ne sera pas facile et il me faudra du temps pour mettre certaines choses au point. Crois-tu pouvoir m'accorder ce temps ? »

Une fois de plus, elle secoua la tête.

« Tu dois bien réfléchir, Jack. Je ne veux pas que tu quittes ta femme à cause de moi. Si tu la quittes, il faut que ce soit parce que tu veux vraiment la quitter, un point c'est tout. Tu dois me laisser en dehors de ça. » Elle joua avec un stylo et baissa les yeux sur son bureau.

« Ce que je suis en train de te dire, c'est que nous ne pouvons pas continuer. Je pense vraiment qu'il vaut mieux que nous ne nous voyions pas en dehors du travail pendant un moment, jusqu'à ce que les choses soient claires dans ton esprit et que tu aies fait ce que tu estimes devoir faire. » Elle laissa échapper un soupir.

« Bref, j'ai pris deux jours de congé car j'ai moi aussi des choses à régler. Je me suis mise d'accord avec Frank et nous avons modifié la date de la prochaine réunion du groupe de travail pour avoir le temps de rédiger les rapports concernant les séjours à Bruxelles et à Washington. »

Elle se leva et se mit à rassembler des documents. « Nous discuterons à nouveau dans quelques jours. »

Quelqu'un frappa à la porte et Brenda entra dans le bureau. Elle avait certainement perçu l'ambiance qui régnait dans la pièce mais elle ne cilla pas. « Désolée de vous déranger, Sinéad, mais Jim souhaiterait vous voir un instant. Il est dans son bureau. »

Sinéad quitta rapidement la pièce. Lorsqu'elle fut partie, Brenda lui demanda : « Est-ce que tout va bien, Jack ?

— Bien sûr que tout va bien, répliqua-t-il sèchement. Désolé Brenda, la fatigue due au décalage horaire, c'est tout.

— C'est toujours pire lorsqu'on voyage vers l'est », fit-elle remarquer. « Sinéad prend quelques jours de congé et je crois que Jim sera en déplacement demain. Peut-être pourriez-vous vous détendre un peu, vous aussi. Restez chez vous avec vos enfants, je peux vous appeler en cas d'urgence. »

Il traîna au bureau un moment mais il ne vit Sinéad nulle part. Il se demanda pourquoi elle avait pris deux jours de congé et pourquoi elle ne lui avait rien dit. Il pensa brièvement à poser la question à Brenda mais il craignait d'éveiller ses soupçons, même s'il était relativement certain qu'elle ne le verrait pas d'un mauvais œil. En rentrant du bureau ce soir-là, il passa par Merrion Square et se gara non loin de l'immeuble dans lequel se trouvait l'appartement de Sinéad. Il était resté là une demi-heure, sans doute, écoutant la radio et observant les lumières dans les bureaux s'éteindre une par une, jusqu'à ce que l'immeuble tout entier soit dans l'obscurité et que tous ses occupants semblent en être partis. Il était sur le point de s'en aller lorsqu'une lumière s'alluma au dernier étage. Il se demanda comment elle était entrée sans qu'il ne l'aperçoive puis se souvint qu'il y avait un parking à l'arrière. Mais elle n'avait pas de voiture, ce qui voulait dire que quelqu'un l'avait ramenée chez elle. Pourquoi à l'arrière ? Cela signifiait-il qu'elle ne voulait pas être vue ? Était-elle accompagnée et, si oui, de qui ? Il envisagea brièvement de se rendre à une cabine téléphonique et de l'appeler mais il finit par se dire de cesser d'être paranoïaque.

Lorsqu'il arriva à la maison, les filles avaient ouvert la maquette de Monticello et la table de la salle à manger était jonchée de pièces. « Maman a dit qu'on devait le faire avec toi », annonça Fiona, qui scrutait le manuel d'instructions qu'elle avait sorti de la boîte bien qu'elle ne sache pas encore lire.

L'assemblage de la maquette était assez complexe, bien trop complexe pour ses enfants, mais il se plongea dans la tâche avec enthousiasme car cela lui permit de ne pas penser à Sinéad et il dut reconnaître que le résultat final était plutôt impressionnant. Les filles poussèrent des « Oh » et des « Ah » et déclarèrent qu'elles voulaient une maison comme celle-là un jour. Lorna entra dans la pièce. « Quelle magnifique maison ! s'exclama-t-elle.

— Papa y est allé quand il était en Amérique, répondit Fiona, et il a dit que, si on était sage, il nous y emmènerait un jour. »

Lorna ramassa la boîte et lut la description au dos. « Mais elle se trouve en Virginie. Je croyais que tu étais à Washington.

— Oh, ce n'est pas loin. Nous avions du temps libre pendant le week-end donc nous avons loué une voiture et nous y avons tous passé la journée, dit-il. Mettons-la ici, sur l'étagère », suggéra-t-il à Fiona en se tournant vers elle. Sa fille grimpa sur une chaise et il lui tendit la maquette qu'elle plaça avec soin sur la bibliothèque, à côté de la cheminée. Elle sauta ensuite dans ses bras et il la porta jusqu'à la cuisine. « Qu'est-ce que tu aimerais ?

— Des pâtes ! » s'écria-t-elle. Isabelle, qui les suivait à petites foulées, dit : « Moi aussi, mange des pâtes ! »

Le temps qu'il prépare les pâtes, leur donne un bain et les mette au lit en leur lisant une histoire, il était presque neuf heures du soir et il s'assit avec Lorna devant la télé pour regarder les nouvelles en grignotant un en-cas.

« Tu te souviens de Paul Fitzpatrick ? » lui demanda-t-il lorsque le journal télévisé fut terminé.

Lorna fronça les sourcils. « Vous étiez à l'école ensemble, non ? Celui que tu appelais Fitzer ?

— Oui. Il est à Washington, maintenant. On l'a rencontré à l'aéroport. Il a eu un bon poste là-bas. »

Il s'abstint de mentionner la soirée mais il lui raconta la cérémonie à la Maison-Blanche. Elle l'écouta poliment, comme elle le faisait toujours lorsqu'il parlait de choses qui ne touchaient pas au cercle familial.

« Curzon a eu des billets pour un très bon concert, poursuivit-il. Du Schubert. Un pianiste du nom de Brendel.

— Oh. Allemand ?

— Non, autrichien. Tu sais, je me disais qu'on devrait peut-être mettre les filles au piano pour voir si ça leur plaît. Je vais même peut-être m'y mettre moi-même. »

Tôt le matin suivant, il appela le bureau pour dire à Brenda qu'il avait décidé de suivre son conseil et de passer un peu de temps avec ses enfants et il lui demanda de remplir son formulaire de congé pour lui. Il alla ensuite réveiller ses filles et leur demanda pendant le petit-déjeuner ce qu'elles souhaitaient faire. Fiona écarta du dos de la main les cheveux qui lui couvraient les yeux – elle se comportait parfois de manière très théâtrale ; il se demandait bien d'où cela pouvait venir –, léchant ses doigts couverts de confiture d'un air pensif avant de taper ses mains l'une contre l'autre et de faire des bruits de singe. Isabelle comprit immédiatement, se mit debout sur sa chaise et entonna à tue-tête : « Zoo, zoo ! »

Lorna lui adressa un regard éloquent ; il savait à quel point elle détestait se rendre au zoo. Elle n'aimait pas particulièrement les animaux en général et elle avait particulièrement horreur des bruits et des odeurs des enclos animaliers en intérieur. Elle décida finalement de rester à la maison car Pâques approchait et elle voulait que la maison soit impeccable au cas où des proches viendraient rendre visite. Elle aimait que tout ait l'air parfait.

Ils passèrent une excellente journée. Jack avait toujours adoré le zoo de Dublin. Les habitants du cru prétendaient qu'il s'agissait du meilleur zoo au monde mais, en ce qui le concernait, il voyait surtout cela comme une mythologie nationale ; Phoenix Park était le plus grand parc en Europe, O'Connell Street la rue la plus large dans le monde, le système éducatif irlandais n'avait nulle part son pareil et ainsi de suite. Cela dit, vu qu'il n'avait jamais eu l'occasion de visiter de zoo ailleurs qu'à Dublin, il était disposé à croire cette légende-là s'il le fallait.

Ils achetèrent aux vendeurs situés à l'extérieur des sachets de cacahuètes avant de se rendre au guichet. L'endroit préféré des filles était l'enclos des singes, suivi de près par l'enceinte qui contenait les lions (même si les grands félins les terrifiaient toutes les deux). Après avoir fait le tour des différents animaux, ils prirent un déjeuner qui n'avait rien d'équilibré, à base de hamburgers, de saucisses et de frites couvertes de ketchup, puis se rendirent au coin des animaux familiers. Il fallait payer un supplément pour cette activité, ce que ses parents avaient toujours refusé de faire lorsqu'il était enfant, donc il compensait en gâtant ses filles aujourd'hui. Pour finir, ils allèrent voir les phoques à l'heure où on leur donnait à manger. Isabelle était en proie à une vive excitation et criait : « Moi aussi nage, papa ! », obligeant Jack à la tenir fermement pour l'empêcher de se jeter à l'eau.

Ils regagnèrent la voiture car il leur avait promis une surprise. Il conduisit jusqu'à Sandymount, où il gara le véhicule puis ils prirent le train jusqu'à Howth. Les filles n'avaient encore jamais pris de train – Lorna n'aimait pas les transports en commun, elle ressentait de l'appréhension due à la proximité d'un grand nombre de gens – et elles donnèrent libre cours à leur enthousiasme en sautant sur place. Tandis qu'ils montaient dans le train, Jack aperçut une femme qu'il connaissait un peu plus loin dans la voiture, quelqu'un avec qui il avait eu une brève liaison environ un an plus tôt. Il s'éloigna le plus possible et fit de son mieux pour éviter son regard mais elle les vit et s'approcha de l'endroit où ils étaient assis.

« Jack ! Comment vas-tu ? Ça fait longtemps que je ne t'ai pas vu ! Et qui sont ces deux ravissantes demoiselles ? Je peux me joindre à vous ? » demanda-t-elle avant de s'asseoir à côté de Jack. Elle papota allègrement, souriant sans arrêt aux filles qui détournèrent le regard et refusèrent de lui adresser la parole. À son grand soulagement, elle descendit à Pearse Street, ce qui leur permit de profiter du reste du trajet en paix.

Ils firent le tour du port de Howth à pied et observèrent les pêcheurs décharger leurs prises puis ils reprirent le chemin de la gare et s'arrêtèrent pour une glace au stand haut en couleur qui se trouvait devant. Il aurait aimé gravir la colline et se promener le long des falaises, comme le faisait souvent Sinéad avec ses parents, mais c'était évidemment hors de question avec les petites.

De retour à Sandymount, il vit un fleuriste et suggéra aux filles d'aller acheter des fleurs pour leur mère. Pendant qu'elles étaient affairées à choisir les fleurs, il aperçut des iris et demanda à la vendeuse s'il serait possible de faire livrer le soir même un bouquet à une adresse à Dublin. « Voulez-vous inclure un mot ? » demanda-t-elle. Il prit une carte sur le présentoir à côté de la caisse et griffonna une note à la hâte. *S – Merci d'avoir partagé ton histoire avec moi. Ton fils a de la chance d'avoir une mère aussi formidable et je sais que, s'il te connaissait, il serait fier de toi. – J*

Une forte odeur de peinture flottait dans la maison lorsqu'ils rentrèrent enfin. Lorna était allongée sur le canapé, en train de lire un livre sur la décoration d'intérieur. Avec l'aide de son neveu, Fiachra, elle avait repeint les toilettes au rez-de-chaussée. Jack dut reconnaître qu'ils avaient fait de l'excellent travail ; Lorna était très douée pour ce genre de chose, très concentrée et habitée d'un perfectionnisme presque maladif.

« Je rassemblais tes vêtements pour le pressing et j'ai trouvé un paquet de graines dans une des poches », déclara-t-elle.

Son cœur tressaillit. « Ah oui, juste un petit quelque chose que j'ai trouvé à la boutique à Monticello. Des fleurs très inhabituelles. Je me suis dit qu'elles seraient très belles dans le jardin. Apparemment, c'est un Irlandais qui a offert les graines d'origine à Jefferson.

— Oui, eh bien j'ai lu sur le paquet que les choses qui ressemblent à des myrtilles peuvent être toxiques donc je vais les donner à quelqu'un qui n'a pas d'enfants. Si ça ne te dérange pas. »

« Qui était cette dame dans le train, papa ? Je ne l'aime pas. » La question de Fiona l'arracha à ses pensées et Lorna lui jeta un regard en haussant les sourcils.

« Isabelle ne l'aime pas non plus, n'est-ce pas Isabelle ? » Isabelle secoua la tête, l'air renfrogné. Elle ferait une bonne diplomate, se dit-il. Elle était toujours d'accord avec sa sœur devant les autres gens mais prête à la défier dès qu'elle avait le dos tourné.

« C'était une collègue de travail. À vrai dire, je ne l'aime pas beaucoup non plus. »

Plus tard, ce soir-là, il repensa à la réaction de ses filles et se demanda si les enfants ressentaient ce genre de chose, comment elles réagiraient s'il leur présentait Sinéad un jour.

Chapitre dix-huit

Lombard Street, Dublin
20 mars

Une queue se formait déjà devant Joyce House, à Lombard Street, lorsque Sinéad arriva. Margaret lui fit signe de la rejoindre et elle avança à sa hauteur, s'excusant auprès des gens qui attendaient derrière elle. « C'est le grand jour, alors ? » Sinéad opina du chef, submergée par une vague d'émotion et n'osant pas parler à voix haute. « N'oubliez pas ce que je vous ai dit la dernière fois. Soyez polie mais ferme. Ils ne peuvent pas vous empêcher d'effectuer des recherches mais ils peuvent vous compliquer la tâche. Et n'oubliez pas le crayon et le papier dans votre poche. » Sinéad avait fait connaissance avec Margaret quelques semaines auparavant lorsqu'elle s'était rendue à l'Office de l'état civil pour y demander une copie de l'acte de naissance de Lorcan. Tout avait été étonnamment facile ; elle n'avait eu à fournir que son nom et la date de naissance de son fils pour pouvoir le constater dans le registre, noir sur blanc. Lorcan Murray, né le 6 octobre 1970 à Blackrock dans le comté de Cork. Cela ne lui était bien entendu d'aucune utilité pour le retrouver mais elle avait besoin de le voir, de tenir le document entre ses mains et de se convaincre que cela s'était réellement produit et que ce n'avait pas été qu'un cauchemar. Une fois la redevance payée et la copie obtenue, elle demanda consulter le registre des adoptions mais la femme en face d'elle lui dit que quelqu'un se trouvait déjà dans la pièce et y serait sans doute toute la journée. Elle demanda alors si elle pouvait réserver une plage horaire afin d'effectuer ses recherches mais la femme secoua la tête et répondit qu'elle allait devoir revenir tenter sa chance.

Abattue, Sinéad tourna les talons mais, alors qu'elle se dirigeait vers la sortie, une femme qu'elle avait aperçue en train de parler à des personnes dans la file d'attente l'attrapa par la manche. « Excusez-moi ! » Elle avait l'air un peu plus âgée qu'elle, une pile de papiers sous le bras et un cabas dans l'autre main, qui semblait contenir lui aussi des documents officiels. « Je vous ai entendu dire que vous vouliez consulter le registre des adoptions. J'espère que ça ne vous ennuie pas si je vous pose la question mais souhaitez-vous en discuter ? Je peux peut-être vous aider. »

Sinéad hésita et la femme s'engouffra dans la brèche. « Je m'appelle Margaret Dwyer, j'aide des amis à effectuer des recherches. » Elle tendit à Sinéad une carte sur laquelle son numéro de téléphone avait été écrit à la main.

« Quel type de recherches ? voulut savoir Sinéad, intriguée.

— Des recherches ayant trait à l'adoption. Nous sommes toutes soit des mères biologiques à la recherche de leurs enfants adoptés soit des enfants adoptifs à la recherche de leurs parents naturels. Avez-vous le temps d'aller prendre un café ? Je suis ici depuis tôt ce matin et j'en meurs d'envie. »

Il y avait quelque chose chez cette femme qui la rendait immédiatement sympathique et Sinéad avait bien besoin d'un café, elle aussi. Elle l'accompagna le long de Westland Row et elles s'arrêtèrent au premier café sur leur chemin.

Il n'y avait quasiment personne à l'intérieur et elles s'assirent à une petite table dans un coin de la pièce. « Je préfère toujours m'asseoir dos au mur, déclara Margaret en souriant. Comme ça, personne ne peut me surprendre dans mon dos et me poignarder. »

Sinéad la dévisagea, sans trop savoir quelle réaction adopter. Margaret éclata de rire. « Je plaisante. Ne vous inquiétez pas, je suis sans doute paranoïaque mais pas – encore ! – diagnostiquée ! Qu'est-ce que je vous offre ? »

Sinéad protesta qu'elle allait payer mais Margaret l'ignora et se rendit au comptoir pour commander. Sinéad l'observa avec plus d'attention. Elle devait avoir la quarantaine et son style vestimentaire était légèrement bohémien. Si Sinéad avait dû se prononcer, elle aurait dit que Margaret était artiste ou qu'elle travaillait peut-être dans le théâtre.

« Et voilà », dit Margaret en plaçant une grande tasse de café fumante devant elle. « Vous en voulez un ? » demanda-t-elle en tendant vers Sinéad un paquet de biscuits Mikado qu'elle avait tiré de son cabas.

Sinéad hésita, consciente que la femme derrière le comptoir les observait, et se demanda pourquoi Margaret avait apporté ses propres biscuits dans un café.

« Pourquoi pas, après tout ? » dit-elle en prenant un biscuit. « Ça me rappelle de bons souvenirs, ajouta-t-elle.

Non, en fait, pas vraiment. Mon premier souvenir de Blackrock. »

Margaret la contempla l'espace d'un instant.

« Bon. Vous voulez parler ? Ou préférez-vous que je commence ?

— Allez-y », marmonna Sinéad, la bouche pleine de noix de coco rose, sucrée et collante.

Le récit de Margaret était très semblable au sien, hormis le fait qu'elle venait du comté de Wexford et que ses parents l'avaient envoyée dans un foyer à Dublin où elle était restée plus d'un an. « Mes parents ne pouvaient pas – ou ne voulaient pas – payer donc j'ai dû rester pour y travailler et payer la dette. Ma fille a été adoptée presque immédiatement après sa naissance. J'ai cherché sa trace pendant des années et un jour, l'an dernier, alors que je m'étais rendue au foyer pour la énième fois et que – comme d'habitude – je me heurtais à un mur, j'ai croisé le chemin d'une fille qui s'y était trouvée à la même époque que moi environ. Elle aussi effectuait des recherches et des contacts au Royaume-Uni lui avaient donné des conseils sur la meilleure façon de retrouver la trace de quelqu'un : nous avons décidé d'unir nos efforts. Et aujourd'hui nous formons un petit groupe de femmes, totalement officieux et amateur bien sûr, qui cherchent pour la plupart les enfants qu'elles ont fait adopter. Il y a aussi parmi nous quelques personnes plus jeunes qui sont à la recherche de leurs mères. Certaines des femmes que nous aidons savent à peine lire et écrire donc nous effectuons les recherches pour elles ; c'est pour ça que vous me verrez souvent à l'Office. Je connais le registre quasiment par cœur, maintenant. » Elle gratifia Sinéad d'un large sourire. « Vous ne pouvez pas imaginer certaines des histoires qu'on me raconte.

— Et… l'avez-vous retrouvée ? Votre fille ? »

— Oui, finalement j'y suis arrivée, déclara-t-elle d'un ton presque défiant. Mais elle ne souhaitait pas vraiment faire ma connaissance. Elle a été adoptée par une famille bien comme il faut et j'ai l'impression que je suis une source d'embarras pour elle.

— Mais vous l'avez rencontrée ?

— Deux fois, oui, brièvement. Elle était très mal à l'aise. Elle ne me ressemble pas du tout ; elle est grande, blonde, s'exprime bien. » Margaret esquissa une grimace.

« Elle changera peut-être d'avis. Lorsqu'elle aura ses propres enfants.

— Peut-être, répondit Margaret. Mais assez parlé de moi. Nous ne sommes pas là pour ça. Racontez-moi votre histoire et voyons si je peux faire quelque chose pour vous.

— Je ne sais pas par où commencer », dit Sinéad. Elle but une gorgée de café et s'efforça de résumer ce qui lui était arrivé.

Margaret l'écouta sans l'interrompre jusqu'au passage de son récit où elle avait quitté l'Irlande.

« Aviez-vous abandonné tout espoir à ce moment-là ? s'enquit-elle.

— Non, je n'ai jamais abandonné. D'ailleurs, deux ans plus tard, j'ai même pensé à faire appel à la justice pour le récupérer. Il y avait cette affaire à la Cour suprême…

— Oui, je m'en souviens, on en parlait beaucoup dans la presse. » Margaret marqua une pause et secoua la tête.

« Vous pourriez tenter quelque chose de ce genre mais je ne pense pas que ce soit une bonne idée, personnellement.

— Tout à fait, je suis d'accord. J'ai étudié tout ça et j'ai décidé de ne pas poursuivre dans cette voie. Au bout du compte, il m'a semblé qu'il ne s'agissait pas de la meilleure chose à faire pour mon fils. »

Margaret manifesta son approbation d'un hochement de tête. « Jusqu'où êtes-vous arrivée dans vos recherches ? voulut-elle savoir.

— Eh bien, tout ce que j'ai fait, à vrai dire, a été de me procurer tous les journaux officiels – vous savez, les publications du gouvernement qui établissent une liste de toutes les ordonnances d'adoption, *Iris Oifigiúil* – de la période de son adoption et je les ai parcourus à la recherche d'enfants portant le nom de Lorcan. Mais la tâche est immense et j'ai le sentiment de ne pas avancer.

— Avez-vous essayé de contacter l'agence d'adoption ? »

Sinéad leva les yeux au ciel. « Ne m'en parlez pas. Je suis allée les voir et je leur ai demandé de consigner officiellement dans son dossier une note indiquant que, si mon fils souhaite un jour retrouver ma trace, je n'ai aucune objection à ce qu'il me contacte.

— Et je suppose qu'ils ont refusé ?

— Ils m'ont dit que la loi ne contenait aucune disposition à ce sujet. Pour l'instant, ma stratégie consiste simplement à continuer à aller les voir pour leur montrer que je suis sérieuse, que je ne suis pas une forcenée qui va créer des problèmes. Mais c'est vraiment humiliant.

Il faudra que la loi change bientôt, fit remarquer Margaret. Cela fait un moment maintenant qu'au Royaume-Uni les personnes adoptées ont légalement le droit de rechercher leurs parents naturels. » Elle ajusta sa position sur sa chaise. « Bon, Sinéad, voici ce que vous devriez faire, à mon avis. Premièrement, oubliez *Iris Oifigiúil* pour l'instant, c'est une perte de temps. Dans la grande majorité des cas, les parents adoptifs donnent un nouveau prénom à l'enfant. C'est une façon de faire table rase du passé, d'éliminer toute trace de ses origines.

— Vous êtes certaine ? Certains d'entre eux doivent bien garder le nom, ne serait-ce qu'en tant que deuxième ou troisième prénom ? C'est ce que je ferais, en tout cas.

— N'oubliez pas que la période dont nous parlons est l'aube des années soixante-dix. Je sais que les choses ont changé depuis mais, à l'époque, beaucoup de gens tentaient de dissimuler le fait que leur enfant était adopté. Généralement à cause de l'idée reçue selon laquelle les mères étaient des femmes dissolues. Et n'oubliez pas que pour certains parents adoptifs, le fait de ne pas avoir d'enfants était également une marque d'infamie, surtout dans les zones rurales. » Elle pianota la table de ses doigts. « J'ai entendu parler de cas dans lesquels des gens faisaient même passer l'enfant pour le leur et la naissance était déclarée à leur nom. Il n'existe même pas d'acte de naissance véridique comme celui que vous avez obtenu aujourd'hui. Comme vous pouvez l'imaginer, cela rend toute recherche extrêmement difficile. » Elle marqua une pause.

« Mais revenons à votre cas. La prochaine étape qu'il vous faut entreprendre, c'est ce que vous avez tenté de faire aujourd'hui : cela vous aidera certainement à cibler vos recherches. La tâche est fastidieuse et demande un certain temps mais elle peut produire des résultats probants. Retournez à Lombard Street et demandez à consulter le registre des adoptions. Persuadez-les qu'il vous faut absolument un rendez-vous et ne lâchez pas prise jusqu'à ce qu'ils vous l'accordent. Certaines des personnes qui y travaillent sont très compréhensives ; la femme à qui vous avez parlé ce matin, par exemple. C'est quelqu'un de très bien même si elle ne donne pas cette impression. » Margaret saisit sa tasse et but une gorgée de café.

« Il n'y a qu'un tome qui traite de la période pendant laquelle votre enfant est né mais il couvre une durée d'environ vingt ans. Ce qui rend la chose fastidieuse, c'est que les adoptions sont notées dans l'ordre alphabétique du nom des parents adoptifs. Ce qui signifie qu'à moins de connaître leur nom – et si vous le connaissiez vous n'auriez pas besoin d'effectuer ces recherches – il vous faut parcourir le tome entier et prendre note de chaque enfant qui est né le même jour que le vôtre. Et il y a une règle ; vous n'avez pas le droit de prendre de notes, donc pas de papier ni de quoi écrire.

— Mais si l'on ne peut pas prendre de notes, comment est-on censé se souvenir des noms et des adresses. Combien de temps tout cela va-t-il prendre ? s'enquit Sinéad.

— Eh bien, les recherches pourraient prendre deux jours, cela dépend de la vitesse à laquelle vous êtes capable de lire. Cachez dans votre poche un bout de papier et de quoi écrire et à chaque fois que vous trouvez un enfant né à la bonne date, mémorisez son nom et demandez un peu plus tard à vous rendre aux toilettes. Une fois que vous y êtes, écrivez le nom et revenez dans la pièce. Sortir quatre ou cinq fois en l'espace de deux jours n'éveillerait pas de soupçons.

— Et cela réduira les recherches à combien d'enfants, environ ?

— Encore une fois, ça dépend du nombre de naissances illégitimes ce jour-là et du nombre d'enfants qui ont fini par être adoptés. C'est impossible à dire. En ce qui me concerne, j'ai eu de la chance, il n'y avait que trois enfants de sexe féminin nées le même jour que ma fille qui avaient été adoptées.

— Illégitime, bâtard, mère célibataire… bon sang, qu'est-ce que je déteste ces mots-là, pesta Sinéad. D'accord et ensuite ? J'aurai juste son nouveau prénom et le nom de ses parents adoptifs, c'est bien ça ? Pas d'adresse, ni rien ?

— Oui mais c'est là que l'*Iris Oifigiúil* entre dans la danse. Vous avez déjà toutes les pages à votre disposition donc tout ce qu'il vous reste à faire est établir une correspondance entre les noms de ces personnes et les ordonnances d'adoption de cette période. Vous connaissez la date à laquelle vous avez signé les documents d'adoption donc, ce que je ferais à votre place, c'est parcourir toutes les ordonnances émises cette année-là à partir de cette date. »

Sinéad inspira profondément et esquissa un sourire mais Margaret poursuivit.

« Ne vous emballez pas. À moins d'avoir beaucoup, beaucoup de chance, vous êtes encore loin d'en avoir terminé avec vos recherches. Disons que vous vous retrouviez avec cinq noms et adresses. L'adresse qui est publiée est celle où ils résidaient au moment de l'adoption de l'enfant. Mais c'était il y a combien de temps ? Quatorze ans ? Ils pourraient très bien avoir déménagé Dieu sait combien de fois. Il est possible qu'ils aient quitté le pays, qu'ils soient décédés, séparés… tout est possible. »

Sinéad se laissa retomber contre le dos de sa chaise, une foule de pensées se bousculant dans son esprit.

« Eh bien, si c'est de la patience qu'il faut, j'en ai à revendre. Cela fait longtemps que je me suis engagée sur cette voie. Et même si j'arrive à le retrouver assez rapidement, je ne ferai rien tant qu'il ne sera pas adulte. J'ai beaucoup lu à ce sujet et je n'ai absolument pas l'intention de me précipiter sans être préparée et de semer le chaos dans sa vie.

— C'est une bonne chose, commenta Margaret. C'est la bonne approche à adopter. J'ai lu beaucoup de choses aussi et je suis même retournée faire des études de psychologie pour être plus à même d'aider d'autres femmes.

— Vous êtes psychologue ? Si je l'avais su, j'aurais fait plus attention à ce que je disais », dit Sinéad en riant.

Margaret tira un livre de son cabas. « Avez-vous lu celui-ci ? Il s'appelle *The Adoption Triangle*. Je l'ai trouvé très utile. Il examine la question de tous les points de vue ; pas uniquement de celui de la mère biologique et de l'enfant mais aussi de celui de la famille adoptive. Il est essentiel de comprendre les manières dont peuvent être affectées toutes les personnes concernées. Beaucoup de gens ne réalisent pas à quel point cela peut s'avérer un terrain miné. Vous pouvez l'emprunter, si vous voulez, mais je dois vous prévenir : certains passages qui traitent des réunions sont très éprouvants. Ça ne se passe pas toujours bien, vous savez. »

Sinéad le prit en main et le feuilleta. « Il a l'air très intéressant, commenta-t-elle en sortant un carnet et en notant quelques informations. Je ne sais pas combien de temps je vais être en Irlande. J'irai chez le libraire tout à l'heure pour voir s'ils l'ont ; sinon, je le commanderai. Gardez-le pour quelqu'un d'autre, dit-elle en lui rendant le livre.

— Avez-vous réfléchi à la manière dont vous allez gérer cela de l'étranger ?

— Plus ou moins. Je travaille ici pour l'instant, de toute manière, mais je suppose que je pourrais éventuellement engager quelqu'un pour effectuer des recherches ici à ma place. J'ai toujours espoir que l'agence d'adoption se montrera coopérative.

— Je ne compterais pas là-dessus. Et évitez les détectives privés. Ils vous coûteront une fortune et vous devrez probablement faire le gros du travail vous-même. Et puis, nous sommes toujours là si vous avez besoin de nous. »

Une fois leur conversation terminée, Sinéad suivit les conseils de Margaret et retourna à Joyce House. Elle attendit qu'il n'y ait plus personne en train de faire la queue pour les actes de naissance et se rendit auprès de la femme qui s'était trouvée au guichet plus tôt, le cœur battant la chamade.

« Excusez-moi, je suis passée tout à l'heure. » Elle attendit que la femme lève la tête de la pile de documents qu'elle était en train de classer puis, arborant un grand sourire et s'efforçant d'être aussi charmante que possible, elle ajouta : « Je suis vraiment désolée de vous déranger mais je ne réside pas en Irlande, du moins pas de manière permanente, et je me demandais s'il était possible de réserver une période au cours de laquelle je pourrais consulter le registre des adoptions. » Elle sourit à nouveau. « Je sais qu'il ne s'agit pas là d'une requête courante mais vous serait-il possible de faire une exception dans mon cas ? Je vous en serais vraiment très reconnaissante. »

La femme la dévisagea un instant, sembla hésiter et jeta un regard alentour.

« Attendez-moi là une minute. Je vais voir si c'est possible. »

Elle s'absenta un moment et revint avec un agenda. « Je recommanderais le 20 mars, dit-elle à voix basse, et je pourrais aussi bloquer le 21 et le 22 au cas où il vous faudrait plus de temps. » Sinéad crut déceler une lueur de compréhension dans le regard de la femme et se demanda combien de fois elle avait effectué un tel geste pour quelqu'un dans sa situation.

*

Les portes s'ouvrirent et la queue se mit à avancer. Margaret lui donna une tape amicale dans le dos. « Bonne chance. Vous savez où me trouver si vous voulez discuter mais je suis certaine que vous vous en sortirez bien seule. »

Après s'être présentée à la personne au guichet, Sinéad fut menée dans une pièce qui ressemblait à une sorte de petite cour couverte, entourée de bureaux qui étaient tous dotés d'une fenêtre donnant sur la pièce. En son centre, un livre aux dimensions imposantes, rappelant un registre à l'ancienne, était posé sur une table. Pour tout autre mobilier, une chaise en bois. « Vous savez que vous n'êtes autorisée qu'à consulter le registre et qu'il est interdit de prendre des notes ? lui demanda la femme.

— Oui, merci, répondit Sinéad, malgré le petit calepin et le crayon dans sa poche.

— Les toilettes sont là si vous avez besoin de vous y rendre. La femme indiqua d'un geste une porte au bout du couloir. « S'il vous faut partir plus tôt que prévu, informez-nous-en au guichet. »

Elle referma silencieusement la porte derrière elle en quittant la pièce et Sinéad jeta un œil autour d'elle. Certains des bureaux étaient occupés mais les personnes qui s'y trouvaient semblaient toutes absorbées par leurs tâches respectives et personne ne lui prêtait attention. Elle tira la chaise et s'assit, inspira profondément, ouvrit le registre et se mit à parcourir les dates de naissance apposées aux noms de famille commençant par A, prenant soin de manipuler les pages le moins possible pour ne pas les abîmer.

Il ne lui fallut pas très longtemps pour trouver une fille née le 6 octobre 1970 et, presque immédiatement après cela, un garçon du nom de Gerald Barrett. La tête lui tournait un peu et elle se demanda s'il valait mieux sortir maintenant pour noter le nom ou attendre qu'elle en ait trouvé au moins deux. Elle se leva et fit le tour de la pièce pour se dégourdir les jambes Son regard croisa celui d'un homme qui se trouvait dans l'un des bureaux et qui l'observait. Il la salua d'un hochement de tête si léger qu'il aurait pu être le fruit de son imagination.

Elle s'assit à nouveau et se remit à la tâche. C, D, E, F… Il était presque l'heure du déjeuner lorsqu'elle atteignit la lettre H et elle se demanda si elle n'avait pas raté quelques noms. Elle avait trouvé deux autres filles dans l'intervalle Elle les ignora. Puis elle tomba sur un John Hogan dont la date de naissance correspondait et elle décida que le moment était venu de faire une pause. L'officine allait fermer à l'heure du déjeuner, de toute manière, donc le moment était bien choisi. Elle enfila son manteau, prit son sac à main et se rendit aux toilettes. Une fois dans le cabinet, elle sortit son calepin et son crayon et écrivit à la hâte les noms des deux garçons, terrifiée à l'idée de ne pas les écrire correctement ; *Gerald Barrett, John Hogan.*

Elle respira profondément avant de sortir, informant la personne au guichet qu'elle reviendrait plus tard.

Cet après-midi-là, Sinéad était la première personne à faire la queue à l'ouverture et la femme lui fit signe de se rendre dans la pièce du registre.

L'après-midi fut moins productif ; elle ne trouva qu'un autre garçon avant de suspendre ses recherches à la lettre N. Elle avait des courbatures à force d'être assise dans la même position tout ce temps et elle avait mal aux yeux. Le soir venu, elle regagna lentement son appartement à pied et se demanda si tout cela en vaudrait vraiment la peine. Elle ignora la pile de documents posée sur sa table, grignota quelque chose et tenta de trouver le sommeil.

Elle se remit au travail le lendemain matin, revigorée. Elle trouva très rapidement deux noms à la lettre O – ce qui n'avait rien d'anormal, se dit-elle, au vu du nombre de noms de famille irlandais qui débutaient par cette lettre. Elle se rendit assez tôt aux toilettes et en prit note. L'homme dont elle avait croisé le regard le jour précédent était à son poste habituel mais il ne semblait pas lui prêter grande attention.

Elle tomba sur un sixième nom peu après le déjeuner mais il lui fallut deux heures de plus, environ, pour arriver à la fin du registre. Sa tâche terminée, elle ressentit une forme de déception en refermant l'énorme tome. Elle se leva, s'étira et rassembla ses affaires. Il était presque dix-sept heures et la plupart des bureaux autour de la pièce étaient vides.

« Bonjour », entendit-elle. Elle se retourna. C'était l'homme avec lequel elle avait échangé un regard ; il se tenait debout près de la porte.

« Bonjour, répondit-elle avec un sourire, s'efforçant de prendre un air décontracté.

— Je me demandais si cela vous dérangerait de passer dans mon bureau un instant. »

Le cœur de Sinéad se mit à battre plus vite. Et s'il lui demandait de vider ses poches ? Les noms qu'elle avait notés hier se trouvaient à son appartement mais arriverait-elle à se souvenir des trois qu'elle avait trouvés aujourd'hui si son calepin lui était confisqué ?

Le bureau sentait le tabac froid. Il lui fit signe de s'asseoir et lui offrit une cigarette, qu'elle accepta, bien qu'elle ne fumât quasiment plus.

Il lui donna du feu puis alluma sa propre cigarette et tira une longue bouffée avant de se laisser retomber dans son fauteuil et de lui adresser un sourire.

« J'espère que ma question ne vous dérange pas, et rien ne vous oblige à y répondre, mais je me demandais ce que vous faisiez ici ces deux derniers jours. »

Il avait un très léger accent, de Galway se dit-elle, et, à sa façon de s'exprimer et de s'habiller, il n'était visiblement pas un subalterne dans ce département.

Sinéad hésita un instant. Elle pouvait lui mentir, prétendre qu'elle menait des recherches généalogiques par exemple mais quelque chose dans l'attitude de l'homme lui inspirait confiance.

« J'effectuais des recherches.

— Sans aucun doute, répondit-il. Puis-je vous demander quel type de recherches ?

— J'ai accouché d'un enfant en 1970 qui a été adopté et j'essaie de retrouver sa trace. »

Il exhala un mince filet de fumée en direction du plafond et hocha la tête lentement.

« Donc vous parcourez le registre dans son intégralité à la recherche d'enfants nés à la même date et adoptés ensuite ?

— C'est bien cela, oui.

— Et en avez-vous trouvé ?

— Six, répondit-elle.

— Que comptez-vous faire, maintenant ?

— Recouper les noms avec les ordonnances d'adoption que contient l'*Iris Oifigiúil.*

— Et ensuite ?

— Essayer de découvrir où chacune de ces familles se trouve aujourd'hui et poursuivre mes recherches.

— Vous êtes-vous adressée à l'agence d'adoption ?

Elle haussa les épaules. « Ils n'ont pas été d'une grande aide.

— Non, ils ne le sont jamais. » Il se redressa sur sa chaise et se pencha verse elle. « Je suis désolé que nous ne soyons pas en mesure de vous faciliter les choses mais nous sommes des fonctionnaires et nous ne pouvons déroger aux règles. Jour après jour, je vois ici des gens qui s'efforcent de dissimuler le fait qu'ils prennent des notes, apparemment sans se rendre compte que tout le monde ici les voit. J'imagine que c'est ce que vous avez fait ? »

Sinéad le dévisagea avec appréhension. Il avait l'air assez aimable mais allait-il lui demander de lui remettre le morceau de papier ? Elle se demanda comment elle réagirait si cela se produisait. Une attitude de défi ne serait peut-être pas l'approche la plus intelligente à adopter. Quelqu'un frappa à la porte pour leur dire que l'officine allait bientôt fermer et lorsqu'ils se levèrent tous les deux, il lui serra la main. « Merci de votre franchise. La plupart des gens sont sur la défensive et ne souhaitent pas aborder le sujet, ce que je peux comprendre. À dire vrai, cela me brise le cœur de voir tant de femmes – car il s'agit presque toujours de femmes – venir ici jour après jour, à la recherche de leurs enfants. Espérons que la loi change bientôt ; ce type de recherche est déjà légal au Royaume-Uni et nous leur emboîterons certainement le pas. Bonne chance.

— Merci d'avoir été si aimable et d'avoir fermé les yeux. Je m'attendais vraiment à des réprimandes. »

Lorsque Sinéad retourna à son appartement ce soir-là, il faisait déjà nuit. Elle remonta le long de Westland Row, passant devant le café où Margaret l'avait emmenée, remontant à contre-courant la marée de banlieusards qui quittaient leur travail et se ruaient vers la station de train plus proche. Elle réprima l'envie soudaine de s'arrêter au milieu de la foule et de hurler à pleins poumons, d'annoncer au monde entier qu'elle était sur le point de retrouver son fils. Au lieu de cela, elle poursuivit son chemin, passant la *Royal Academy of Music* avant de s'engouffrer dans le calme relatif de Merrion Square. Une fois dans son appartement, elle gagna la cuisine et ouvrit la fenêtre, inspirant profondément l'air frais nocturne, puis se servit un verre de vin, alluma une cigarette et se prépara à affronter la pile de documents qui jonchaient la table du salon.

★

Jack se rendit au ministère le jeudi mais, sans Sinéad, l'endroit lui parut vide. Il passa le plus clair de sa journée à brasser de la paperasse et à passer des coups de fil qui n'avaient pas besoin d'être passés, à se demander pourquoi elle avait pris ces deux jours de congé et ce qu'elle était en train de faire.

Le vendredi matin, il partit tôt de chez lui et fit un détour en se rendant un bureau, passant devant son appartement. Il ne faisait pas encore vraiment jour et il remarqua que la lumière était allumée chez elle. Il envisagea un instant de se garer et de sonner à sa porte mais, au même moment, un homme élégamment vêtu et portant un attaché-case déverrouilla la porte d'entrée de l'immeuble et y pénétra. L'appartement de Sinéad était le seul lieu de résidence dans l'immeuble ; les étages inférieurs étaient les bureaux de comptables et d'avocats. C'était d'ailleurs le cas de la plupart des bâtisses dans cette rue et il était fort probable qu'il connaisse certains de leurs occupants ou qu'il soit connu d'eux.

La lumière au dernier étage s'éteignit et il l'imagina brièvement descendre les escaliers, s'approcher de sa voiture et lui dire bonjour en l'embrassant mais il s'éloigna rapidement lorsqu'il vit la porte d'entrée s'ouvrir. Il ne souhaitait pas qu'elle puisse penser qu'il la suivait et, surtout, il ne voulait pas qu'on le voie. Dieu seul savait qui pouvait bien regarder par ces fenêtres.

Sinéad arriva au bureau environ une demi-heure après lui, ce qui était tout de même plus tôt que la plupart des autres employés du ministère. Il se trouvait dans le bureau de Brenda, en train de passer en revue le planning de la semaine à venir avec elle, lorsque Sinéad entra, les joues légèrement empourprées après sa marche dans l'air frais matinal. Elle semblait détendue et les salua tous les deux chaleureusement. Jack la suivit dans son bureau, l'agenda à la main comme s'il voulait valider des dates. Il lui proposa d'aller prendre un café et discuter un peu mais elle lui répondit qu'elle avait beaucoup de travail à rattraper et des coups de fil à passer. Il était en train de quitter son bureau, abattu, lorsqu'elle le rappela.

« Désolée, Jack, mais il faut vraiment que je prépare la réunion de Londres. Elle a lieu dans deux semaines, juste après Pâques, et entre le voyage aux États-Unis et mes jours de congé je n'ai pas encore vraiment pu travailler là-dessus. » Elle esquissa un sourire navré, avant d'ajouter : « J'ai plein de choses à te raconter, retrouvons-nous plutôt pour déjeuner. »

Il lui adressa une parodie de révérence et franchit le pas de la porte. Elle n'avait pas mentionné les fleurs. Il s'attela le reste de la matinée à diverses tâches qu'il avait remises à plus tard et appela quelques-uns de ses amis à Londres pour voir s'il allait s'y passer quelque chose – une pièce de théâtre particulièrement recommandée, un concert – où il pourrait l'emmener, repoussant dans un coin de son esprit la conversation qu'ils avaient eue récemment.

Il était absorbé par son travail et fut surpris lorsqu'elle apparut à sa porte vêtue de son manteau à midi et demi tapantes. « Je me suis dit que nous pourrions sortir, annonça-t-elle. La cantine n'est probablement pas l'endroit idéal pour discuter tranquillement.

— Qu'est-ce que tu dirais de Wynn's Hotel, sur Abbey Street ? suggéra-t-il. C'est très vieillot, je sais, et la nourriture n'y est pas excellente mais c'est sans doute le seul endroit calme dans le coin à cette heure-ci.

— Ça me semble parfait », répondit-elle.

Le restaurant de l'hôtel était effectivement calme. Quelques femmes d'un certain âge étaient assises ici et là, flanquées de petits monticules de sacs de *Clery's* et *Arnott's* qui suggéraient qu'elles faisaient les magasins. Sa mère disait toujours avec un certain dédain que les seules personnes qui fréquentaient le Wynn's Hotel étaient des « gens de la campagne » ; une remarque assez incongrue de sa part car elle était originaire du comté de Tipperary.

La serveuse les mena à une petite table dans un coin de la pièce et ils commandèrent le plat du jour (qui leur fut servi presque immédiatement). C'était une sorte de ragoût de bœuf accompagné de carottes, petits pois, choux-fleurs et bien sûr des inévitables pommes de terre, tous cuits à l'eau pratiquement jusqu'à ce qu'ils tombent en morceaux.

« Les continentaux ne comprennent jamais notre obsession consistant à entasser autant de légumes dans chaque plat. Mais c'est de la cuisine réconfortante, dit-elle en souriant. Et c'est exactement ce dont j'ai besoin. »

Il avait hâte d'entendre ce qu'elle avait à lui dire mais, de toute évidence, elle n'était pas pressée et parla surtout de choses liées au travail. Ce ne fut que lorsque le café arriva qu'elle se mit à se confier à lui.

« Tu te demandes sans doute pourquoi j'ai pris quelques jours de congé ? »

Il opina du chef.

« Tu te souviens lorsque je t'ai dit que j'effectuais des recherches au sujet de l'adoption de mon fils ? » Elle marqua une pause et mélangea le sucre à son café. « Eh bien, j'ai plutôt bien avancé de ce côté-là ces derniers jours. »

Il fut aussi stupéfait qu'elle l'avait été d'apprendre qu'il lui était possible de simplement se présenter et obtenir l'acte de naissance original de son fils ; que n'importe qui pouvait le consulter sous son nom. Sa propre expérience lui avait appris qu'obtenir l'acte de naissance d'un enfant adopté était une autre paire de manches.

Il écouta en silence le récit de sa rencontre avec Margaret et de ses recherches. Elle lui relata comment elle avait parcouru de A à Z le registre des adoptions et il eut peine à la croire lorsqu'elle lui dit qu'elle avait trouvé douze enfants nés le même jour que Lorcan ; six garçons et six filles.

« Je n'ai aucune idée du pourcentage de naissances dans le pays que cela représente mais j'ai l'impression que ça fait beaucoup d'enfants adoptés ensuite. »

Elle acquiesça et esquissa un sourire en coin. « Et la méthode pour les trouver a été plus difficile qu'on ne pourrait le croire. La pièce était une sorte d'espace entouré de bureaux qui donnaient dessus et on m'a dit que je n'avais pas le droit de consigner quoi que ce soit par écrit. J'avais le droit de consulter le registre mais pas de prendre des notes.

— Comment as-tu fait, alors ? Tu ne pouvais quand même pas apprendre tous les noms par cœur ?

— Je les ai mémorisés deux à la fois, expliqua-t-elle, et au bout d'un certain temps je demandais à me rendre aux toilettes, où je les notais. »

Elle tira de son sac à main plusieurs morceaux de papier froissés qu'elle lui glissa sur la table. « Un de ces enfants est mon fils », dit-elle à voix basse. Il lut les noms griffonnés au crayon ; Gerald Barrett, John Hogan, William McNamara, David O'Leary, Ronan O'Donnell et Malcolm Sheehy.

Il lui demanda ce qu'elle comptait faire maintenant. Elle inspira profondément, reprit le dessus sur ses émotions et se remit dans ce qu'il aimait appeler « son mode cadre dirigeante ».

« Deux choses. Premièrement, je vais comparer et trouver les noms correspondants dans l'*Iris Oifigiúil* afin d'obtenir les adresses. Je m'y suis mise hier soir mais, entre le décalage horaire et le stress, je me suis endormie sur le canapé.

Deuxièmement, je vais retourner à l'agence d'adoption et voir si, en les brossant dans le sens du poil, j'arrive à obtenir le prénom que lui a donné sa famille adoptive. Ce qui rendrait évidemment ma tâche beaucoup plus facile. Mais je doute qu'ils se montrent coopératifs ; pas dans un premier temps, en tout cas. C'est Margaret qui m'a suggéré cette idée. Il ne m'était même pas venu à l'esprit de le leur demander.

— Je ne sais pas quoi dire, souffla Jack. Que feras-tu si tu découvres son identité et l'endroit où il habite ?

— Rien. Je veux juste savoir qu'il va bien. Ce sera à lui de décider ensuite. Je ne vais pas faire irruption dans sa vie et y semer la pagaille. Il a presque quinze ans maintenant. Lorsqu'il aura dix-huit ans – ils viennent de faire passer l'âge de la majorité de vingt et un ans à dix-huit, ce qui est très bien –, je lui écrirai une lettre ou je demanderai à l'agence d'agir en tant qu'intermédiaire… bien que cette idée ne me plaise guère. »

Elle jeta un coup d'œil à sa montre. « Ça alors, tu as vu l'heure ? Nous ferions mieux de retourner au bureau. »

Ils traversèrent rapidement O'Connell Bridge. Une petite bruine s'était mise à tomber mais le ciel était lumineux et une brise fraîche remontait le long de la Liffey. Il voulait lui passer le bras autour des épaules, la rassurer que tout allait bien se passer et qu'il l'aiderait et lui apporterait son soutien du mieux qu'il le pourrait mais il savait très bien qu'il ne le pouvait pas.

De retour au bureau, un message de Brenda l'attendait sur son bureau, lui demandant d'appeler chez lui. Il était rare que Lorna l'appelle au bureau et, lorsqu'elle le faisait, cela signifiait la plupart du temps qu'il y avait un problème. Il composa le numéro rapidement, inquiet à l'idée qu'il ait pu arriver quelque chose à Fiona ou Isabelle. Mais personne ne répondit donc il se rendit dans le bureau de Brenda pour lui demander si elle savait pourquoi sa femme avait appelé. Elle lui dit que Lorna avait mentionné qu'elle allait se rendre à Kilkenny ce week-end avec son frère et qu'elle voulait savoir s'il pourrait les y rejoindre.

« Ils sont probablement déjà en route, ajouta-t-elle. Attendez donc un peu et rappelez-les lorsqu'ils seront arrivés. »

Ses pensées se mirent à se bousculer dans sa tête et il remarqua que Brenda l'observait. Il se demanda brièvement si elle était capable de les lire. Il décida d'inventer un dîner avec des politiciens et de descendre à Kilkenny le lendemain.

Vers dix-sept heures, il se rendit au bureau de Sinéad. « Des projets pour le week-end ? », demanda-t-il sur un ton qu'il s'efforça de rendre désinvolte. Elle secoua la tête et répondit qu'elle allait poursuivre ses recherches.

« Je peux te raccompagner, si tu veux, annonça-t-il. Il tombe des cordes. »

Elle jeta un coup d'œil par la fenêtre et, à sa surprise, elle accepta. Ils convinrent de se retrouver dans l'entrée à dix-huit heures. La plupart des gens auraient quitté le ministère à cette heure-là, se dit-il.

Le trajet jusqu'à Merrion Square était court. Ils parlèrent peu dans la voiture et écoutèrent la radio. C'était une émission d'actualité, un documentaire au sujet des mères de la *Plaza de Mayo*, en Argentine. Alors qu'ils arrivaient à destination, le présentateur s'entretenait avec une femme qui expliquait que les jeunes femmes enceintes dissidentes étaient incarcérées par les autorités puis, lorsqu'elles avaient accouché, les mères étaient exécutées et les enfants étaient donnés à des sympathisants du régime pour qu'ils les élèvent. La femme à l'antenne, qui était partie dans de grandes envolées lyriques au sujet de Dieu plus tôt dans l'émission, était très émue et soulignait à quel point l'horreur de ces actes était insupportable ; que rien que le fait d'y penser donnait envie de pleurer.

« Quelle bande d'hypocrites, fit remarquer Jack. Ce que l'Église a fait en Irlande n'était pas si différent sauf qu'ils n'ont pas tué les filles en question.

— Je me demande ce qui est pire, dit Sinéad en se calant dans son siège et en fermant les yeux. Être exécutée ou être condamnée à une vie sans son enfant. »

Il s'arrêta devant chez elle, éteignit la radio et dit : « Je peux monter ? »

Elle parut réfléchir quelques instants. « Oui, finit-elle par dire, ça me ferait plaisir. Mais il vaut mieux qu'on n'entre pas en même temps. Tu sais comment sont les gens dans cette ville, quelqu'un pourrait te voir. Tu peux te garer à l'arrière de l'immeuble. Je t'ouvrirai. »

Elle sortit du véhicule, se dirigea vers la porte d'entrée puis tourna soudain les talons et revint à la voiture en riant.

« Je dois avoir la tête ailleurs. Il faut que je passe par-derrière. La serrure de la porte principale a été changée et je n'ai pas encore la nouvelle clé. Ils l'ont envoyée à la locataire qui me sous-loue l'appartement mais comme elle a fait suivre tout son courrier à Bruxelles… »

L'aire de stationnement à l'arrière de l'immeuble était désertée et il n'y avait de lumière à aucune des fenêtres. Ils entrèrent et un petit escalier les mena au hall d'entrée. Au sol, près de la porte principale, se trouvait le bouquet qu'il lui avait envoyé. Il le ramassa et lui tendit.

« Elles sont pour toi. Regarde, elles sont adressées à Sinéad Murray. Tu dois avoir un admirateur.

— Des iris. Je me demande qui a bien pu me les envoyer. »

Elle ouvrit l'enveloppe contenant la carte et, tandis qu'elle la lisait, ses yeux s'emplissaient de larmes.

« C'est l'une des choses les plus aimables que l'on m'ait dite. Merci, Jack. » Elle lui prit le bras et ils grimpèrent les trois étages jusqu'à son appartement.

Elle lui ouvrit la porte et il entra. Comme l'appartement était situé au dernier étage, les plafonds étaient plus bas que ceux des pièces grandioses des étages inférieurs mais cela ne faisait que rajouter au charme de l'endroit. Un salon/salle à manger confortable donnait sur la place en contrebas. Il y avait de la moquette beige, un canapé et quelques meubles anciens sans prétention. Les murs étaient ornés de quelques aquarelles feutrées, des vues de Dublin pour la plupart, et une orchidée blanche solitaire était plantée dans un pot de fleurs dans l'une des fenêtres. L'endroit respirait le calme et la tranquillité.

Il se rendit à la fenêtre et contempla les arbres qui parsemaient Merrion Square. Leurs formes étaient à peine discernables dans le crépuscule mais il imagina des signes d'une vie naissante parmi leurs branches.

« La vue sera encore plus belle lorsque la floraison débutera, dit Sinéad, devinant ses pensées. Et à l'arrière, on aperçoit tout juste les montagnes de Wicklow par-dessus les toits. »

Il regarda autour de lui et vit que la table de la salle à manger était entièrement recouverte de pages de format A3. Elle suivit son regard et commenta avec un sourire : « Mes recherches. »

Il ôta son manteau et l'accrocha au dos d'une des chaises puis ramassa l'une des pages. Il lut le titre. « IRIS OIFIGIUIL. Avis de promulgation d'ordonnances d'adoption. En vertu des pouvoirs qui lui sont investis par les *lois sur l'adoption de* 1952 *et 1964, An Bord Uchtála a promulgué les ordonnances d'adoption dont les détails sont les suivants :* »

Il parcourut rapidement colonne après colonne et se mit à se sentir très mal à l'aise. Tous ces prénoms familiers ; Andrew, Mark, Sean, Ian, Jacinta, Bridget, Orla… Tous ces bébés issus de milieux si différents qui vivaient désormais à Dalkey, Foxrock, Artane, Roscommon ou Bally-que-sais-je avec de nouvelles identités. Et, dans la plupart des cas, une mère tentant désespérément de découvrir ce qui leur était arrivé se tenait quelque part dans l'ombre. Il craignait presque de continuer à parcourir les documents au cas où il reconnaisse certaines des familles adoptives.

Les pages étaient couvertes de notes manuscrites et quelques-uns des noms étaient surlignés en différentes couleurs. Sinéad se rapprocha de lui pour voir ce qu'il était en train de lire et il passa son bras autour d'elle.

« Tu remarqueras qu'il n'y a aucune date de naissance, uniquement les dates des ordonnances d'adoption. Ç'aurait été trop facile, sinon. J'ai commencé par éliminer toutes les filles, bien entendu. Ensuite, j'ai surligné les adresses à Dublin en jaune et les autres en bleu parce que l'agence d'adoption m'a dit qu'il ne vivait pas à Dublin. Cela dit, peut-être qu'ils vivaient à Dublin au départ et qu'ils ont déménagé plus tard. Ou peut-être que l'agence a menti. Je ne pouvais pas en être certaine.

Après ça, j'ai étudié les prénoms et j'en ai trouvé quatre dont le deuxième ou troisième prénom était Lorcan. » Elle feuilleta les documents, indiquant les quatre noms. « J'ai surligné ceux-là en rouge.

J'ai fait tout cela avant de me rendre à Lombard Street et je me serais bien sûr facilité la tâche si j'avais attendu de trouver les six noms et que j'avais fait le recoupement avec cette liste. Mais ça m'a fait du bien de le faire, je suppose. Et je suppose que je n'ai jamais vraiment cru qu'ils me laisseraient consulter le registre ; il m'a fallu pas mal de temps pour en arriver là.

Elle se détacha de lui et se mit à ramasser les pages.

« Il s'avère que des six noms que j'ai obtenus, quatre ont des adresses à Dublin et deux à Wexford, ce qui est mieux que si elles étaient éparpillées dans tout le pays, j'imagine. La prochaine étape sera de les trouver. »

Elle posa la pile de documents sur une petite table, à côté d'une grosse boîte à archives.

« Ceci ? dit-elle en réponse à son regard. Toutes sortes d'informations diverses sur le sujet de l'adoption. Jette un coup d'œil si tu veux. »

Elle lui tendit la boîte et il se mit à examiner son contenu. S'y trouvaient des dizaines d'articles de journal et de lettres, ainsi qu'une brochure à la couverture jaune vif publiée par une association caritative anglaise appelée *Jigsaw*, intitulée *The other side of Adoption*[13]. « Tu devrais la lire, dit-elle en indiquant la brochure. Elle contient toutes sortes de conseils, surtout au sujet des recherches Il y a des témoignages très émouvants, aussi. »

Il la feuilleta rapidement et, alors qu'il la replaçait dans la boîte, une lettre glissa de parmi les pages. Il se pencha pour la ramasser et vit en haut de l'enveloppe le nom d'un avocat qu'il connaissait.

« J'allais à la même école que ce gars-là ! »

Sinéad prit la lettre de ses mains et dit : « Ça ? C'est une longue histoire. Si on prenait un verre ? Je te raconterais ça. »

---

13 [L'Autre côté de l'adoption] [N.D.T.]

Elle prit les fleurs qu'elle avait posées sur une table d'appoint et se rendit dans la cuisine pour y trouver un vase. Jack la suivit, explorant la pièce du regard tandis qu'elle arrangeait les fleurs Il vit sa voiture par la fenêtre de la cuisine sur l'aire de stationnement vide et bien éclairée.

Elle plaça deux verres à vin sur le plan de travail et ouvrit le frigo, s'excusant de ne pas avoir de bière et suggérant un kir à la place. « Tu te souviens du dîner à Genève ? dit-elle lorsqu'elle vit son expression perplexe. Tu avais semblé trouver ça bon.

— Il n'y avait pas que le kir qui m'avait plu », dit-il en enlaçant sa taille. Elle le repoussa en riant et sortit une bouteille de vin blanc du frigo. Elle lui tendit le tire-bouchon et un seau à glace et retourna dans le salon avec les verres et les fleurs. Il la suivit avec le vin et des amuse-gueules qu'il avait dénichés. Elle posa le seau à glace sur la table basse et prit sur la desserte une bouteille d'un liquide sombre violacé portant une étiquette aux tons criards.

« Crème de cassis, déclara-t-elle. De Dijon. » Elle lui expliqua que la boisson avait été inventée par un prêtre bourguignon membre de la Résistance pendant la guerre.

« Peux-tu imaginer un prêtre inventer quelque chose d'aussi délicieux ? »

Elle versa dans les verres une cuillerée de la liqueur, affirmant qu'il était important de ne pas en mettre trop – sinon la boisson serait trop sucrée – puis elle versa dessus le vin mis au frais. Ils trinquèrent et il s'assit sur le canapé ; Sinéad ôta ses chaussures et s'installa dans un fauteuil, ramenant ses pieds sous elle.

« Parle-moi un peu de cette lettre de l'avocat », dit-il.

Elle jeta un coup d'œil à sa montre. « Combien de temps as-tu ?

— Rien ne m'oblige à rentrer ce soir. Ils sont tous descendus à Kilkenny chez mon beau-frère. »

Il y eut un moment de silence puis elle laissa échapper un soupir. « Jack, je croyais qu'on s'était mis d'accord… »

Il baissa les yeux sur son verre et ne répondit pas. Elle prit le dossier et plaça des coupures de journal et la lettre de l'avocat sur la table basse devant lui avant de se rasseoir dans le fauteuil.

« Tu te souviens, à Washington, quand je t'ai raconté tout ça et que je t'ai dit que j'avais renoncé à tenter de faire annuler l'ordonnance d'adoption ? » Il acquiesça.

« Peu de temps après mon entrée en fonction à Genève, je suis tombée sur un article sur le sujet. Il datait de 1976 et parlait d'un jeune couple qui tentait de faire déjuger une ordonnance d'adoption. La jeune femme avait fait adopter son bébé mais, plus tard le couple, s'était marié et avait décidé de tenter de retrouver et de récupérer l'enfant. Ils affirmaient que la mère avait été victime de pressions abusives pour l'obliger à faire adopter son enfant. Eh bien, ils ont perdu leur procès devant la Haute Cour de Justice mais ils ont fait appel devant la Cour Suprême, qui a tranché en leur faveur et ordonné que l'enfant leur soit rendu. Les parents adoptifs ont ensuite tenté de faire émettre une injonction. » Elle but une gorgée de son kir.

« J'ai suivi cette affaire de très près, copié tous les rapports et je me suis mise à envisager d'entamer une procédure du même type étant donné que les circonstances étaient très similaires.

J'ai gardé longtemps le dossier sous la main avant de trouver un avocat qui serait "sensible à mon cas", m'a-t-on dit. J'ai soigneusement préparé mon dossier et je l'ai envoyé à l'avocat mais – tu ne le croiras jamais – une grève de la poste a été déclarée le jour suivant à Dublin et elle a duré 18 semaines. »

Jack opina du chef. « Je me souviens du chaos que ça avait généré.

— Avec le recul, je suppose que c'était une bonne chose. Ça m'a donné du temps pour réfléchir. J'ai lu et relu les avis d'experts et d'assistants sociaux sur l'effet qu'aurait l'ordonnance sur l'enfant ainsi que sur les parents adoptifs. » Sinéad se pencha sur la table et fouilla parmi les coupures de journal.

« Tout est là, regarde », dit-elle en lui tendant un morceau de papier jauni qui contenait le témoignage d'un psychiatre tel que le rapportait un journaliste de l'*Irish Times* :

« Le garçon était à un stade critique du développement de sa personnalité. Un changement d'environnement maintenant pourrait générer la confusion dans son esprit et un repli sur soi-même *[...] il a affirmé que certains des troubles causés par un traumatisme émotionnel lors de l'enfance pouvaient engendrer des doutes relatifs à l'identité ainsi que des échecs scolaires et sociaux... »*

Plus bas, un autre expert était cité :

« Je ne pense pas que les parents adoptifs arrivent un jour à accepter et assumer la perte de l'enfant qu'ils considèrent comme étant le leur. »

« C'est bouleversant », commenta Jack.

Sinéad posa son verre et se passa les mains dans les cheveux. Jamais elle ne lui était parue si vulnérable.

« Tu sais ce qui est le pire dans tout ça ? »

Il fit non de la tête.

« Lorsque je suis arrivée à Genève, je travaillais avec une femme qui était célibataire et avait un enfant. Cela ne faisait sourciller personne. Il y avait même une excellente garderie dans le bâtiment. Je n'arrivais pas à croire à quel point les façons de voir les choses étaient différentes et je me suis sentie encore plus coupable. Je n'ai jamais relaté mon histoire à personne parce que je pensais que personne ne comprendrait, qu'on me jugerait.

— Et ton affaire judiciaire, que s'est-il passé ?

— Finalement, après avoir lu et relu tous les documents, je me suis rendu compte que je risquais de causer des torts irréversibles à mon fils et à ses parents adoptifs. De toutes les décisions que j'ai prises dans ma vie, une seule fut plus difficile que celle-là mais c'était celle qui s'imposait. Lorsque la grève de la poste fut enfin terminée, j'ai appelé l'avocat et je lui ai dit que je n'allais pas donner suite. D'ailleurs, en fait, le dossier ne lui est jamais parvenu – beaucoup de courrier a disparu pendant la période de la grève – et j'ai pris ça comme un signe indiquant que le sort en avait décidé autrement. »

Jack jeta un coup d'œil à la lettre de l'avocat qui confirmait la conversation qu'ils avaient eue et sa décision de ne pas poursuivre plus avant

« Ce salaud t'a facturé une fortune ! Il n'a même pas lu le dossier ! » s'exclama-t-il.

Sinéad reprit son verre, but une autre gorgée de son kir et eut un haussement d'épaules. « Il m'a parlé au téléphone. Deux fois », précisa-t-elle non sans ironie.

« Mais ce n'est pas tout. Tu ne devineras jamais ce que j'ai découvert récemment. Frank a participé à ce même procès ! Il a aidé à rédiger une partie des documents d'expertise. Nous en avons discuté à Washington totalement par hasard. J'ai également rencontré récemment lors d'une soirée un des avocats qui a participé au procès et nous en avons parlé un peu. Je ne lui ai évidemment pas dit pourquoi le sujet m'intéressait. L'Irlande est un village…

— Une soirée ? Jack ne put s'empêcher

— Oui, une soirée, rétorqua-t-elle en souriant. Juste avant le voyage à Washington. On m'invite parfois à ce genre de chose, tu sais. Le plus étonnant, c'est qu'elle avait lieu dans le sud de la ville et que j'y connaissais quelques personnes. » Il leva les mains en signe de reddition mais elle poursuivit.

« Il y a même un homme qui m'a accostée ce soir-là et m'a dit qu'il te connaissait. Il m'a confié comme s'il s'agissait d'un secret d'État que tu allais te rendre à Washington pour la Saint-Patrick. Tu aurais dû voir sa tête quand je lui ai dit – désolée, je n'ai pas pu résister – qu'en fait tu travaillais pour moi et que j'y allais aussi. Bernard quelque chose… Je crois qu'il est aux Affaires étrangères.

— Morris ? Bernard Morris ?

— Oui, je crois que c'est ça. Un type plutôt drôle. Drôle-rigolo, pas drôle-bizarre.

— Tu n'as pas idée. »

Bernard Morris était allé à la même école que lui, dans l'année d'au-dessus. C'était un snob même à l'époque : il partait toujours en vacances à des endroits dont personne n'avait entendu parler. Aujourd'hui, il le connaissait de réputation. Il radotait inlassablement au sujet des vins qu'il buvait. Il aimait se rendre chez des marchands de vin pour y demander un vin de la Loire appelé Savennières uniquement pour faire l'étalage de l'étendue de ses connaissances.

Lorsqu'il lui dit tout cela, Sinéad éclata de rire et avoua qu'ils avaient effectivement discuté de vin et que, oui, il avait mentionné le Savennières et avait été impressionné qu'elle le connaisse. Il l'avait même invitée à se rendre à une dégustation de vin la semaine suivante.

« J'espère que tu n'as pas accepté. Tu sais qu'il est marié ?

— Oui et, contrairement à toi, il porte fièrement son alliance », rétorqua-t-elle.

Jack leva à nouveau les mains. « C'est bon, c'est bon, je m'incline. »

Elle finit son verre et se leva. « Il va falloir penser à manger quelque chose, je suppose. À moins que tu aies d'autres projets ? » Il secoua la tête. « Le déjeuner était plutôt copieux, que dirais-tu de quelque chose de plus léger ? Je vais voir ce que j'ai dans le frigo. »

Elle se baissa et sortit une boîte d'œufs et une petite laitue. « Omelette et salade ? Ça te va ?

— Parfait. »

Elle lui tendit un bol et un fouet et se mit à rincer la laitue. « Ne bats pas trop les œufs, mélange-les un peu, c'est tout. »

Il l'observa tandis qu'elle préparait une vinaigrette dans le saladier avant de commencer à faire cuire l'omelette.

« Il y a du fromage pour plus tard et tu trouveras des biscuits salés là-dedans, dit-elle en pointant du doigt un placard. « Il devrait y avoir du vin et des verres par-là, ajouta-t-elle.

— Belle bouteille, dit-il en sortant une bouteille de Bordeaux. Belle étiquette, en tout cas. Je suis loin d'être un expert. Le connaisseur de la famille, c'est mon frère. »

Elle lui tendit le tire-bouchon et, alors qu'il versait deux verres, il fut frappé une fois de plus par le fait qu'il se sentait si décontracté.

Un peu plus tard, pendant qu'ils prenaient le café, les pieds sur la table basse et en chaussettes, écoutant du jazz à la radio, elle lui posa des questions au sujet de son enfance ; les McDonagh lui avaient-ils témoigné autant d'affection qu'à leurs enfants naturels, quels étaient ses rapports avec son frère et sa sœur, quel impact le fait d'avoir été adopté avait-il eu sur sa vie. Elle semblait avoir besoin de s'assurer qu'il n'avait pas été maltraité, qu'il n'avait souffert d'aucune façon.

« Est-ce que tu en parles à quelqu'un ? Ton frère et ta sœur ?

— Hors de question. Apparemment, ma mère s'est retrouvée enceinte de Sarah dès mon adoption. Et Sarah ne rate jamais l'occasion de me le rappeler.

— Si tu souhaites retrouver ta mère naturelle, je peux t'aider, si tu veux. Je peux te mettre en relation avec Margaret, offrit-elle. Ou tu peux simplement consulter le registre toi-même pour y trouver des personnes nées le même jour que toi. Ce serait beaucoup plus simple, vu que tout est plus ou moins en ordre chronologique. S'il y en a quelques-unes pour lesquelles le nom du père est absent, ce serait un bon point de départ. »

Il secoua la tête.

« Ce n'est pas pareil pour moi, Sinéad. Tu sais qui est le père de l'enfant et tu peux être relativement certaine que ton fils te ressemblera d'une manière ou d'une autre. Que pourrait-il arriver, dans le pire des cas ? Qu'il ait été mal élevé ? Qu'il ait reçu une mauvaise éducation ? Ce serait quand même ton fils, avec tes gènes. Alors que, moi, je pourrais découvrir que je suis le fils d'un tueur en série. Je n'ai aucune idée d'où je viens, hormis toutes les choses peu flatteuses que mes parents m'ont racontées, et je ne suis pas prêt à me mettre à creuser sans avoir la moindre idée de ce que je risque de trouver. Pas encore, en tout cas. »

Elle commença à répondre mais sembla changer d'avis.

Ils restèrent assis en silence pendant un moment à écouter la musique. Lorsque l'émission prit fin, Sinéad éteignit la radio.

« Tu ne m'as pas dit grand-chose au sujet de ta femme à part que tu souhaites la quitter. Depuis combien de temps êtes-vous mariés ? Est-ce que tu l'aimais quand tu l'as épousée ? »

Pris de court, Jack réfléchit un moment avant de répondre. « Je ne sais pas comment définir l'amour, dit-il. Elle était – est toujours – belle et intelligente et je l'ai toujours admirée ainsi que sa famille. Nous avons pratiquement grandi ensemble. J'ai toujours eu l'impression de ne pas être à ma place dans ma propre famille et je suppose que, lorsque j'ai été accepté parmi la sienne, je me suis senti flatté. Mais personne ne m'a jamais dit qu'elle souffrait de dépression. Ils ne parlent pas de ce genre de chose dans sa famille. J'ai du mal à comprendre cette habitude qu'ils ont d'exclure le reste du monde et les problèmes qui vont avec.

— Je suis désolée d'entendre qu'elle souffre de dépression. Ça doit être dur pour elle. Pour toi. »

Elle leur versa du café.

« Je crois que nous avons toujours eu des rapports de frère et sœur, en fait. Il n'y a ni désir ni véritable partage des émotions. Il n'y en a jamais eu. »

Sinéad réfléchit un instant.

« Elle pourrait l'être, tu sais, dit-elle doucement.

— Pourrait être quoi ?

— Elle pourrait être ta sœur. »

Il la dévisagea en se demandant s'il l'avait bien entendue.

« Qu'est-ce que tu racontes ?

— Supposons, purement à titre hypothétique, que ta belle-mère ait eu un enfant avant son mariage et qu'elle l'ait fait adopter. Supposons que, cet enfant, ce soit toi. Dans ce cas, Lorna et toi seriez frère et sœur.

— C'est complètement ridicule ! s'exclama-t-il en se demandant si elle avait trop bu.

— C'est extrêmement improbable mais ce n'est pas tout à fait impossible, contra-t-elle.

— Ce n'est pas du tout le genre de Mme Stewart. Jamais elle ne… » il s'interrompit, laissant sa phrase en suspens.

Sinéad le contemplait de cet air interrogateur et légèrement moqueur qui l'irritait tant.

« Pas son genre ? De quel genre s'agirait-il ? Du mien ?

— Bon, d'accord, une minute. Tu sais très bien que ce n'est pas ce que je voulais dire. Cette conversation devient un peu bizarre. Faisons une trêve et parlons d'autre chose. »

Mais elle refusait de lâcher le morceau. « Même moi, je pourrais être ta sœur.

— Arrête, s'il te plaît. Tu vas me rendre totalement paranoïaque. » Un silence gêné s'ensuivit.

« Je suis désolée, Jack, je ne voulais pas être si cavalière. Mais tu ne penses pas qu'il est important que nous connaissions nos racines ? Tu as étudié la médecine, tu dois savoir à quel point il est important d'être informé au sujet des risques de maladies héréditaires et ainsi de suite.

— Non, ça ne fait rien. Tu n'as pas à t'excuser. Tu as raison, bien sûr. Bref, pour revenir à ton histoire, il y a quelque chose que je veux te demander depuis un moment, quelque chose qui me chiffonne. »

Elle le fixa d'un regard méfiant.

« C'est au sujet de tes parents, dit-il d'un ton mesuré. Ils ont l'air de gens vraiment bien et ils te tiennent visiblement en haute estime. Que pensent-ils de tout cela ? Et ne les tiens-tu pas du tout pour responsables ? »

Elle inspira profondément puis secoua la tête.

« Nous n'abordons jamais le sujet. Nous n'en avons pas parlé depuis le jour où je suis rentrée de Cork en train.

— Pas même lorsque tu étais à l'hôpital ?

— Non, répondit-elle en tirant sur un fil qui dépassait de l'un des coussins sur le canapé. Je sais que ça peut paraître étrange mais je ne leur reproche rien. Ils étaient vraiment convaincus d'agir au mieux pour moi et ils ont fini, eux et tous les autres, par me convaincre que c'était également ce que je faisais. Je pense qu'ils estiment que d'aborder le sujet ne ferait que raviver les plaies et me rendre la situation plus difficile à vivre.

D'une certaine manière, ils cherchent toujours à me protéger.

— Ils ne sont pas au courant de tes recherches ?

— Non, ils ne feraient que s'inquiéter des éventuels risques. Je leur dirai lorsque le moment se présentera – si le moment se présente – et peut-être même qu'ils rencontreront un jour leur petit-fils. » Elle laissa échapper un soupir. « Plus j'y pense, plus je me dis que cela a dû être très difficile pour ma mère de l'avoir vu et d'avoir été obligée de s'en séparer ensuite ; peut-être même presque aussi difficile que ça l'a été pour moi. Ils s'inquiètent à mon sujet mais je m'inquiète pour eux, moi aussi. »

Elle se leva et se mit à débarrasser les assiettes.

« Et le père ?

— Quoi, le père ?

— Tu ne le mentionnes jamais.

— Je crois que nous avons assez parlé pour ce soir. C'est une longue histoire. Je te raconterai ça une autre fois.

— Laisse ça pour plus tard », dit-il, prenant les assiettes de ses mains et la tirant à lui sur le canapé.

La chambre de Sinéad se trouvait à l'arrière de l'appartement, séparée de la cuisine par une minuscule salle de bains. Les rideaux en mousseline délicate filtraient et atténuaient à peine la luminosité. Elle disait aimer cela, être réveillée par la lumière du matin.

Le lendemain matin, lorsque le soleil le réveilla, elle était déjà levée. Il prit un peignoir dans la salle de bains et la rejoignit dans la cuisine. Tout avait été débarrassé et elle se tenait debout, une tasse de café à la main. Il la contempla dans son pyjama légèrement trop grand, les cheveux en désordre, admiratif du fait qu'après une courte nuit de sommeil elle soit si belle.

« Je t'aime, Sinéad Murray, déclara-t-il. Dès la première fois que je t'ai vue à Killarney, je t'ai aimée. Jamais je ne me suis senti aussi proche de quelqu'un. » Elle allait répondre mais il posa un doigt sur ses lèvres.

« Ne dis rien. Je sais ce que j'ai à faire. Il faut qu'on – que *je* – règle certaines choses. Ça prendra peut-être un moment, je ne veux pas perdre mes enfants, mais je trouverai un moyen. Donne-moi juste un peu de temps. Je t'en prie, Sinéad.

— Je te l'ai déjà dit ; je ne veux pas être celle qui met fin à ton mariage mais je ne veux pas non plus être ta maîtresse. »

Il lui prit la cafetière des mains et la posa sur la table. Ensuite, il plaça ses mains sur ses épaules et la secoua doucement. « Je ne veux plus jamais t'entendre prononcer ce mot. Tu n'es pas et tu ne seras jamais ma maîtresse. Est-ce que c'est clair ? »

La sonnette de la porte d'entrée retentit et l'instant fut brisé.

« Oh, non ! s'exclama-t-elle. J'avais complètement oublié. Ils m'avaient dit qu'ils essaieraient de le livrer ce matin. Vite, habille-toi, ils auront probablement besoin d'aide. »

La livraison en question était un piano.

« C'est un de ces nouveaux modèles électroniques que l'on peut jouer sans déranger les voisins », dit-elle en riant tandis qu'ils s'habillaient tous les deux à la hâte. Les deux livreurs montèrent les trois étages avec le piano, soufflant comme des bœufs, puis le placèrent avec soin contre le mur qui séparait le salon de la cuisine. Le plus jeune des deux hommes proposa de faire une démonstration de tous les effets spéciaux mais Sinéad répondit en riant qu'elle ne comptait s'en servir qu'en tant que piano et non comme orgue ou comme fanfare. Parce que les livreurs avaient l'air un peu vexé, Jack leur donna un pourboire généreux et les raccompagna à la porte.

Une fois qu'ils furent partis, Sinéad jeta un coup d'œil à sa montre et dit : « Comment peut-il être déjà si tard ? J'ai ma première leçon de piano dans une heure. Il faut que je me bouge. »

Elle ramassa son manteau et lui dit qu'il allait devoir prendre une douche chez lui car elle devait se préparer. Il proposa de la conduire à sa leçon mais elle refusa. Il ne servait à rien de prendre des risques inutiles et il fallait de toute manière qu'il se remue, lui aussi, s'il voulait arriver à Kilkenny avant le déjeuner.

Chapitre dix-neuf

Le week-end à Kilkenny parut interminable. James passa beaucoup de temps enfermé dans son bureau car il préparait un procès important, laissant Jack en compagnie de Sarah et Lorna qui auraient de toute évidence préféré qu'il ne soit pas là. Il plut presque toute la journée du samedi si bien que les enfants furent cloîtrés entre quatre murs : il y eut de nombreuses disputes. James et Sarah avaient deux fils qui étaient à peu près du même âge que Fiona et Isabelle mais portés sur des choses très différentes et il était impossible de les faire jouer ensemble.

Le samedi soir, des amis qui avaient eux aussi une maison dans les environs vinrent prendre l'apéritif et restèrent dîner. Bien que tout cela fût très plaisant, Jack se demanda quel était l'intérêt d'avoir une maison à Kilkenny si c'était pour y voir les mêmes gens qu'à Dublin.

Il réussit à s'éclipser un moment, prétextant devoir acheter des cigarettes, et tenta d'appeler Sinéad de la cabine téléphonique locale mais personne ne répondit et il se souvint alors qu'elle passait souvent le week-end chez ses parents. Il les imagina en train de se promener sur les quais à Howth, rencontrant au passage de vieilles connaissances. Il se demanda combien de temps cela prendrait pour que leur relation devienne pour elle une source de frustration.

La semaine qui suivit fut chargée au bureau. Bien que Jack ait été dépêché auprès du groupe de travail, il occupait toujours sa fonction de conseiller ministériel et il avait de nombreuses tâches à remplir pour Jim. Pâques approchait rapidement et tous les événements habituels commémorant l'Insurrection de 1916[14] allaient avoir lieu.

Jim avait sans arrêt de nouvelles informations concernant les potentielles élections et ils étaient assis dans son bureau en train de discuter de l'impact qu'elles pourraient avoir sur le groupe de travail. Lorsqu'ils eurent parcouru les différents scénarios possibles, Sinéad se leva, annonçant qu'elle avait un appel en téléconférence à passer, et elle les quitta pour regagner son bureau. Jim se leva lui aussi et prit Jack par le bras, le menant en direction de la fenêtre. Il semblait mal à l'aise tandis qu'il contemplait l'horizon grisâtre de Dublin.

« Écoute, Jack, Caroline a rencontré Lorna l'autre jour, pendant que nous étions aux États-Unis pour la Saint-Patrick. Apparemment, elle a convaincu Lorna que ce serait une bonne idée d'inviter à une soirée chez vous les principaux membres du groupe de travail pour que les membres et leurs conjoints puissent mieux faire connaissance. Elle t'en parlera sans doute ce soir, je voulais juste te prévenir. »

---

14 L'Insurrection de 1916, qui a eu lieu le lundi de Pâques, était menée par les Irlandais contre les forces d'occupation britanniques. Bien qu'un échec, et suivie de l'exécution de presque tous les leaders, elle a ouvert la voie à l'indépendance du pays. Elle occupe une place importante dans l'histoire du pays et est commémorée tous les ans.

Jack le fixa d'un regard incrédule. « Je pense vraiment que c'était sans arrière-pensée de la part de Caroline, ajouta Jim. Tu la connais ; elle s'est juste dit que Lorna se sentait peut-être un peu exclue. »

Jack la connaissait, en effet. C'était une femme d'une grande gentillesse, très généreuse. Si cela avait été Sarah, il aurait soupçonné une raison cachée, ou de la malveillance pure et simple mais les intentions de Caroline étaient toujours bonnes.

« Pas de problème, Jim, dit-il en s'efforçant de prendre un air détendu malgré le nœud qui s'était formé dans son estomac. C'est une bonne idée ; permettre à tout le monde de discuter en dehors du cadre formel, ce sera bon pour le fonctionnement du groupe. »

Jim le scruta un instant. « Fais appel à un traiteur pour éviter à Lorna de devoir s'en préoccuper. Je réglerai la note. Organisons cela pour bientôt. Vois avec Mary en fonction de ma disponibilité. »

Comme il s'y attendait, Lorna aborda le sujet de la soirée lorsqu'il rentra chez lui ce soir-là et suggéra des dates possibles. Elle semblait plutôt à l'aise avec l'idée, ce qui le surprit. D'ordinaire, les événements sociaux étaient source de stress pour elle sauf lorsque cela concernait sa propre famille.

« Ce ne sera pas facile de tous les faire venir le même jour, dit-il aussi nonchalamment que possible, ils sont tous très occupés.

— Choisis un jour où ils seront tous là pour une des réunions, ce sera plus simple », répondit-elle. La logique de l'argument ne pouvait être réfutée et il commença à réfléchir à la manière dont il aborderait le sujet avec Sinéad. L'idée de Lorna et Sinéad passant toute une soirée dans la même pièce et de devoir tenter de se comporter normalement était assez inconcevable, d'un côté. Mais plus il y réfléchissait, plus il se disait que c'était peut-être une bonne chose car, si tout allait bien, cela dissiperait tout soupçon que Lorna pourrait avoir. Et même s'il savait que cela paraissait insensé avec le recul, il souhaitait que Sinéad voie l'endroit où il habitait, qu'elle rencontre ses enfants.

« C'est de la folie, Jack, réagit-elle lorsqu'il le lui dit. Il va falloir que je trouve un prétexte pour ne pas y aller. Je me sentirais coupable et ce n'est juste pour personne – ni pour ta femme, ni pour toi, ni pour moi. Tu ne peux pas t'attendre à ce que je me comporte de manière normale dans une situation pareille.

Mais si tu n'y vas pas, ce sera pire, rétorqua-t-il. Si quelqu'un a les moindres soupçons, ça ne fera que les confirmer. »

Il décida d'organiser la soirée aussi rapidement que possible pour en avoir terminé avec tout ça.

★

Ils étaient douze en tout car les convives n'étaient pas toutes et tous accompagnés de leur conjoint. Un buffet avait été organisé. La mère de Lorna avait dépêché sa femme de ménage dans la matinée pour donner un coup de main et la maison était présentée sous son plus beau jour.

Lorna était allée chez le coiffeur : sa chevelure était différente, plus claire que d'habitude. Elle portait une robe bleu foncé très élégante que Jack n'avait encore jamais vue et une paire de talons très hauts qui la faisaient paraître bien plus grande qu'à l'accoutumée. Il dut reconnaître qu'elle était très belle ; une femme dont tout homme serait fier, lui chuchota sa mauvaise conscience.

Fiona et Isabelle s'étaient tenues à carreau depuis plus d'une demi-heure et étaient sur le point d'aller au lit lorsque Sinéad arriva enfin, accompagnée de Curzon : ils offraient l'image même d'un couple marié. Il portait une veste en tweed et un pantalon beige en velours côtelé, une plante en pot dans les mains, tandis qu'elle portait un tailleur vert foncé très simple avec un modeste chemisier blanc cassé. Ses chaussures étaient presque plates, très sobres. Il voulut la remercier du regard mais elle détourna le sien et porta son attention sur les deux petites filles, leur fit un compliment au sujet des leurs pyjamas de princesses et leur tendit à chacune un petit paquet. Elles la remercièrent timidement.

Lorna apparut à côté de Jack. Curzon lui offrit la plante en pot et s'ensuivit une tournée de poignées de mains avant qu'elle n'emmène les filles au lit, réapparaissant quelques minutes plus tard. « Merci pour les livres, dit-elle à Sinéad. C'était très attentionné de votre part et cela les rendra heureuses ce soir. »

Sinéad et Curzon se mêlèrent aux autres avec aisance et Jack commença à se détendre, se disant que la soirée serait beaucoup moins stressante qu'il ne l'avait imaginée. C'est alors que le café était servi qu'il aperçut Sinéad se tenant seule près du feu. Lorsqu'il s'approcha pour lui parler, il vit qu'elle étudiait les étagères où trônait la maquette de Monticello. Lorna surgit de nulle part, plaçant sa main sur son bras, et dit à Sinéad : « C'est joli, n'est-ce pas ? C'est Monticello, la demeure de Jefferson. Jack l'a rapportée pour les filles. Nous avons attendu qu'elles aillent se coucher puis nous avons passé la soirée à l'assembler, tous les deux. C'était très agréable, n'est-ce pas, Jack ? » Elle se tourna vers lui avec un grand sourire, passant son bras dans le sien. Jack fut stupéfait de ce mensonge mais Sinéad se contenta de sourire poliment. « Oui, c'est une demeure très intéressante, commenta-t-elle. Jefferson était très en avance sur son temps.

— Vous y étiez aussi, n'est-ce pas, Frank ? » lui demanda Lorna alors qu'il les rejoignait. Frank jeta un bref coup d'œil à Jack et adressa un sourire à Lorna.

« Oui, oui, tout à fait, c'est un endroit magique. J'y suis allé plusieurs fois. Très intéressant. »

Il contempla la maquette avant de se tourner à nouveau vers le petit groupe. « En fait, Lorna, je venais juste vous dire que je dois y aller car je prends l'avion pour Francfort tôt demain matin. Je passe devant votre appartement, Sinéad : je peux vous déposer si vous le souhaitez.

— Ce serait très aimable de votre part, Frank, répondit Sinéad avant de se tourner vers Lorna. J'espère que cela ne vous dérange pas. La soirée a été très agréable, merci beaucoup de nous avoir invités. Nous sommes tous un peu fatigués après la journée que nous avons eue. Nous ne nous réunissons pas très souvent donc nous essayons d'en profiter pour traiter un maximum de choses. »

Ils firent un tour rapide de la pièce pour dire au revoir à tout le monde puis Jack les accompagna jusqu'à la porte d'entrée mais il n'eut pas d'opportunité de s'entretenir seul avec Sinéad. Tandis qu'il regardait la voiture faire marche arrière le long de l'allée, Lorna lui chuchota à l'oreille, sur un ton presque enjoué : « Ils feraient un beau couple, tu ne trouves pas ? Tu crois qu'ils sont ensemble ? Cela ferait tellement de bien à Frank de rencontrer quelqu'un. Cela fait un moment que sa femme est décédée et il doit se sentir seul.

— Sa femme n'est pas morte, grommela Jack, masquant son irritation avec peine. Elle l'a quitté pour un autre homme. Personne n'en parle, c'est tout. »

Il la mena vers l'intérieur, où Jim tenait salon à en juger par les rires provenant de cette direction. Jack voulait qu'ils s'en aillent tous, pour qu'il puisse s'asseoir et s'anesthésier au scotch, mais la soirée ne se termina qu'une bonne heure plus tard lorsque le chauffeur de Jim apparut. Une fois le patron parti, les autres s'excusèrent les uns après les autres et se mirent en route.

Après le départ du dernier invité, Jack se rendit à la cuisine pour y mettre un peu d'ordre. « Laisse ça, Jack, lui dit Lorna. Mme Foley vient demain matin et elle s'en occupera. Montons nous coucher. Tu dois être fatigué, toi aussi.

—Vas-y, je te rejoindrai. Je vais juste jeter ce qui est périssable. J'ai besoin de décompresser un moment, de toute façon. »

Après un rangement sommaire, il ouvrit une bouteille de Macallan que quelqu'un avait apporté et se servit un grand verre. La soirée s'était mieux passée qu'il ne l'avait imaginé mais le coup de la maquette de Monticello le préoccupait. Pourquoi Lorna avait-elle prétendu qu'elle l'avait aidé à la monter alors qu'ils savaient très bien tous les deux qu'elle ne l'avait même pas touchée ? Quelle impression de lui cela donnait-il à Sinéad ? Qu'il était un menteur ? Il jeta un coup d'œil en direction du téléphone mais renonça à l'idée de l'appeler ; c'était bien trop risqué. Lorna pouvait facilement écouter la conversation sur le poste à l'étage si elle entendait le clic du receveur. Cela allait devoir attendre le matin suivant.

⋆

Comme il s'y attendait, Sinéad était très remontée au sujet de Monticello. « Tu m'as dit que vous ne faisiez rien ensemble, que vous viviez pratiquement chacun de votre côté et que tu avais assemblé la maquette seul avec les enfants, rien que vous trois. Pourquoi m'as-tu menti ? Il aurait mieux valu ne rien dire.

— Lorna a menti. C'était bizarre, on ne l'a pas montée ensemble. Il faut que tu me croies ; avec Lorna, tout est question de préserver les apparences. Elle sort toujours le grand jeu quand des inconnus, ou même sa propre famille, viennent à la maison. »

Mais il sentit que le doute avait été semé dans l'esprit de Sinéad et qu'il allait lui falloir regagner sa confiance.

Ils étaient censés se rendre à Londres le mardi après Pâques pour une réunion. Malgré tous ses efforts, il n'avait pas réussi à trouver de billets pour quoi que ce soit susceptible de vraiment l'intéresser. Il élabora donc un autre plan.

Il savait déjà que la réunion à Londres se terminerait tôt et il demanda à Brenda d'organiser une brève réunion le mercredi avec son homologue au ministère français de la Santé suffisamment tard pour qu'ils ne puissent pas rentrer à Dublin le soir même. Bernard Morris lui avait donné l'adresse d'un petit hôtel « ravissant » près de Montparnasse.

Il y avait encore entre eux une certaine froideur et il prit donc soin de lui dire bien à l'avance qu'ils se rendraient à Paris de Londres. Elle sembla surprise mais ne fit pas d'objection et parut même se faire à l'idée assez facilement.

Ils arrivèrent tard dans l'après-midi et laissèrent leurs affaires à l'hôtel. Jack avait secrètement espéré qu'ils fassent une petite sieste mais Sinéad avait déjà trouvé une exposition au Grand Palais qu'elle voulait absolument voir. Elle refusa net sa suggestion de prendre un taxi, déclarant qu'elle aimait prendre le métro de Montparnasse à Étoile et qu'ils pourraient ensuite descendre les Champs-Élysées à pied. Peu après avoir quitté Montparnasse, le métro émergeait des tunnels et poursuivait son chemin sur des rails surélevés en plein air. Il se retrouva en train de contempler l'intérieur de superbes appartements dont les fenêtres jalonnaient le trajet, stupéfait de tous ces meubles et tableaux entraperçus et non moins consterné par le fait que des gens qui avaient les moyens de vivre ainsi acceptent d'habiter si près d'une ligne de métro et de se soumettre à tel voyeurisme.

La tour Eiffel apparut tandis qu'ils approchaient de la Seine, illuminée comme une gigantesque attraction de fête foraine.

« Comment se fait-il que tu connaisses si bien Paris ?

— Je suis venue en voyage scolaire avec les bonnes sœurs quand j'avais seize ans. Nous avons logé dans un couvent dans un quartier très chic, près du Trocadéro. Nous avons passé dix jours ici et nous avons tout vu.

J'y suis revenue quelques fois mais c'était toujours pour le travail et je n'ai jamais eu le temps de me promener à travers la ville. »

Il trouva amusant d'imaginer Sinéad à seize ans, chaperonnée dans la ville de l'amour et du romantisme.

L'exposition fut ennuyeuse ; une obscure collection (en ce qui le concernait mais Sinéad lui rappelait sans cesse qu'il était un béotien) venue des États-Unis au sujet de laquelle la presse était dithyrambique. Ils durent faire la queue à l'entrée pendant une éternité et la foule était si dense à l'intérieur qu'il était impossible de voir quoi que ce soit correctement. À un moment donné, ils se mirent à observer les gens qui admiraient les tableaux et Sinéad le divertit en inventant toutes sortes d'histoires à leur sujet.

Ils étaient assis sur un banc au milieu de l'une des pièces, gloussant comme des collégiens, lorsque Jack s'aperçut que quelqu'un les dévisageait de l'autre côté de la pièce. Il avait environ le même âge qu'eux, vêtu avec l'élégance discrète si courante chez les Français, et il était au centre d'un petit groupe de gens qui avaient l'air de fonctionnaires.

Il donna un petit coup de coude à Sinéad. « Regarde, là-bas. Il y a un type qui en pince pour toi. »

Sinéad reprit contenance avant de regarder en direction du groupe en question. Elle se leva soudain, arborant le plus grand sourire que Jack lui avait jamais vu et se dirigea vers l'homme, qui lui aussi souriait et s'avançait vers elle. « Sinéad ! s'exclama-t-il. Je suis si heureux que tu aies pu venir ! Tu n'as pas changé du tout ! »

Ils s'embrassèrent, un baiser rapide sur chaque joue, puis Sinéad le prit par le bras et le mena vers Jack. « Sam, voici

Jack, un collègue. Nous travaillons ensemble à Dublin. Nous sommes en mission, venus saper le système de santé français.

— Bonjour, Jack. Ravi de vous rencontrer. » Il n'était pas du tout français. Anglais, probablement, se dit Jack en lui rendant son sourire et en souhaitant ardemment qu'il disparaisse. *Un collègue*, avait dit Sinéad. *Nous travaillons ensemble*. Pourquoi n'avait-elle pas dit qu'ils étaient en couple – amis, tout au moins ? Sa colère l'emplit de mépris pour sa propre puérilité ainsi que pour leur insupportable sophistication.

Il s'avéra que Sam s'était lié d'amitié avec Sinéad lors de son séjour à Londres pendant sa grossesse. Il se trouvait à Paris pour y donner un concert le soir suivant et il insista évidemment pour qu'ils viennent le voir. « Je demanderai qu'on vous laisse des billets au guichet. Le concert a lieu à la Salle Pleyel. Je ne sors jamais dîner après un concert mais nous pourrions peut-être boire un verre au bar ?

— Parfait. Nous serions ravis, pas vrai, Jack ? » Il sourit et dit que oui, bien entendu. C'était bien sa veine d'emmener la femme de ses rêves à Paris et de se faire éclipser par un pianiste de bas étage…

Après le départ de Sam et de son escorte, ils finirent leur tour du bâtiment et se rendirent directement à un restaurant qu'avait recommandé Bernard, selon lequel tous les grands noms l'avaient fréquenté ; Sartre, Hemingway, Fitzgerald et même Beckett. L'endroit était un peu décevant et surtout peuplé de touristes comme eux mais Sinéad semblait plus détendue.

Tandis qu'ils s'installaient, elle lui adressa un regard coupable et dit : « J'ai un aveu à te faire. » Jack attendit patiemment tandis qu'elle choisissait ses mots avec soin.

« La rencontre avec Sam n'était pas un hasard. Je lui avais dit que nous serions à Paris car je savais qu'il donnait un concert cette semaine et il m'a dit qu'il se rendrait à cette exposition au Grand Palais aujourd'hui.

— Tu lui avais dit ? Tu es toujours en contact avec lui ?

— Ici et là, au fil des années, oui. Il m'envoie des coupures de journaux, une carte de Noël de temps en temps – ou, plutôt, une carte de Hanouka. Il m'avait envoyé une carte récemment qui mentionnait ce concert mais je n'avais aucune idée que je serais à Paris. C'est seulement la deuxième fois que nos chemins se croisent depuis… tu sais… » Elle laissa sa phrase en suspens.

« Et comment savais-tu où le contacter ?

— Il me laisse toujours les coordonnées de ses hôtels lorsqu'il m'informe de ses concerts afin que je puisse le joindre si un jour j'avais l'occasion de m'y rendre.

— Quand est-ce arrivé la première fois ?

— Il y a environ cinq ans, à Genève.

— Pourquoi ne m'as-tu pas dit tout cela avant ?

— Je ne sais pas… Je me suis dit que tu serais probablement jaloux, que tu te ferais une fausse idée de la situation. Mais tu n'as aucune raison d'être jaloux.

— Bien sûr, rétorqua-t-il. J'imagine que tu ne me l'aurais pas présenté s'il y avait quoi que ce soit entre vous.

— Bien évidemment », répondit-elle, et il crut détecter une note de sarcasme. Tandis qu'ils regagnaient l'hôtel à pied, il repensa à la soirée chez lui et il se sentit mal à l'aise. Qu'avait-il dit sur le coup ? Que c'était la meilleure façon de faire en sorte que les gens pensent qu'il n'y avait rien entre eux ?

Après une matinée paresseuse et un déjeuner sur une terrasse située près des jardins du Luxembourg, ils eurent une réunion agréable et étonnamment utile avec le fonctionnaire du ministère, un homme grand et mince au nom improbable, M. Legros, qui fut impressionné d'apprendre qu'ils se rendaient ce soir-là à la Salle Pleyel et leur donna l'adresse d'un bon bistrot où ils pourraient manger avant le concert.

Ils eurent à peine le temps de faire un brin de toilette et de se changer avant de devoir repartir afin d'arriver suffisamment tôt pour visiter un peu les alentours et manger un morceau au bistrot de Monsieur Legros avant de se rendre à la salle de concert. Ils étaient assis au premier rang du premier balcon. Sinéad ouvrit le programme du concert et le pointa du doigt. « Regarde ! Ce n'est quasiment que du Schubert, comme à Washington. Pas les mêmes morceaux et pas pour piano solo mais tout de même… »

Jack y jeta un œil mais il ne reconnut aucun des morceaux ; un trio pour piano, violon et violoncelle suivi d'une *Sonate Arpeggione* pour violoncelle et piano ainsi que deux courts morceaux pour piano solo de Debussy. Plus ou moins obligatoire à Paris, se dit-il.

« Qu'est-ce que c'est qu'un *arpeggione* ? demanda-t-il à Sinéad.

— Aucune idée », répondit-elle. Elle lui traduit le texte du programme à ce sujet : « *L'arpeggione est un type d'instrument qui n'existe plus. Bien que le morceau ait été écrit pour cet instrument, il est presque toujours joué aujourd'hui par un violoncelle ou un alto.* »

Comme à Washington, Sinéad était captivée et il se demanda à un moment donné si c'était la musique ou le musicien qui était l'objet de son attention. Bien que résolu à ne pas se laisser impressionner, il trouva la musique exaltante, en particulier la *sonate arpeggione* et sa mélodie récurrente et envoûtante.

Après un premier bis qui suscita un tonnerre d'applaudissements, le violoniste et le violoncelliste quittèrent la scène tandis que Sam se rassit au piano. Jack n'en était pas certain mais il eut l'impression qu'il tourna son regard vers eux avant de se mettre à jouer. Il reconnut immédiatement les premières notes ; l'*Impromptu* de Schubert, *Opus 90, n° 3* en sol bémol majeur. Jack le connaissait par cœur car c'était le morceau qu'avait joué Brendel à Washington. Il en avait soigneusement pris note après le concert et en avait acheté un enregistrement qu'il écoutait dans sa voiture. Il jeta un regard en direction de Sinéad et vit qu'elle avait les larmes aux yeux. Elle lui prit la main et la serra dans la sienne.

Lorsque Sam joua la dernière note, un instant de silence absolu s'ensuivit puis ce fut un nouveau tonnerre d'acclamations.

Ils se joignirent à la longue queue pour récupérer leurs manteaux et, lorsqu'ils arrivèrent enfin dans le foyer, Sam les attendait. Il avait l'air très décontracté : il portait un jean et un polo noir. Il les mena au travers de ruelles jusqu'à un autre petit bistrot « où se rendaient souvent les musiciens après un spectacle », leur dit-il. L'atmosphère y était calme et conviviale ; Jack y aperçut le violoniste et le violoncelliste assis au sein d'un petit groupe dans un coin de la pièce.

« Je pense qu'on devrait fêter ça, pas vous ? dit Sam. Champagne ? » Il fit signe au serveur qui vint immédiatement prendre sa commande.

Malgré tous ses efforts, Jack n'arrivait pas à trouver Sam antipathique. Il était drôle et plaisant et, lorsqu'ils parlèrent de son concert, il fit preuve d'une modestie qui n'avait rien de fausse. Sinéad le pressa de parler à Jack de New York et de sa carrière mais il ramena de manière habile la discussion à eux. Sinéad lui raconta les avancées qu'elle avait réalisées dans ses recherches pour retrouver son fils et Sam jeta un coup d'œil en direction de Jack. « Ne t'en fais pas, Jack est au courant. Il est lui-même adopté. » Sam le regarda à nouveau, hochant la tête lentement, et Jack se sentit mal à l'aise.

Il crut comprendre que Sam avait été marié à un moment donné, que cela avait été un échec et qu'il était à nouveau célibataire (bien qu'il n'y ait été fait allusion que de manière oblique). Il était revenu vivre à Londres mais il voyageait beaucoup pour ses concerts et ses masterclass.

« Tu ne voudrais pas m'en donner un, à tout hasard ? Si tu viens à Dublin un jour, bien entendu. Je viens de me remettre au piano et c'est très démoralisant. Je joue comme une gamine de huit ans. Je ne serais jamais capable de jouer cet *Impromptu* de Schubert. »

Sam se fendit d'un sourire. « Ha ! Tu l'as reconnu. Eh bien, si jamais je passe par Dublin, je serai honoré de vous donner une leçon, Madame. Vous jouez aussi, Jack ? »

Jack secoua la tête et répondit qu'il était trop tard, à son âge, pour commencer à apprendre mais Sam lui dit qu'il connaissait beaucoup de gens qui s'y étaient mis sur le tard et qui avaient atteint un bon niveau.

« Mon professeur me disait toujours que, pour devenir un bon pianiste, il fallait 10 % de talent et 90 % de travail assidu. C'est certainement vrai dans mon cas », ajouta-t-il en riant. Il jeta un coup d'œil à sa montre et se leva.

« Je suis vraiment désolé, j'aurais beaucoup aimé passer plus de temps en votre compagnie mais je prends l'avion tôt demain matin. Vienne, encore un concert, le même programme heureusement. » Il fouilla dans ses poches et en sortit une carte de visite qu'il tendit à Jack.

« Heureux d'avoir fait votre connaissance, Jack. Quant à vous, Mademoiselle, je promets que, si jamais je me trouve à Dublin, je vous donnerai ce cours de maître. » Il embrassa Sinéad sur la joue, s'attardant un instant de plus que Jack ne l'aurait souhaité, et lui chuchota : « Prends soin de toi. »

Ils prirent leur temps pour rentrer à l'hôtel, descendirent l'avenue Hoche jusqu'à l'Arc de Triomphe puis déambulèrent le long des Champs-Élysées avant de prendre un taxi pour retourner à Montparnasse. C'était une soirée de printemps assez agréable ; il ne faisait pas trop froid et de nombreux touristes flânaient dans les rues. Une mobylette passa en bourdonnant tandis qu'ils traversaient en direction de la station de taxis. La femme derrière le guidon était vêtue d'un tee-shirt blanc frappé dans le dos de grandes lettres noires : « Dressée à tuer les petits amis collants. »

« J'adore cette ville, soupira Sinéad. Je pourrais si facilement y vivre. On peut tout y faire à pied, tout ce dont on a besoin se trouve à distance de marche ; parcs, magasins, théâtres, cinémas…

— Comme Dublin », ironisa Jack et elle éclata de rire. Son expression changea.

« Qu'allons-nous faire, Jack ? Penses-tu vraiment que

nous pourrons nous promener ensemble comme ça un jour à Dublin ?

— Bien sûr. Ce n'est qu'une question de temps, le temps que Lorna se fasse à l'idée d'une séparation.

—Mais ta famille, sa famille, vos amis. Tu sais très bien comment ça se passe au pays. Vous vous connaissez tous et vous êtes tous au courant de ce que font les uns et les autres. Ils couperont les ponts avec toi. Crois-tu pouvoir vivre comme ça ? Es-tu certain que c'est ce que tu veux ?

— On se débrouillera », assura-t-il, passant son bras autour de ses épaules et embrassant ses cheveux, s'efforçant de mettre de côté toute spéculation concernant les jours à venir.

Chapitre vingt

Effectivement, ils se débrouillèrent pendant les quelques mois qui suivirent. Malgré la réticence initiale de Sinéad, Jack et elle se voyaient souvent. Il passait régulièrement chez elle en rentrant du bureau, prétextant une réunion en soirée avec le ministre. Parfois il prétendait devoir se rendre au travail tôt le matin et prenait le petit-déjeuner à son appartement, apportant des croissants qu'il avait achetés en route. Ils mangeaient, discutaient, faisaient l'amour, écoutaient de la musique et, de temps en temps, elle lui jouait le morceau que lui faisait travailler son professeur de piano. Il se découvrit une véritable passion pour la musique.

Il y eut quelques séjours de travail à l'étranger, où ils purent faire semblant d'être un vrai couple mais cela rendait à chaque fois plus difficile le retour à la réalité de Dublin. Jack passait autant de temps que possible à l'appartement mais se sentait de plus en plus tiraillé entre son désir de rester aux côtés de Sinéad et ses responsabilités familiales. Curzon et la plupart des gens de leur entourage immédiat étaient maintenant au fait de la situation mais personne n'en parlait et ils semblaient même les ménager à cet égard, berçant progressivement leur vigilance jusqu'à l'endormir.

Le mois d'août fut particulièrement éprouvant car la famille de Lorna perpétua sa tradition consistant à louer des maisons voisines à Ballybunion, y descendant en masse pour le mois entier. Sinéad passa du temps avec une amie avocate qui avait une maison sur l'Île de Ré, en France. Bien qu'ils aient décidé de ne pas chercher à se contacter pendant cette période, Jack ne put s'y tenir et l'appela plusieurs fois, sans succès la plupart du temps. Il lui fallait se servir d'une cabine publique dans le village car il n'y avait pas de téléphone dans la maison qu'ils avaient louée. Il supposait que cela devait être plus facile pour Sinéad car il était tout simplement impossible pour elle de l'appeler. Lorsqu'il réussit à lui parler, elle lui sembla très détendue et pas du tout triste d'être séparée de lui, ce qui l'amena à passer le reste de la journée à imaginer toutes sortes de scénarios ; des repas en plein air sur des terrasses couvertes de rosiers, des Français baratineurs qui la draguaient, son amie impulsive qui lui conseillait de le plaquer. Tout cela ne faisait que le mettre de mauvaise humeur.

Un soir, vers la fin du séjour, ils étaient tous assis autour de la table de la cuisine après le dîner ; Lorna, Sarah, James, Deirdre, Mark et Jack.

Les enfants étaient au lit, épuisés après une longue journée à la plage.

Les sujets de conversation se succédèrent toute la soirée et, à un moment donné, la discussion s'orienta sur le travail. Deirdre se plaignit du fait que Mark était un bourreau de travail et Lorna l'imita. « Jack s'éclipse sans arrêt pour se rendre à la cabine téléphonique et appeler le bureau. Franchement, ils pourraient déconnecter pendant deux semaines. Ils sont censés être en vacances. »

Un silence pesant s'ensuivit, ponctué d'échanges de regards dont il craignit qu'ils fussent entendus, avant que Mark ne lui vienne en aide. « Il pourrait y avoir des élections en septembre, affirma-t-il, et il semble bien que le parti au pouvoir puisse les perdre. J'imagine que Jim ne laisse pas ses conseillers tranquilles.

— Que feras-tu s'il y a un changement de gouvernement, Jack ? voulut savoir Deirdre. Tu te retrouverais sans poste, non ?

— Je suppose que je pourrais toujours reprendre ma place parmi les fonctionnaires du ministère, répondit-il.

— Ce ne serait pas une bonne idée, intervint James. Tu mourrais d'ennui après avoir été au front pendant si longtemps. » Il alluma une cigarette et prit une longue bouffée. « Tu n'as pas dit un jour que tu aimerais aller travailler à Genève ou un endroit dans le genre ? Tu as cogité là-dessus ?

— À ce propos, déclara Jack de manière assez irréfléchie en remplissant son verre, un de mes amis des Affaires étrangères parlait l'autre jour de la représentation à Bruxelles. C'est un poste à durée déterminée qui permet de garder un pied en Irlande, pour ainsi dire, donc ce pourrait être une possibilité intéressante. Juste quelque chose à court terme… » Il évita le regard de Lorna, soucieux d'éviter une scène comme celle qui s'était produite la dernière fois qu'ils avaient évoqué le sujet d'un déménagement à l'étranger mais l'idée se mit à germer dans son esprit.

Dès son retour à Dublin, il se mit à se renseigner. Élections législatives ou pas, la tâche du groupe de travail allait bientôt prendre fin. Le rapport était presque prêt et, selon toute vraisemblance, il serait finalisé sans accrocs. Une fois sa mission terminée, Sinéad allait devoir décider si elle restait en Irlande pour y chercher du travail ou si elle retournait à Genève.

Cela faisait un moment qu'il était préoccupé par ce qu'elle lui avait dit à Paris, au sujet du fait d'être en couple à Dublin, ainsi que par une rencontre fortuite avec l'un de ses anciens supérieurs, un homme qui avait la cinquantaine et avait choqué son monde deux ans auparavant en quittant sa femme pour vivre avec sa secrétaire. C'était un samedi matin et l'homme était assis à Bewley's : il s'épuisait à essayer de boire un café et lire le journal tout en s'occupant d'un bambin débordant d'énergie. Il sembla ravi de voir Jack. Après un bref échange d'amabilités, Jack fut stupéfait lorsqu'il déclara : « J'ai entendu dire que tu pourrais bientôt te retrouver dans la même situation que moi. Ma femme, qui sera bientôt mon ex s'ils se décident un jour à légaliser le divorce dans ce foutu pays, me dit que tu as une maîtresse. »

Jack était furieux. « Qu'est-ce que sait ta femme de ma vie privée ? Qu'est-ce que ça veut dire, une maîtresse ? »

— Ah, le grand amour, tout ça, ce sont des conneries. Crois-moi, Jack, dit son ancien collègue se penchant vers lui avec un air de conspirateur : ça n'en vaut pas la peine. Cette ville est bien trop claustrophobe pour les gens séparés. Quoi que tu fasses, tu y perds au change. Regarde où j'en suis ; personne ne veut plus rien avoir à faire avec moi, à croire que ces histoires sont contagieuses ! » Il marqua une pause lorsque la serveuse apparut avec une glace qu'elle plaça devant son fils. « Je ne vois quasiment plus mes anciens amis ; mon ex s'est assurée de salir mon nom dans tout Dublin. Et même si ça fait deux ans maintenant que je vis avec ma compagne, officiellement, je suis toujours marié et mon ex exige que je continue à me rendre à tous les événements familiaux importants pour préserver les apparences. Elle est même allée jusqu'à organiser un voyage en Écosse avec toute la famille pour mon 50e anniversaire. » Il se cala dans sa chaise et laissa échapper un rire amer. « Tu imagines un peu ? Chambre à part et tout le tintouin, mais je peux t'assurer que ça n'a pas du tout plu à la mère du petit. » Il indiqua le gamin à ses côtés ; il était en train d'engloutir une glace et ne prêtait pas la moindre attention à la crise existentielle de son père.

Quand Jack s'en alla, prétextant devoir aller chercher ses filles, sa colère se dissipa et il se sentit un peu déprimé.

Lorsqu'il retourna au bureau le lundi suivant, Mulcahy vient le voir pour lui annoncer qu'il y avait de belles opportunités à Bruxelles. Jack lui demanda de garder cela pour lui pour l'instant et, tandis que son collègue acquiesçait d'un air compréhensif, Jack se demanda si quiconque à Dublin, en dehors de Lorna, ignorait encore ce qu'il y avait entre Sinéad et lui.

« Je ne sais pas, Jack, dit Sinéad lorsqu'il lui parla de son plan. C'est un grand pas à franchir et tu n'en as même pas encore parlé à Lorna. Pas correctement, en tout cas.

— Ce n'est pas un si grand pas que ça. Avec ce poste, je pourrais travailler à Bruxelles du lundi au vendredi et revenir les week-ends. Comme ça, je pourrais voir les filles régulièrement et ça ne changerait pas grand-chose pour Lorna, à part le fait que je ne serais pas là le soir. Mais ça lui permettrait de s'habituer à l'idée de vivre chacun de son côté. Elle n'aime ni le changement ni les surprises. » Il alluma une cigarette et tira une longue bouffée. « Et tu pourrais facilement trouver du travail à Bruxelles. Il y a plein de firmes de lobbying et ce genre de choses qui seraient ravies d'avoir quelqu'un comme toi à bord.

— Tu as peut-être raison, dit-elle. Je suppose que je pourrais retourner à Genève mais je ne suis pas sûre de vouloir le faire, maintenant.

— L'alternative, c'est de rester ici. Avec tous les contacts que tu as établis, tu pourrais trouver quelque chose ici, aussi.

— Tu sais très bien que c'est hors de question. »

Les élections eurent lieu quelques jours plus tard et Curzon décida de conclure rapidement les activités du groupe de travail. Le rapport fut finalisé et officiellement remis à Jim, n'obtenant qu'une très brève mention dans la presse. Politiciens et journalistes avaient d'autres chats à fouetter. Les craintes de Jim s'avérèrent fondées, car l'opposition remporta les élections et il se retrouva à nouveau membre du cabinet fantôme[15], le rapport flambant neuf cantonné à un tiroir de son bureau.

Profitant de la période des élections, Sinéad retourna à Genève pour y régler quelques détails et chercher un emploi

---

15 *Le cabinet-fantôme est une sorte de contre-gouvernement présenté par l'opposition, sous la conduite de son chef, pour proposer des politiques alternatives à celles du gouvernement.*

à Bruxelles. Il ne lui fallut que quelques semaines pour décrocher un poste assez intéressant auprès de l'une des principales firmes de relations publiques qui y opérait. Elle se mit immédiatement à établir une liste de contacts et à organiser son déménagement.

Dans l'intervalle, Jack commença à parler à Lorna, évoquant progressivement la possibilité d'un poste à Bruxelles pour lui et s'efforçant de la convaincre qu'il s'agirait d'une bonne chose pour sa carrière.

« Ça ne changerait pas grand-chose pour nous, dit-il. Tu pourrais rester en Irlande et je ferais l'aller-retour. Ce serait plus facile pour les filles, aussi. Elles n'auraient pas à changer d'école.

— Et s'il arrivait quelque chose pendant ton absence ? Si je tombais malade ou qu'un des enfants…

— Tu aurais toujours toute ta famille à portée de main et je ne serais qu'à une heure et demie de vol. Et je serais rentré tous les week-ends. »

Le jour où il reçut une lettre lui apprenant que sa candidature avait été retenue à la représentation permanente de l'Irlande à Bruxelles, il attendit que les enfants soient montés se coucher avant de la montrer à Lorna.

Elle s'assit et la regarda longuement. Elle dit : « Je croyais que tout cela n'en était qu'à l'étape de discussions. Mais ça dit ici que tu débuterais dans un mois et que la durée du contrat est de trois ans. Tout ça commence à m'avoir l'air d'une séparation. » Il ne répondit pas, surpris par ce qu'elle venait de dire, et elle le prit furieusement à partie. « C'est ça que tu veux, Jack ? C'est ça, le but de tout ça ? »

— Non, bien sûr que non », répondit-il. Il tenta de la prendre dans ses bras mais elle le repoussa. « Écoute, Lorna, ne te fâche pas, s'il te plaît. On peut tenter l'expérience et, si ça ne fonctionne pas, je reviendrai et je chercherai autre chose ici.

— Je veux un mari, Jack, un mari qui soit là pour les enfants et moi. Pas un arrangement à mi-temps le week-end. Si tu veux une séparation, sois honnête pour une fois et dis-le. Mais je ne l'accepterai jamais. Dans ma famille, il n'y a ni divorce, ni séparation ; tu devrais le savoir, maintenant. » Elle se mit à sangloter. « Pourquoi ne peux-tu pas te satisfaire de ce que tu as, comme tout le monde ? Pourquoi ai-je tout le temps l'impression de te décevoir ? Et que vont penser les gens si tu t'en vas et que je reste là ? »

Il tenta de la calmer mais elle le repoussa à nouveau, lui jeta la lettre et quitta la pièce à la hâte.

Jack resta dans le salon un long moment pour essayer de rassembler ses pensées, conscient qu'il ne servait à rien de tenter de la raisonner lorsqu'elle était dans un tel état. Lorsqu'il finit par monter à l'étage, la chambre était dans l'obscurité. Il alluma la lumière et s'approcha du lit, s'efforçant de faire aussi peu de bruit que possible, et c'est alors qu'il aperçut la boîte de somnifères à côté du lit.

« Lorna ! » s'écria-t-il avant de la secouer vigoureusement. C'était arrivé une fois auparavant et, une fois l'ambulance appelée et sa femme emmenée d'urgence à l'hôpital pour qu'on lui fasse un lavage d'estomac, il s'était avéré qu'elle n'avait rien pris. Il la secoua à nouveau et elle ouvrit les yeux.

« As-tu pris quelque chose ? » demanda-t-il, baissant la voix et tentant de masquer sa colère.

Elle hocha la tête.

« Combien ?

— Juste une », marmonna-t-elle.

Il vérifia la boîte et fut satisfait de voir qu'elle n'avait pas fait une surdose. Il prit les pilules et les rangea dans un tiroir de son côté du lit puis se glissa sous les draps à côté d'elle, au cas où.

Le matin suivant, l'atmosphère était tendue et ni l'un ni l'autre ne mentionna ce qui s'était produit la veille.

Lorsqu'il rentra chez lui du bureau ce soir-là, il s'assit à la table de la cuisine et dit : « Lorna, je suis complètement épuisé après tout le boulot pour les élections et nous avons tous les deux besoin de temps pour y voir plus clair avant d'avoir d'autres discussions. Est-ce que tu serais d'accord que je m'absente quelques jours pour aller jouer au golf ? »

Cela n'avait rien d'inhabituel ; le golf lui avait déjà fourni auparavant un prétexte bien pratique et crédible lorsqu'il avait eu besoin de s'échapper l'espace d'un week-end. Lorna n'eut qu'un haussement d'épaules et ne dit mot. Elle ne lui demanda même pas où il comptait se rendre, ce dont il fut soulagé car il n'avait même pas encore songé à cet aspect-là de la question.

Il appela Sinéad à Bruxelles pour lui dire qu'il avait réussi à prendre quelques jours de congés et il lui demanda s'il y avait un endroit en particulier où elle aimerait se rendre.

« Comment t'es-tu débrouillé pour faire ça ?

— Je t'expliquerai quand je te verrai. »

Elle réfléchit quelques instants, lui demanda s'il était bien sûr puis suggéra : « Que dirais-tu de l'Ouest du comté de Cork ?

— L'Ouest du comté de Cork ? » répéta-t-il, pris de court. Il s'était attendu à Paris, Londres, Venise même, mais pas à l'Ouest du comté de Cork.

« Ma tante a un joli petit cottage, près de Bantry, expliqua-t-elle, je pourrais lui demander s'il est libre. Le temps peut être imprévisible en cette période mais ça n'a pas grande importance, non ? L'endroit est magnifique, le cottage est confortable et ce serait agréable d'être loin de l'agitation de la ville. »

Deux jours plus tard, après avoir peaufiné son récit de couverture de séjour de golf jusqu'au moindre détail, il chargea son équipement dans le coffre de sa voiture, se rendit à l'aéroport et se gara au parking longue durée. Il se rendit ensuite au terminal, muni de son sac, où il attendit Sinéad qui arrivait par le vol de fin de matinée de Bruxelles. Il s'assit en face de l'aire des arrivées et sortit de son sac une feuille de papier. Dessus, il écrivit en grandes lettres « Mme CURRY » en référence à un soir où ils avaient dîné dans un restaurant chinois. La réceptionniste avait mal compris « Murray » au téléphone et avait appelé Sinéad « Madame Curry » toute la soirée, provoquant des éclats de rire qui avaient de plus en plus irrité la pauvre dame. Lorsqu'il vit que l'avion de Bruxelles avait atterri, il se joignit aux chauffeurs de taxi, guides accompagnateurs et autres qui attendaient, brandissant la feuille de papier devant son visage.

Elle fit d'abord semblant de ne pas le voir. Elle s'était fait couper les cheveux assez courts et elle portait la même veste en cuir et le jean que le premier soir, à Genève. Elle était très belle et il en ressentit une bouffée d'orgueil plutôt injustifiée lorsqu'elle s'arrêta devant lui sans laisser transparaître la moindre émotion. « Par ici, Madame », dit-il et elle le suivit jusqu'au guichet de location de voitures, où elle l'enlaça et enfouit la tête dans son épaule, secouée de grands éclats de rire.

L'agent d'accueil les gratifia d'un sourire bienveillant et, s'adressant à Jack, lui demanda s'il avait effectué une réservation. Sinéad se ressaisit, s'essuya les yeux et lui dit : « La réservation est à mon nom. Murray. Avec un "M", pas un "C". » Jack adressa un regard à l'autre homme, levant les yeux au ciel avant de déclarer : « C'est le manque d'oxygène dans l'avion. Elle est toujours comme ça quand elle atterrit. »

Tout fut rapidement préparé et, quelques minutes plus tard, ils se dirigeaient vers le parking, clés en main et bras dessus, bras dessous, faisant abstraction du reste du monde. L'agent d'accueil les suivait d'un regard amusé.

Ils savourèrent la moindre minute du trajet, pénétrés de ce sentiment de liberté qu'ils n'avaient vraiment ressenti jusque-là qu'à l'étranger. Ils s'arrêtèrent déjeuner à Cashel et prirent le thé plus tard à Bandon, une petite ville que Jack avait toujours trouvée lugubre mais qui semblait soudain animée et intéressante maintenant qu'il était accompagné de Sinéad. Tel un couple de touristes, ils admirèrent la verdure du paysage et notèrent la convivialité des habitants du cru.

Il était presque six heures du soir lorsqu'ils arrivèrent à Drimoleague et la nuit commençait à tomber. Ils firent une halte dans une petite épicerie pour y acheter quelques denrées de base qui leur suffiraient jusqu'au jour suivant.

Un peu plus loin sur la route, juste avant Bantry, Sinéad prit à gauche et Jack eut juste le temps d'apercevoir un panneau qui indiquait *Sheep's Head Way*.

« Quel dommage qu'il commence à faire nuit, dit-elle. Cette partie du trajet qui suit le côté sud de la baie est vraiment spectaculaire et j'adore le moment où l'on aperçoit le cottage pour la première fois. Nous venions souvent ici avec mes cousins lorsque nous étions jeunes et nous jouions toujours à qui le verrait le premier. »

Ils continuèrent le long d'une route étroite et sinueuse environ dix kilomètres sans rencontrer le moindre véhicule avant de passer un petit bureau de poste planté au beau milieu de nulle part. « Voilà le repère, déclara-t-elle en indiquant le bâtiment. Ouvre bien les yeux ; il va y avoir un petit chemin quelque part sur la droite. »

Environ deux cents mètres plus loin, elle tourna à droite pour emprunter un sentier à peine visible qui décrivait une boucle et s'orientait dans la direction d'où ils étaient venus, parallèle à la petite route. La voiture cahotait dans les ornières tandis qu'ils s'approchaient d'une ferme. Sinéad s'arrêta juste devant le portail et, au moment où elle ouvrit la portière, une jeune femme surgit de la bâtisse, accompagnée d'un collie enthousiaste. Jack distingua la silhouette d'un homme qui se tenait dans l'embrasure de la porte mais il ne put discerner ses traits. Sinéad s'entretint quelques instants avec la femme qui tenait un jeu de clés entre ses mains. Elles se tournèrent toutes les deux vers Jack et la femme lui adressa un timide signe de la main. Sinéad regagna ensuite la voiture et ils continuèrent le long du sentier jusqu'à ce que celui-ci se termine devant un portail bleu. Jack sauta du véhicule, ouvrit le portail et Sinéad avança la voiture d'une dizaine de mètres pour la garer devant le cottage. Jack retourna fermer le portail, manquant de trébucher dans l'obscurité quasi-totale, s'aidant du peu de lumière qu'émettaient les feux arrière du véhicule. Lorsqu'il revint à hauteur de la voiture, elle avait ouvert la porte de la demeure et allumé les lumières à l'extérieur. Il fit quelques pas de recul et contempla la façade. C'était un cottage traditionnel aux murs blanchis à la chaux, très simple, doté de lucarnes. Sinéad l'observait de la porte fermière comme un personnage d'une pièce de John B. Keane. « Dépêche-toi. Tu pourras voir tout ça demain. Il fait froid dehors. »

Il sortit les affaires du coffre et la suivit à l'intérieur, pénétrant dans un salon douillet au plafond bas avec des poutres de bois et de curieux placards peint en rouge foncé. Un feu de tourbe brûlait lentement dans la grande cheminée et la pièce était baignée d'une chaleur étonnante.

« Quand quelqu'un arrive, Maeve – la jeune femme qui garde les clés – aère la maison et fait les lits ; elle allume les radiateurs et prépare un feu. Mais ma tante n'arrive pas à lui faire allumer les lumières à l'extérieur du cottage ; elle estime qu'il s'agit d'un horrible gaspillage d'électricité. »

Elle ouvrit la porte menant à la cuisine et posa les sacs de provisions sur une grande table ancienne en pin. De part et d'autre de la porte se trouvaient d'autres placards peints, dans le même style que ceux du salon mais en gris-bleu pâle.

« La maison appartenait autrefois à un musicien norvégien qui s'est épris d'une Irlandaise et s'est installé ici. C'était un élève de Grieg et il était également plutôt bon peintre. Il a peint tous ces placards dans le style traditionnel norvégien. Viens, je vais te montrer le reste du cottage. »

Ils traversèrent le salon à l'autre bout duquel une porte donnait sur une chambre. « La chambre de ma tante, expliqua Sinéad. Elle dormait à l'étage avant mais elle préfère être ici maintenant car elle a plus de mal à se déplacer. Elle a fait installer une petite salle de bains à côté de la cuisine pour éviter de devoir monter les escaliers. » Ils retournèrent dans le salon où se trouvait en face de la porte d'entrée un petit escalier qui ne devait faire que cinq marches et menait à ce qui avait dû être autrefois le grenier. Arrivé à un premier palier, le minuscule escalier se divisait en deux et cinq marches montaient vers la gauche, cinq autres marches menant vers la droite. « Attention à ta tête », le mit en garde Sinéad en riant tandis qu'ils montaient à l'étage.

En haut, le plancher était entièrement recouvert d'une moquette beige crème. À gauche de l'escalier se trouvait un petit salon jonché de gros coussins de sol qui était flanqué de deux autres chambres.

À droite, un long couloir menait à une grande salle de bains puis à une autre chambre. Le tout respirait le charme et le confort.

« Nous nous installerons dans cette chambre ; elle offre une très belle vue en direction de Bantry et elle est orientée côté soleil le matin. Et je vois que Maeve a fait le lit, dit-elle. Tu peux déballer tes affaires et faire un brin de toilette, si tu veux. Nous n'avons pas le confort moderne d'une douche mais tu peux prendre un bain pendant que je nous prépare quelque chose à manger. »

Il avait toujours préféré les douches mais il avait des courbatures dans le dos après le long trajet en voiture donc il déballa les quelques affaires qu'il avait apportées et il fit couler l'eau.

Il venait de se déshabiller et d'entrer dans le bain lorsque Sinéad apparut avec un plateau sur lequel étaient posés une bouteille de vin dans un seau à glace, deux verres à long pied, des olives sur une petite assiette et une bougie.

Elle posa le plateau près de la baignoire et quitta la pièce, réapparaissant munie d'un lecteur de CD portable. « Qu'aimerais-tu écouter ? demanda-t-elle en brandissant une pile de disques.

— Je pense que Grieg serait approprié, non ? répondit-il.

— J'ai deux CD de Grieg ici. Le concerto pour piano ou les suites de Peer Gynt.

— Les suites de Peer Gynt ; ça a l'air différent. De quoi s'agit-il ? voulut-il savoir.

— Elles reposent sur une pièce d'Ibsen, c'est l'histoire d'un paysan égoïste qui vit toutes sortes d'aventures et fuit toute responsabilité tandis que sa bien-aimée, Solveig, attend son retour chez elle.

— Se pourrait-il qu'il y ait un message caché, je me demande ? » Sinéad l'ignora.

« La Chanson de Solveig est très connue et c'est l'un des morceaux les plus beaux et les plus émouvants que je connaisse. Même un béotien comme toi devrait être capable de le reconnaître en l'entendant.

Très bien, va pour Peer Gynt et Solveig, alors », dit-il en fermant les yeux et en savourant la sensation du bain chaud.

Elle retourna la couverture. « *L'histoire d'une vie consacrée à la procrastination et l'évitement.* C'est ma tante qui a dû écrire cela. Je me demande ce qu'elle voulait dire. »

Avant qu'il ne puisse répondre, elle versa le vin. « Savennières, déclara-t-elle d'un ton solennel en lui tendant un verre.

— Enfin ! s'exclama-t-il. Ou l'as-tu trouvé ?

— À l'aéroport de Bruxelles. Je me suis dit que ça pourrait s'avérer utile. » Elle tourna la bouteille et scruta l'étiquette au dos. « Les vendanges ont lieu au clair de lune ou quelque chose dans le genre. » Elle éteignit la lumière, plaça deux grandes serviettes sur l'étendoir chauffant, se déshabilla et se glissa dans la baignoire à l'autre bout. Ils restèrent là des heures, lui sembla-t-il, face à face et baignés dans la lumière dansante de la bougie, à discuter, boire leur vin à petites gorgées et écouter Solveig déverser ce qu'elle avait sur le cœur.

Lorsque Jack repensait à cette escapade de quatre jours, il lui semblait que chacun des instants qui la composaient avait été d'une perfection absolue. Même à la lumière du jour, le cottage n'avait rien de décevant. Il s'agissait d'une demeure traditionnelle blanchie à la chaux, avec des portes et fenêtres bleu foncé et un vieux toit en ardoise. Une maison à l'apparence modeste, dont il était clair cependant qu'elle était entretenue avec soin. Il y avait devant la porte principale un tout petit jardin, ceint d'un mur bas où poussaient des rangées de lys, d'hortensias et une clématite touffue qui grimpait au mur tout autour de la porte. Le reste de la propriété, qui s'étendait à plus d'un hectare et demi, servait de pâturage aux moutons du mari de Maeve et était entouré d'imposantes haies de fuchsia. La maison se dressait contre le flanc d'une petite colline, bien protégée du vent qui pouvait être féroce à cet endroit. Des marches taillées dans la pierre menaient à un petit sentier qui traversait le champ en contre-haut qui passait à côté d'un ancien jardin potager, abandonné depuis bien longtemps et circonscrit lui aussi par de grandes haies de fuchsia d'où l'on pouvait contempler l'ensemble de la baie de Bantry.

Jack et Sinéad passèrent leurs journées à explorer les baies et péninsules majestueuses de la région, se mettant parfois en route à l'aube. Le soir, ils étaient blottis l'un contre l'autre sur le canapé, devant le feu de tourbe ou affalés sur les coussins à l'étage, en train de regarder une émission sur le minuscule poste noir et blanc qui ne recevait que deux chaînes.

Lors de l'une de leurs excursions, ils firent route vers l'est jusqu'à Mizen Head, où ils trouvèrent un endroit idyllique pour pique-niquer sur les hauteurs au-dessus du phare. Il n'y avait aucun touriste à cette époque de l'année et le merveilleux silence n'était brisé que par le bruit des vagues qui fouettaient les rochers, le bêlement d'un mouton de temps à autre ou des cris d'oiseaux. Il faisait froid mais beau et il n'avait jamais oublié le parfum qui émanait de la peau de Sinéad tandis qu'ils étaient allongés dans un enfoncement herbeux, réchauffés par le soleil et à l'abri du vent, à contempler les mouettes qui décrivaient de grands cercles au-dessus des falaises, leurs formes se détachant du ciel d'automne bleu vif.

Il y eut aussi le jour où ils se rendirent à Gougane Barra, avec sa toute petite église en pierre qui semblait se dresser au beau milieu du lac. Un site d'une quiétude absolue, quasi irréelle, qui semblait appartenir à un autre monde, où le ciel gris se reflétait dans les eaux du lac, découpé par la silhouette de collines escarpées à l'aspect menaçant. Jamais il n'avait ressenti une telle tranquillité émaner d'un endroit. Tandis qu'ils étaient assis sur un banc et admiraient la vue, Sinéad posa la tête sur son épaule et dit : « C'est mon endroit préféré au monde. C'est ici que je voudrais qu'on m'enterre.

— Comme *Le Tailleur et Ansty*[16] ?

— Tu n'es peut-être pas si béotien que ça, après tout. »

Elle lui ébouriffa les cheveux et ils restèrent assis en silence un moment.

En revenant de Gougane Barra, ils firent une halte dans un petit pub à Bantry. Seuls quelques locaux s'y trouvaient, assis à siroter leurs pintes, et ils dévisagèrent les deux étrangers avec une curiosité bénigne lorsqu'ils entrèrent. Jack et Sinéad s'assirent au comptoir et commandèrent une pinte de Guinness pour lui et une demie pour elle.

« On ne sert toujours pas de pintes aux femmes, dans ce pays ? commenta-t-elle.

Chut, répondit-il. C'est toi qui conduis pour rentrer. »

Le dernier soir, ils allèrent se promener le long des falaises près du cottage et descendirent sur les rochers en bord de mer pour observer les bancs de poisson qui se dirigeaient vers Bantry. Ils remontèrent la petite falaise tandis que le soleil se couchait et se tinrent près de la clôture qui entourait le jardin, contemplant la baie sous la lumière changeante. Le ciel était clair et la vue était dégagée jusqu'à Castletownbere, de l'autre côté du bras de mer avec, ici et là, des bateaux de pêche qui dodelinaient sur l'eau, leurs lumières papillotant dans le crépuscule.

« Ma tante va bientôt vendre cette maison, dit Sinéad. J'envisage de l'acheter. J'ai tant de souvenirs merveilleux de

---

16 Personnages principaux du roman éponyme d'Eric Cross, écrit en 1942 mais interdit par la censure en Irlande jusque dans le courant des années 1960 en raison de son traitement de la cohabitation préconjugale et de la sexualité. (N.D.T.)

cet endroit et j'aimerais que mes enfants – si jamais j'en ai d'autres – puissent le connaître, eux aussi.

— Nos enfants, déclara-t-il en la prenant par les épaules. Nos enfants, Sinéad. Je veux que nous ayons des enfants, tous les deux. »

Elle sourit et plaça son index sur ses lèvres. « Une chose à la fois, Jack. Ne parlons pas de ça maintenant. »

Ce soir-là, ils dégustèrent un délicieux dîner de poisson frais et de moules qu'ils avaient acheté plus tôt sur les quais à Schull. Ils se servirent dans l'armoire à vin de la tante de Sinéad, où ils trouvèrent une bouteille de Riesling tout à fait correct, et Sinéad prépara une tarte tatin avec un fond de pâte qu'elle avait acheté et des pommes du cru que Maeve avait laissées pour eux dans le cottage. Ils terminèrent le repas près du feu et passèrent leur dernière nuit au cottage à lire de vieux numéros de *Private Eye*[17] et à écouter de la musique des années soixante avant de se coucher tôt. Blottis sous la couette, à observer le silence qui n'était interrompu de temps à autre que par le bruissement des feuilles dehors, il ne s'était jamais senti si heureux.

⋆

Le trajet du retour à Dublin lui sembla bien plus court et, pour Jack, les adieux à l'aéroport furent plus douloureux que les précédents.

Il n'avait jamais été aussi réticent à l'idée de rentrer chez lui et il fit un détour par Sandymount, s'arrêtant en bord de

---

17 *Magazine bimensuel politique satirique au Royaume-Uni. (N.D.T.)*

mer et se remémorant le jour où il avait regardé les avions en approche, attendant avec impatience l'arrivée de Sinéad.

Lorsqu'il arriva enfin, il gara la voiture dans l'allée, surpris de constater que celle de Lorna ne s'y trouvait pas. Il fut encore plus étonné quand il ouvrit la porte d'entrée et qu'il ne fut pas confronté à une ruée de petites filles surexcitées. Durant son absence, il avait appelé tous les soirs à sept heures et il avait dit à Lorna exactement quand il était censé rentrer. La demeure était étrangement silencieuse. Il laissa ses clubs de golf dans la voiture, posa son sac de voyage par terre dans l'entrée et se rendit dans la cuisine. Il y flottait une odeur de produits d'entretien, tout était propre et en ordre mais rien n'indiquait qu'on y ait mangé récemment. Il gravit lentement les escaliers. Les chambres étaient bien rangées, tous les lits étaient faits. La maison n'était normalement dans cet état que juste après le passage de la femme de ménage qui venait une fois par semaine mais elle venait d'habitude le mercredi et c'était un vendredi. En proie à une sensation de malaise croissante, il redescendit et se rendit à la salle à manger. Une enveloppe en papier kraft était posée sur la table, portant son nom écrit de la main de Lorna.

Il la contempla un moment, puis il s'assit lentement et l'ouvrit. À l'intérieur se trouvait un document dactylographié, auquel une note manuscrite avait été affixée. Il détacha la note et se mit à la lire.

Cher Jack,

Cela fait un certain temps que je te soupçonne d'entretenir une liaison. Je t'ai suivi jusqu'à l'aéroport lundi et je t'y ai vu en compagnie de cette femme.

Je suppose que c'est pour cela que tu veux aller à l'étranger et travailler à Bruxelles. J'ai beaucoup réfléchi à la question et j'ai décidé que, si tu souhaites vraiment que nous nous séparions, je suis prête à l'accepter sous certaines conditions. Je te demanderais donc de signer les documents ci-joints.

Lorna

Il resta là immobile un long moment, sous le choc. C'était ce qu'il voulait mais quelque chose clochait. Cela semblait trop facile. Et pourquoi n'était-elle pas là pour le lui dire en face ?

Il était sur le point de commencer à lire le document lorsqu'il entendit la porte d'entrée s'ouvrir. Mark et James franchirent le seuil.

« Bonjour, Jack, dit Mark. Nous avons vu ta voiture dans l'allée donc nous avons su que tu étais là et nous sommes entrés. J'espère que ça ne te dérange pas. Lorna nous a donné la clé. Elle nous a demandé de venir te parler. »

James se tenait à ses côtés, de l'autre côté de la table. « As-tu eu le temps de lire le document que nous avons préparé ? » s'enquit-il en prenant place sur une chaise. Ils avaient toujours été en très bons termes et son ton était tout à fait agréable mais Jack se sentit mal à l'aise.

Il secoua la tête.

« Nous ne te jugeons pas, Jack, nous faisons cela pour Lorna, déclara Mark sur un ton pragmatique. Nous pouvons le parcourir ensemble, si tu veux. » Il vit qu'ils avaient tous les deux leur propre copie, dont certaines parties avaient été surlignées en jaune.

Lorsqu'ils furent partis, il resta assis un moment dans la salle à manger, le calme de la pièce bien ordonnée contrastant avec le chaos de ses pensées. Il fut frappé en regardant autour de lui – et ce n'était pas la première fois – par le fait que la pièce semblait dénuée d'âme, comme si personne ne vivait là. La maquette de Monticello ne se trouvait plus sur l'étagère ; il la trouva plus tard dans la poubelle, brisée en mille morceaux.

Il posa sa tête sur la table et frappa du poing la surface polie. Il venait de se mettre à réfléchir aux différentes alternatives qui se présentaient à lui, qui ne lui semblaient guère nombreuses, lorsqu'il entendit à nouveau la porte d'entrée s'ouvrir. C'était cette fois sa mère, suivie de son père, qui arborait un air penaud. Il avait complètement oublié qu'ils avaient la clé.

La discussion qui s'ensuivit fut quasiment à sens unique. Apparemment, Lorna était allée les voir immédiatement, plutôt que ses propres parents, après qu'elle eut confirmé l'existence de sa liaison. C'était bien joué d'un point de vue stratégique, se dit-il avec cynisme plus tard.

« Comment as-tu pu faire une chose pareille à Lorna ? demanda sa mère. Une si belle femme et une si charmante famille. »

Il tourna la tête en direction de son père, qui ne dit rien. Ils n'avaient jamais été proches mais Jack – pour des raisons qu'il ne s'expliquait pas vraiment – s'était attendu à une forme de soutien ou tout au moins de compréhension de sa part. Mais il n'y avait rien ; pas même la moindre lueur d'émotion.

« Tu es majeur et vacciné, poursuivit sa mère, et tu peux faire ce que tu veux. Mais que ce soit clair : si tu décides de quitter Lorna et d'aller vivre avec cette femme, nous te déshériterons et ta part de l'héritage ira directement aux enfants. » Elle ajouta, de manière assez inutile du point de vue de Jack étant donné l'échange qu'il venait d'avoir avec les frères de Lorna, que sa réputation à Dublin serait ruinée et qu'il lui serait difficile de rester dans le pays s'il abandonnait son mariage.

Elle se leva pour partir et secoua la tête. « Tu nous as énormément déçus, Jack. Nous avons fait de notre mieux pour toi. Nous t'avons tout donné ; un foyer décent, une famille, une bonne éducation mais… » Elle marqua une pause. « Je suppose que la mauvaise graine a toujours été là. »

Il garda le silence, profondément choqué par ce qu'elle venait de dire. Il adressa à nouveau un regard à son père qui refusa de le lui rendre et garda les yeux rivés sur le sol.

Lorsqu'ils furent partis, Jack se leva et contempla le jardin de derrière par la fenêtre. Il fallait à tous leur rendre justice ; ils lui avaient bel et bien mis dans l'os. Le chat roux du voisin – qu'ils avaient inexplicablement appelé Platon car il s'agissait du chat le plus stupide qu'il ait jamais croisé – traversa la pelouse avec nonchalance, déclenchant la lumière activée par le détecteur de mouvement puis sauta sur l'une des chaises de jardin et s'y pelotonna avec volupté, le fixant d'un regard qui semblait empli de dédain.

Il jeta un coup d'œil à sa montre ; il était presque sept heures du soir. Il ne savait pas quoi faire et il était en train de se demander s'il devait appeler Sinéad lorsqu'il entendit à nouveau une clé tourner dans la serrure. Son cœur se serra et il se demanda qui d'autre cela pouvait bien être. C'était Lorna, le teint pâle mais ses traits posés. « Je ne vais pas rester, annonça-t-elle. Je suis juste venue m'assurer que tu vas bien.

— Si je vais bien ? Oui, ça va très bien. Je viens d'avoir une conversation très désagréable avec mes parents au sujet de ma provenance et je suis confronté au fait de devenir un paria ruiné, sans parler du fait de ne plus pouvoir voir mes enfants quand je le souhaite mais, oui, à part ça, tout va bien. »

Elle s'assit à la table de la salle à manger. « Et qu'est-ce qui te fait croire que tu ne mérites pas tout cela ? Je ne voulais pas être obligée de faire les choses ainsi mais tu ne m'as pas laissé le choix. C'est toi qui t'es mis dans cette situation. Il est hors de question que je sois humiliée par ta liaison. J'imagine que ce n'est pas la première ? » Elle le fixa du regard, cherchant confirmation. Il ne répondit pas et elle poursuivit. « Cela fait un moment que je réfléchis beaucoup à tout ça et je suis prête à faire un effort – suivre une thérapie conjugale, faire ce qu'il faudra faire pour que ce mariage fonctionne. Aucune des personnes que je connais n'est divorcée, ni même séparée, et je ne souhaite absolument pas être la première. »

Elle lui déclara qu'il avait le week-end pour réfléchir aux termes de l'accord que décrivait le document mais qu'elle voulait une réponse de sa part avant dimanche soir. L'accord n'était pas négociable ; c'était à prendre ou à laisser.

Ce fut la dernière visite de la soirée. Lorsque Lorna fut partie, il lut et relut le document. Abstraction faite de tout le jargon juridique, il était en fait assez bref. Il indiquait en gros qu'en cas de séparation Jack ferait transférer l'acte de propriété de la maison au nom de Lorna, qu'il continuerait à régler les traites de l'hypothèque comme auparavant et qu'il verserait à son épouse 60 % des économies et investissements du ménage, de son salaire et de toute autre forme de revenus, et ce, indéfiniment. Il aurait le droit de voir les enfants un week-end tous les quinze jours, du vendredi soir au dimanche soir, au domicile conjugal. Lors de ces périodes de visite, qu'il était tenu d'effectuer seul, Lorna se rendrait chez ses parents. Il aurait le droit de les avoir pendant certaines périodes ponctuelles de vacances scolaires à condition que les enfants ne soient jamais en présence d'une nouvelle compagne potentielle.

Il décrocha le téléphone et appela son ami et avocat, Tony O'Donnell.

La femme de Tony répondit à l'autre bout de la ligne et lui dit que Tony était allé faire du bateau à Dun Laoghaire et qu'il rentrerait tard. Jack savait ce que cela signifiait : il était allé au Yacht Club boire avec ses compères. Il monta dans sa voiture et se mit en route pour la côte.

Il trouva Tony au club nautique avant que ce dernier ne soit trop imbibé et ils se rendirent dans une petite pièce adjacente, où Jack lui résuma de son mieux la situation. Son ami de longue date parcourut rapidement le document avant de le poser sur la table et de laisser échapper un long soupir.

« Bon Dieu, Jack. Tu n'aurais pas pu faire bref, discret et à l'étranger comme nous le faisons tous ? »

Il secoua la tête et soupira à nouveau. « Tu peux aller en justice, bien entendu. Tu peux contester cet arrangement. Il est excessif et tu pourrais le contester. Mais tu perdras probablement parce que tout le monde connaît les Stewart et plaindra ta jolie femme fragile et trompée. Si elle venait d'une cité ouvrière des quartiers nord, tu peux être sûr que le juge lui dirait d'aller se trouver du travail et de se prendre en charge. Mais, dans ce cas-ci, un connard d'avocat réputé comme moi – qui te coûtera lui aussi un bras, au passage – plaidera qu'elle a sacrifié une carrière brillante pour élever tes enfants et que non seulement son sacrifice mérite compensation mais qu'elle doit pouvoir continuer à leur permettre de vivre dans le confort auquel ils sont habitués. Combien coûte l'école prisée que les enfants fréquentent ? Une fortune ; et ce sera pire encore lorsqu'ils iront à l'université. Sans parler de toutes les activités périscolaires ; les leçons de piano et de tennis, les vacances à l'étranger qui sont si nécessaires à leur développement personnel, ces jours-ci. »

Il marqua une pause et se moucha bruyamment.

« Tu es dans la merde jusqu'au cou, mon vieux.

— Écoute, Tony, ce n'est pas tant l'argent qui m'inquiète, répondit Jack. Ce sont les conditions d'accès aux enfants. J'aime mes enfants et je veux pouvoir les voir quand je le souhaite ; certainement plus souvent que deux week-ends par mois.

— Tu dis ça maintenant. Attends un peu que ta nouvelle compagne ou femme ait des enfants et que tu doives financer leur éducation aussi.

— Mais ma future compagne a un bon emploi. Financièrement, nous n'aurions pas de problèmes.

— Bien sûr, Jack, jusqu'à ce qu'elle le quitte pour s'occuper des nouveaux bambins ou que la tension monte parce que tu te sens dépendant vis-à-vis d'elle ou qu'elle se sente lésée parce que tu donnes la plupart de ce que tu as à ton ancienne famille. Crois-moi, Jack, je l'ai vu tant de fois. Sois réaliste ; ça ne marcherait pas. Si tu restes ici, l'ordre établi te traitera comme un paria et, si tu vas ailleurs, tu ne verras plus tes enfants. »

Tony plongea son regard dans le sien et lui donna une tape amicale sur l'épaule.

« Viens dîner avec nous puis rentre chez toi et réfléchis-y. La nuit porte conseil. »

*

Jack se réveilla le matin suivant avec un mal de tête carabiné. Il lui fallut un certain temps pour réaliser où il se trouvait et ce qui s'était passé. Il se leva et se rendit à la fenêtre. Il fut extrêmement soulagé de voir que sa voiture était devant la maison et ne semblait pas endommagée car il n'avait aucun souvenir d'être rentré chez lui le soir précédent.

Il mit le jet de la douche à fond et se plaça dessous, restant planté là comme s'il pouvait ainsi laver toute trace de la journée précédente. Ce n'est qu'après s'être rasé et avoir avalé plusieurs cafés serrés qu'il se mit à se souvenir de la conversation qu'il avait eue avec Tony et qu'il se sentit un tant soit peu capable d'affronter ce qui l'attendait.

La première chose à faire était de parler à Sinéad. Cela pourrait être compliqué car elle était chez ses parents.

Il resta assis environ une heure à côté du téléphone à tenter de prévoir le cours de la conversation, à répéter ce qu'il allait dire et à prendre des notes au cas où il perdrait le fil de ce qu'il souhaitait lui dire.

Il avait une peur bleue que ce soit l'un des parents qui réponde mais ce fut Sinéad qui décrocha.

« Jack ? » Elle avait l'air surpris. Ils s'étaient mis d'accord sur le fait qu'il ne l'appellerait jamais le week-end et c'était la première fois qu'il avait enfreint cette règle. « Quelque chose ne va pas ?

— On peut dire ça comme ça, oui, répondit-il d'un ton hésitant. Tu peux parler ?

— Un instant », dit-elle et il l'entendit poser le combiné. Il y eut des bruits de voix en fond puis des bruits de pas et une porte que l'on refermait.

Elle fut de retour quelques moments plus tard. « C'est bon, mes parents viennent de sortir se promener. J'étais censée sortir avec eux mais je leur ai dit que je les rejoindrais. »

Il inspira profondément et lui raconta tout depuis le début ; la maison vide, le document sur la table, les visites des frères, de ses parents et de Lorna. Il ne mentionna pas la soirée au Yacht-Club mais il dit qu'il avait parlé à un ami qui était avocat.

Elle ne l'interrompit pas une seule fois. À un moment donné, il crut qu'ils avaient été coupés et demanda : « Tu es toujours là ?

— Je suis toujours là », répondit-elle doucement.

Lorsqu'il arriva au terme de son récit, il ajouta : « Donc voilà la situation. Je dois prendre une décision d'ici demain soir.

— Je ne sais pas quoi dire, finit-elle par répondre, presque dans un murmure. Nous avons discuté de ça avant, Jack, et tu es conscient du fait qu'il vaut mieux que je ne t'aide pas à prendre une telle décision. C'est à toi seul de décider. »

Mais elle sembla changer d'avis car elle ajouta : « Cela dit, tu as le choix. Tu peux te rendre à Bruxelles avec moi et penser à trouver du travail une fois là-bas. Je gagnerai assez pour deux pendant un certain temps pour ce qui est du loyer et ce genre de chose.

— Mais il faudra que je continue à payer les traites de la maison ici, l'entretien, une pension alimentaire. Je ne pourrais pas te demander de faire ça », objecta-t-il avant d'énumérer tous les arguments que Tony avait présentés de manière si convaincante.

« On se débrouillerait, répondit-elle. Si c'est vraiment ce que tu veux.

— Bien sûr que c'est ce que je veux, s'exclama-t-il, haussant le ton presque au point de crier. Mais je suis dos au mur. Je ne peux pas abandonner mes enfants comme ça. Surtout… Enfin, Sinéad, si quelqu'un doit comprendre ça, c'est bien toi. »

Il y eut encore un long moment de silence et il finit par dire à nouveau : « Allô ?

— Tu as déjà décidé, n'est-ce pas ? »

Avant qu'il ne puisse répondre, elle plaça sa main sur le téléphone et il l'entendit parler à quelqu'un. « Mes parents, dit-elle. Ils sont de retour. Il s'est mis à pleuvoir et ils n'avaient pas de parapluie. Il va falloir que j'y aille.

— Attends. S'il te plaît, Sinéad, l'implora-t-il, le désespoir montant en lui. Il faut vraiment qu'on en parle. Écoute, je vais aller au bureau, il n'y aura personne un samedi. Tu peux m'appeler sur ma ligne privée. Ou on peut se voir à ton appartement. Je t'en prie.

— Je ne sais pas. Oui, peut-être. Il faut que je réfléchisse. J'essaierai de t'appeler au bureau dans deux heures environ. »

Tandis qu'il se rendait en ville et passait tous les endroits familiers qu'il fréquentait, il repensa à l'ancien collègue qu'il avait croisé qui s'était séparé de sa femme, se souvint qu'il n'avait ressenti rien d'autre à son égard que de la pitié. Il tenta de s'imaginer dans la même situation mais à Bruxelles, repartant de zéro, vivant dans un minuscule appartement avec trois fois rien, dépendant de Sinéad. Et si, après tout cela, elle le quittait ?

Sinéad avait raison ; il s'était déjà décidé et il ignorait totalement comment il allait bien pouvoir le lui dire.

Il attendit plus d'une heure dans son bureau, à faire les cent pas jusqu'à ce que le téléphone sonne enfin. Il supposa sur le moment qu'elle l'appelait de chez ses parents mais elle lui apprit bien plus tard qu'elle s'était rendue à son appartement car elle ne voulait pas être dérangée et souhaitait éviter que ses parents soient témoins de son trouble. Il serait sans doute allé la voir en personne s'il l'avait su le jour même et peut-être l'issue aurait-elle été autre. Ou peut-être cela n'aurait-il fait qu'empirer les choses.

« Commence au début, lui dit-elle. Raconte-moi à nouveau ce qu'il s'est passé. Je veux être sûre de bien comprendre. »

Elle l'écouta sans mot dire pendant qu'il tentait de résumer la situation.

« Je t'ai déjà posé cette question, Jack, mais as-tu déjà pris ta décision ? Parce que si c'est le cas, ce n'est pas la peine de continuer cette discussion.

— Ils ne m'ont pas laissé le choix, murmura-t-il.

— Donc il n'y a pas de place pour la discussion ou le compromis ? Y a-t-il quoi que ce soit que je puisse dire ou faire pour te faire changer d'avis ?

— Tu sais bien que non, répondit-il.

— Alors ça y est, c'est ça ? C'est terminé ; d'un coup, comme ça. Il se passe quoi, maintenant ? On ne se revoit jamais ? Pourquoi ne pas l'avoir dit tout à l'heure, si c'est le cas ? Pourquoi me demander de te rappeler ? »

Il y avait quelque chose dans son ton qui l'effrayait. Sa froideur. Il s'était attendu à des larmes, à des suppliques ou des remontrances mais pas à cette façade de calme glacial.

« Il fallait que je te parle, dit-il, réalisant en prononçant les mots à quel point sa réponse était inepte.

— Je dois y aller, Jack. Appelle-moi si jamais tu changes d'avis. » Elle raccrocha. Il attendit environ dix minutes puis appela chez ses parents plusieurs fois mais il n'y eut pas de réponse. Il resta au bureau une heure de plus, dans l'espoir qu'elle finirait par le rappeler, mais le téléphone demeura silencieux.

La nuit commençait à tomber lorsqu'il rentra chez lui et il passa sa dernière soirée de liberté avachi devant la télé, en train de manger une pizza qu'il avait commandée. Il appela Lorna le matin suivant pour l'informer qu'il avait pris sa décision. Elle revint dans l'après-midi avec les enfants et ils déchirèrent le document ensemble, éparpillant les morceaux dans la poubelle au-dessus de la maquette brisée de Monticello.

★

Sinéad resta à Dublin quelques semaines de plus avant de prendre ses nouvelles fonctions à Bruxelles mais elle ne croisa pas Jack une seule fois, ce qui était étonnant pour une petite ville comme Dublin. Elle évita le bureau sauf lorsqu'elle savait qu'il n'y serait pas. Brenda s'occupa de toutes les formalités administratives de son départ et Jack savait qu'elles étaient en contact presque tous les jours. Il songea à faire transférer Brenda dans un autre service mais ce fut lui qui plia bagage au bout du compte, lorsqu'une firme de lobbying lui fit une offre qui ne se refusait pas. Il soupçonnait que Jim avait eu quelque chose à voir avec ce poste qu'on lui avait offert mais ce dernier n'avait jamais reconnu une telle intervention.

Peu après, Lorna le surprit en lui annonçant qu'elle envisageait de se remettre au travail et qu'elle avait demandé à son père de se renseigner pour elle. Elle estimait qu'il était important pour elle d'avoir ses propres revenus. Ils discutaient plus fréquemment qu'auparavant même si leurs conversations demeuraient assez empruntées. Elle lui avoua même à quel point elle avait été furieuse lorsqu'elle l'avait vu partir avec Sinéad à l'aéroport, comment elle s'était rendue à sa voiture après leur départ et avait failli céder à la tentation de faire voler en éclats son pare-brise. Elle ne fit jamais mention du jour où Sinéad était venue chez eux et il ne sut jamais si elle avait déjà des soupçons à ce moment-là.

Le lendemain du départ de Sinéad à Bruxelles, Lorna organisa un grand déjeuner en buffet chez eux et y invita toutes leurs connaissances, jusqu'à la dernière. L'événement était ostensiblement en l'honneur de Jim et Caroline, censé marquer la fin de l'ancien régime, mais ils savaient très bien tous deux qu'il s'agissait en fait d'une déclaration très publique de la part de Lorna. Tant de personnes avaient accepté l'invitation qu'ils durent faire ériger une grande tente dans le jardin reliée à la maison par un passage couvert au cas où il pleuvrait.

Il fut bien obligé de reconnaître que la maison était resplendissante et Lorna joua parfaitement son rôle d'hôtesse. Elle passa le plus clair du temps à circuler à ses côtés, bras-dessus bras-dessous, souriant aux invités. À un moment donné, elle s'éloigna de lui et il la vit rejoindre Brenda qui venait d'arriver avec son mari et ses enfants. Elle lui chuchota quelque chose à l'oreille et la prit par le coude, la menant dans le jardin comme si elles étaient les meilleures amies au monde.

« Que ne serais-tu pas prêt à donner pour savoir ce que se disent ces deux-là ? »

Jack se retourna et trouva Bernard Morris campé devant lui, arborant un sourire satisfait. Il ressentit une envie furieuse de lui asséner un coup de poing dans la figure mais, au lieu de cela, il lui sourit poliment. « Tu veux un verre, Bernard ? Ce ne sera sans doute pas aussi raffiné que ce que tu as l'habitude de boire mais… » Il s'interrompit, mal à l'aise devant la façon dont son collègue le regardait.

« Je dois te rendre justice, McDonagh ; tu as l'art et la manière. Tout ceci… » Il engloba la pièce d'un geste, son mobilier onéreux et les traiteurs qui se hâtaient ici et là. « Ce doit être difficile à abandonner, j'imagine. Tant pis, tu finiras sans doute par le regretter. Ce serait mon cas si j'étais à ta place, en tout cas. Enfin… tu ne la méritais pas. J'espère qu'elle trouvera à Bruxelles quelqu'un qui l'estime à sa juste valeur. Je n'en doute pas un instant, d'ailleurs. »

Avant que Jack ne puisse répondre, Bernard avait tourné les talons et attrapé un serveur qui traînait par là avec un plateau.

Jack chercha Lorna du regard mais ne la vit nulle part.

Il nota également que, même si le tout Dublin semblait être venu, quelques personnes brillaient par leur absence. Frank Curzon, par exemple ainsi que Mulcahy et le jeune Coughlan, qui avait toujours paru admirer Sinéad et l'avait suivie partout comme un petit toutou.

Ses pensées furent interrompues lorsque Jim lui tapa sur l'épaule. Un instant plus tard, il était à nouveau l'hôte charmant, jouant son rôle à la perfection, comme si de rien n'était.

Chapitre vingt et un

La vieille routine reprit très rapidement ses droits. La brebis galeuse était à nouveau la bienvenue dans le giron familial et personne ne mentionna l'incident. Deux semaines après la soirée, Jack rentra chez lui et trouva Lorna qui l'attendait assise dans la cuisine, blanche comme un linge et furieuse, agitant sous son nez une lettre. Il reconnut immédiatement sa propre écriture et son estomac se noua. Il s'agissait d'une lettre qu'il avait écrite à Sinéad. Une fois tout le psychodrame passé, il lui avait écrit plusieurs lettres et les avait toutes jetées à la poubelle, sauf une qu'il lui avait envoyée à Bruxelles. Il la connaissait par cœur ; il l'avait lue et relue tant de fois avant de la placer dans son enveloppe. Il y donnait libre cours à ses sentiments, y disait qu'il espérait qu'ils se retrouveraient un jour, les comparant à deux voyageurs qui traversaient un labyrinthe Il lui parlait des retrouvailles de Solveig et Peer Gynt au paradis. C'était abominable. Lorna lut quelques passages de la lettre sur un ton méprisant.

« Et ne viens pas prétendre que tu as écrit ça avant votre rupture. Regarde, le somma-t-elle en martelant la feuille du doigt, tu parles ici des décorations de Noël sur Grafton

Street et nous savons tous les deux qu'ils les ont mises la semaine dernière.

— Où as-tu obtenu cette lettre ? » voulut-il savoir.

Sa lèvre inférieure frémit. « Elle est arrivée ce matin avec le courrier. » Elle éclata en sanglots.

Il passa son bras autour de ses épaules, murmura ses excuses et s'efforça de dissimuler la rage qui montait en lui envers Sinéad. Il n'arrivait pas à croire qu'elle ait pu faire une chose pareille.

Une semaine plus tard environ, Sinéad l'appela au bureau. Elle semblait hésitante et déclara qu'elle devait lui parler.

« Je n'ai rien à te dire. » Il lui raccrocha au nez et ne répondit pas lorsque le téléphone sonna plusieurs fois juste après.

Quelques jours plus tard, Brenda lui remit une lettre de Sinéad. Il la plaça dans une enveloppe sans même l'ouvrir et la renvoya à Bruxelles.

Il y eut deux autres coups de fil de Sinéad lors de la semaine qui suivit mais il refusa d'y répondre. Brenda l'appela et lui demanda ce qu'il se passait, suggérant une rencontre mais il lui répondit sèchement que cela ne la regardait pas et qu'elle pouvait dire à Sinéad de cesser de tenter de le contacter.

Le jour suivant, la porte de son bureau s'ouvrit soudain et Sinéad entra. D'abord sous le choc, il retrouva rapidement ses moyens. « Va-t'en » lui dit-il.

Elle l'ignora et tira une chaise près du bureau avant de s'asseoir.

« Je ne quitterai pas cette pièce tant que tu ne m'auras pas dit ce qui se passe, Jack. Tu te comportes comme si je t'avais fait quelque chose mais je n'ai aucune idée de quoi il s'agit.

— Ne fais pas semblant de ne pas le savoir, rétorqua-t-il.

— De ne pas savoir quoi ? demanda-t-elle en haussant le ton ; elle commençait visiblement à être énervée.

— La lettre. Celle que tu as renvoyée à Lorna.

— Quelle lettre ? s'exclama-t-elle, l'air stupéfait.

— Arrête ce jeu idiot. La lettre que je t'ai envoyée, à propos du labyrinthe et de Solveig et Peer Gynt.

— Solveig et Peer Gynt ? Mais qu'est-ce que tu racontes, bon sang ? demanda-t-elle en agrippant le dossier de la chaise.

— J'ai du travail qui m'attend. Je pense vraiment qu'il vaudrait mieux que tu t'en ailles. Tu n'as pas un avion à prendre ? Comment es-tu entrée ici, d'ailleurs ? »

Elle devint très pâle d'un coup. L'espace d'un instant, il crut qu'elle allait s'évanouir. Puis elle se leva.

« J'ai dit à la réceptionniste que j'étais ta cousine. Vous devriez vraiment revoir vos procédures de sécurité. Et oui, j'ai un avion à prendre mais je peux t'affirmer que je n'ai reçu aucune lettre de ta part et que, même si cela avait été le cas, je ne suis pas rancunière au point de l'envoyer à ta femme malgré la façon dont tu m'as traitée. » Le regard qu'elle lui adressa ne dissimulait en rien son mépris. « Je n'arrive pas à croire que tu me penses capable de faire une chose pareille. »

Soit elle était meilleure actrice qu'il le croyait soit il se tramait quelque chose de louche. Un doute commençait à le tirailler mais il le mit de côté.

« N'oublie pas de refermer la porte derrière toi. »

Elle ne dit rien pendant quelques instants. Puis elle se leva, le toisa froidement, tourna les talons et quitta son bureau.

Il resta assis là un long moment, les mains tremblantes et le front en sueur. Sa visite l'avait profondément troublé. Il repassa la conversation dans sa tête et tenta d'y déceler du sens. Il ouvrit le tiroir en haut à droite, qu'il verrouillait toujours lorsqu'il quittait le bureau, et fouilla parmi les papiers qui s'y trouvaient. Quelques brouillons de la lettre en question y étaient. Au moment où il allait refermer le tiroir, il remarqua autre chose ; une enveloppe semblait coincée à l'arrière. Il la tira avec soin et vit qu'il s'agissait de l'enveloppe qu'il avait adressée à Sinéad. Elle était même timbrée mais elle ne contenait pas de lettre.

Il la contempla fixement pendant un moment, s'évertuant à comprendre ce qui avait bien pu se passer. Peu à peu, il se souvint. Il avait été sur le point d'aller la poster mais il en avait été empêché et il l'avait fourrée dans le tiroir. Il s'était ensuite absenté deux jours. Mais il ne comprenait toujours pas comment la lettre s'était retrouvée entre les mains de Lorna ; qui l'avait envoyée et comment ?

Il se rendit dans le bureau de sa secrétaire et lui demanda si quelqu'un était entré dans son bureau dernièrement. Elle secoua lentement la tête et affirma qu'elle ne laisserait personne y pénétrer en son absence. « Sauf votre femme, bien sûr.

— Ma femme était là ? demanda-t-il, s'efforçant de prendre un ton décontracté.

— Oui, elle est venue avec les enfants l'autre jour pour vous faire une surprise mais vous n'étiez pas là. Ils vous ont laissé une note sur votre bureau. Vous ne l'avez pas reçue ?

— Ah oui, la note. Bien sûr, dit-il en souriant. J'avais complètement oublié. Merci, Susan. »

Une fois les enfants au lit ce soir-là, il demanda des explications à Lorna. Elle nia d'abord de manière peu convaincante puis finit par admettre qu'elle s'était rendue dans son bureau et avait trouvé la lettre.

« J'ai ouvert le tiroir pour trouver du papier afin que les filles puissent t'écrire une note. Je ne cherchais rien, je te le jure. Et elle était là. J'étais tellement furieuse. Je n'ai pas réfléchi, j'ai fait comme si je l'avais reçue par la poste. »

Elle s'essuya les yeux et baissa le regard.

« Je suis désolée, Jack. Je suis si malheureuse. Je ne sais plus ce que je fais. »

Il ressentit de la peine pour elle, sa pitié teintée de la culpabilité qu'il éprouvait pour la façon dont il avait traité Sinéad. Pour la première fois depuis longtemps, il la prit dans ses bras.

Chapitre vingt-deux

Londres, la semaine suivante

La réunion était censée marquer la fusion de deux firmes importantes de relations publiques et se tenait dans un bâtiment très luxueux, près de Whitehall[18]. Les nouveaux employeurs de Jack allaient étendre leur rayon d'action et avaient uni leurs efforts à ceux d'une firme de Londres qui était elle-même liée à la firme pour laquelle Sinéad travaillait à Bruxelles. Il était quasiment certain qu'elle serait présente mais ce ne fut que lors de la réception qui eut lieu ensuite qu'il finit par l'apercevoir à l'autre bout de la pièce, en pleine discussion avec un groupe d'hommes qui semblaient suspendus à ses lèvres.

Il s'avança résolument vers elle, lui dit bonjour et l'embrassa sur les deux joues. Elle parut surprise de le voir mais pourtant parfaitement à l'aise et le présenta au reste du groupe. Après quelques politesses d'usage, les autres hommes

---

18 *Rue de Westminster, dans le centre de Londres, où se trouvent plusieurs ministères. Le terme désigne par métonymie les bureaux du gouvernement du Royaume-Uni. [N.D.T.]*

s'éclipsèrent un par un et les laissèrent face à face. Ils discutèrent poliment pendant un petit moment puis il lâcha : « Il faut que je te parle, Sinéad. Dîne avec moi, s'il te plaît.

— Des excuses n'auraient pas été de trop. De toute manière, je ne peux pas, répondit-elle en saluant quelqu'un de la main par-dessus son épaule. Je dois dîner avec mon patron. »

Elle sembla alors hésiter. Elle contempla son verre et ajouta : « Bon, très bien ; et si on déjeunait demain ?

— Oui, c'est parfait. Je serai toujours là », mentit-il. Il avait prévu de prendre l'avion pour Dublin tôt le lendemain matin.

Le lendemain, ils se retrouvèrent dans un restaurant non loin des bureaux de sa firme et ils parlèrent et parlèrent jusqu'à ce que les autres tables se vident, une par une. Il commença par lui raconter l'histoire de la lettre et son expression se durcit.

« Tu devais bien savoir que je n'étais pas responsable, dit-elle.

— Je suis vraiment désolé, Sinéad. J'étais frustré, en colère et tu m'as énormément manqué. Ces dernières semaines ont été un enfer. Mon nouveau boulot, l'ambiance à la maison… »

Il poursuivit en lui disant qu'il s'efforçait de meubler son temps avec toutes sortes d'activités pour combler le vide qu'elle avait laissé dans sa vie. Son nouvel emploi était stimulant et il était très occupé : il avait même commencé à prendre des leçons de piano avec ses filles tous les samedis matin.

« La seule chose positive qui est ressortie de tout ça est que Lorna a trouvé du travail – ou, plutôt, son père lui a trouvé du travail. Un poste très bien payé, en plus. Dans une compagnie pharmaceutique. Ils lui ont même fourni une voiture de fonction – une Audi, rien que ça. »

Il se pencha en avant et tenta de prendre sa main dans la sienne mais elle la retira immédiatement.

« Tu me manques tant, lui dit-il. Je t'ai écrit tant de lettres mais je n'en envoie aucune.

— C'est sans doute une bonne idée. On ne sait jamais où elles pourraient se retrouver.

— Sinéad, je t'en prie. Je t'ai dit que j'étais désolé.

— J'ai entendu parler de votre petite fête.

— Je suis désolé, répéta-t-il.

— Ça a été une véritable gifle, Jack. Tu le sais, n'est-ce pas ? Comment as-tu pu me faire une chose pareille ? C'était cruel. »

Il secoua la tête et marmonna des excuses, lui dit que l'idée ne venait pas de lui.

Une lueur de pitié apparut dans son regard puis son expression se durcit.

« Après notre deuxième conversation au téléphone, le jour où tu m'as dit que tu avais pris ta décision, j'étais dans mon appartement à Merrion Square. Quand j'ai raccroché, je suis allée directement aux toilettes et j'ai vomi. Puis je suis restée prostrée sur le lit et j'ai pleuré. Je crois que je n'avais pas pleuré comme ça depuis que j'avais dû me séparer de mon fils. Quand je me suis levée, j'ai dévalisé l'armoire à pharmacie, sorti tous les cachets et je les ai alignés en rangs bien soigneusement sur le lit. J'ai calculé exactement combien il en faudrait pour tuer quelqu'un qui fait mon poids. »

Il la contempla avec horreur.

« J'ai déterminé qu'il y en avait juste assez pour faire l'affaire si je buvais de l'alcool avec. Mais quelque chose a tilté à ce moment-là et je suis allée parcourir tous mes dossiers d'adoption. Et puis j'ai mis tous les cachets dans un sac plastique et j'ai jeté le tout à la poubelle. »

Elle saisit son attaché-case et fit signe au serveur d'amener l'addition.

« Enfin, tout ça c'est du passé, maintenant, et j'ai un rendez-vous à mon hôtel. »

Il la raccompagna, espérant contre toute attente que son client ne se manifesterait pas, qu'elle l'inviterait à monter dans sa chambre et que, pour cet après-midi au moins, il pourrait trouver refuge dans l'illusion qu'ils étaient à nouveau ensemble.

Tandis qu'ils passaient devant la réception et se dirigeaient vers le coin café, où elle devait rencontrer son client, le réceptionniste héla Sinéad et lui tendit une enveloppe en disant : « Un message de la part de… » Il sembla avoir du mal à lire le nom. « Un monsieur Miguel Del Pueblo. » Elle esquissa un sourire énigmatique en prenant le mot et le mit dans sa poche.

Jack ne put s'empêcher : « Miguel Del Pueblo ? Drôle de nom.

— C'est de la part de Sam.

— Sam ? répéta-t-il. Ton ami pianiste ? Comment est-il au courant que tu es ici ?

— Parce que je lui ai dit, Jack. Nous sommes bons amis. Je peux compter sur lui.

— C'est avec lui que tu as dîné hier soir ?

— Écoute, Jack, Je t'ai dit que je devais dîner avec mon patron. Je ne pense vraiment pas que ça te regarde, de toute manière. Tu as pris ta décision et nous savons tous les deux qu'elle est définitive. En tout cas, elle l'est pour moi.

— Tu me manques tant, Sinéad. Je n'avais pas réalisé à quel point ce serait douloureux sans toi. J'essaie de garder la situation sous contrôle dans l'intérêt de mes enfants mais si seulement tu pouvais me donner encore un peu de temps. Je t'en prie. Je t'aime. »

Elle laissa échapper un soupir et détourna le regard.

« Je ne sais pas ce que tu as écrit au juste dans cette fameuse lettre que tu ne m'as jamais envoyée mais ce que je voulais vraiment te dire tout à l'heure, puisqu'apparemment tu y as fait référence, c'est que je ne serai pas ta Solveig. Ceci n'est pas un nouveau commencement pour nous.

— Comment peux-tu être aussi froide ?

— En étant capable d'enterrer ce qui doit l'être, répondit-elle. J'ai beaucoup d'expérience de ce point de vue là. Tu n'as pas un avion à prendre ? lui demanda-t-elle d'un ton malicieux, se détournant de lui et souriant à son client qui venait d'arriver. Ah et au fait, ajouta-t-elle en s'éloignant, tu t'es empêtré dans les métaphores ; il n'y a pas de labyrinthes dans la mythologie norvégienne. »

Chapitre vingt-trois

Jack rentra à Dublin ce soir-là abattu et en colère. Deux jours plus tard, il reçut un coup de fil de Brenda. Elle lui dit qu'elle souhaitait le voir et que c'était urgent, mais refusa de lui révéler au téléphone la raison pour laquelle elle voulait lui parler.

Ils se virent dans un petit café sur South Anne Street, proche de leurs bureaux respectifs et, ironie du sort, situé en face du siège de l'une des plus grandes agences d'adoption de Dublin. En l'attendant, il vit un couple arriver et gravir les marches qui menaient à la porte géorgienne en face. Il tenta d'imaginer sa mère en train de l'y céder et se demanda si ses parents adoptifs auraient été là, eux aussi, dissimulés dans une pièce poussiéreuse à l'arrière. Ses rêveries furent coupées court par l'arrivée de Brenda. Il l'observa entrer et jeter quelques coups d'œil rapides autour d'elle afin de s'assurer qu'aucune de leurs connaissances ne se trouvait là.

« Bonjour, Brenda. Tu as l'air en pleine forme. Comment vas-tu ? » Elle ne lui rendit pas son sourire.

Elle s'assit et il commanda deux cafés. Il commença à la questionner au sujet de son nouveau poste mais elle l'interrompit.

« Je ne devrais pas être là, Jack, et je ne devrais pas te le dire mais il y a quelque chose qu'il faut que tu le saches. »

Il se sentit soudain mal à l'aise. « Qu'est-ce qu'il y a, Brenda ?

— C'est à propos de Sinéad..., commença-t-elle.

— Il lui est arrivé quelque chose ? demanda-t-il, sentant la panique monter en lui.

— On peut dire ça comme ça, répondit-elle d'un ton sec. Vous vous êtes vus à Londres, n'est-ce pas ? Et, visiblement, elle ne t'a rien dit. Donc je vais le faire. Elle est enceinte. »

C'était la dernière chose qu'il s'était attendu à entendre et il lui fallut quelques instants pour en digérer le sens. Il s'adossa contre sa chaise, le cerveau en ébullition, battant furieusement le sol du pied sans même s'en rendre compte. Il soumit Brenda à un déluge de questions ; comment était-ce possible ? L'avait-elle fait exprès ? Comment pouvait-il savoir qu'il était le père ? Que voulait-elle qu'il fasse ?

Brenda le toisa d'un regard empli d'aversion et lui glissa une carte sur la table.

« Ne tue pas la messagère, Jack. Voici ses numéros, au bureau et chez elle. Réglez ça entre vous. »

Il se rendait ce soir-là à un événement caritatif avec Lorna donc il attendit le lendemain pour appeler Sinéad, ce qui lui donna également le temps de réfléchir à ce qu'il allait dire. Il appela le numéro de son bureau et fut déconcerté lorsqu'elle décrocha immédiatement.

Elle eut l'air aussi surprise que lui.

« Le moment est mal choisi, dit-elle.

— J'ai parlé à Brenda. Elle me l'a dit.

— Et ?

— Pourquoi ne m'as-tu rien dit à Londres ? Ou quand tu es venue me voir à Dublin ?

— Tu es sérieux, Jack ? Tu m'as accusée de saboter ton mariage et tu m'as quasiment mise à la porte de ton bureau. Ça ne m'a pas semblé être le bon moment.

— Et comment... ? »

Elle le coupa net. « Non, ce n'était pas délibéré, si c'est ce que tu penses. J'ai oublié de prendre mes pilules avec moi quand nous sommes allés à Bantry et ça aurait été vraiment compliqué de trouver un médecin et obtenir une ordonnance. Et puis j'en étais à une phase de mon cycle où je me suis dit que ça irait.

— Il faut qu'on parle. Qu'est-ce que tu comptes faire ? » demanda-t-il en s'efforçant de paraître calme, de bannir la peur de sa voix. Cette situation pouvait potentiellement faire voler en éclats tout ce qu'il s'était attelé à reconstruire. Les conséquences étaient inimaginables.

La réponse fut brève, directe et inattendue. « Je vais me faire avorter. » Bien que pris au dépourvu, il ressentit soudain un immense soulagement.

« Si c'est que tu souhaites... Je pense sincèrement que tu prends la bonne décision, Sinéad. C'est la seule possible, au vu des circonstances en tout cas, ajouta-t-il.

— Oui, je me disais bien que tu verrais les choses ainsi, commenta-t-elle avant de marquer une pause. Tout est déjà arrangé, de toute manière. J'ai pris rendez-vous pour le faire ce week-end – demain, en fait.

— Si seulement je pouvais faire quelque chose », répondit-il en se disant qu'il valait sans doute mieux ne pas parler d'argent. Il lui demanda à quelle clinique elle se rendait et, malgré sa réticence, elle finit par lui donner un nom mais l'avertit qu'il valait mieux qu'il ne cherche pas à la contacter lorsqu'elle y serait.

Il ne tenait pas en place ce week-end-là. Il l'appela chez elle plusieurs fois mais n'eut pas de réponse. Il réussit à trouver le numéro de la clinique et les appela deux jours de suite mais ils lui affirmèrent qu'ils n'avaient aucun patient du nom de « De Clercq ». Brenda lui apprit plus tard que, dans les hôpitaux belges, les femmes étaient admises sous leur nom de jeune fille et que c'était sans doute pour cela qu'il n'arrivait pas à la retrouver. Ou peut-être avait-elle donné des instructions afin qu'on ne divulgue aucune information la concernant.

Il lui écrivit une longue lettre qu'il fit bien attention d'envoyer immédiatement mais elle fut renvoyée à son bureau sans avoir été ouverte.

Le jeudi suivant, il rentra chez lui plus tôt qu'à l'accoutumée et, lorsqu'il posa son attaché-case dans l'entrée, il entendit la voix de Lorna qui venait du salon. Il crut d'abord qu'il y avait quelqu'un avec elle mais réalisa ensuite qu'elle était au téléphone. Sa voix semblait tendue, son ton forcé ; il se mit à écouter.

Il discernait certains des mots qu'elle disait mais il ne comprit pas au départ de quoi elle parlait. Il se rapprocha furtivement de la porte afin de l'entendre plus clairement.

« Adopté ? Non, non, il le dit parfois aux gens pour qu'ils le plaignent, c'est tout. Il n'est pas du tout adopté. »

Inspirant profondément, il pénétra dans le salon. Lorna le fixa du regard et dit : « Il faut que j'y aille. Merci de m'avoir parlé, je vous en suis reconnaissante. Au revoir. »

Elle semblait tout à fait calme hormis le fait que ses mains tremblaient tandis qu'elle raccrochait le téléphone.

« Qui était-ce ? demanda-t-il.

— Ton ex, répondit-elle. Je l'ai appelée. Je voulais lui expliquer ce qui s'était passé pour la lettre et lui présenter mes excuses. Je t'ai laissé entendre qu'elle me l'avait envoyée et ça fait un moment que ça me travaille. Quoi que je puisse penser d'elle, elle ne méritait pas de porter le chapeau pour ça.

— Qu'est-ce que tu lui as dit d'autre ? voulut-il savoir.

— Simplement que nous repartions à zéro et que nous essayions de sauver notre mariage, ce qu'elle a semblé comprendre.

— Et pourquoi lui as-tu dit que je n'étais pas adopté ?

— Je ne sais pas. Le sujet a été abordé pour une raison ou une autre et je lui ai dit, c'est tout. » Elle soutint son regard quelques instants puis il tourna les talons, quitta le salon et se rendit à l'étage, où il s'allongea sur le lit et frappa violemment son oreiller.

Il n'eut aucune nouvelle pendant plus d'un mois. Les fêtes de fin d'année passèrent. Brenda refusait tout contact avec lui et il avait cessé de tenter d'appeler Sinéad. Elle ne répondait jamais chez elle et, lorsqu'il avait tenté de l'appeler au bureau, en désespoir de cause, on lui avait affirmé qu'elle était en réunion.

Puis il reçut sa lettre.

Lorsqu'ils travaillaient ensemble, il lui écrivait souvent, surtout après le séjour à Washington, glissant les lettres dans son attaché-case pendant des réunions ou les dissimulant dans son bureau. Elles étaient la plupart du temps drôles, absurdes, tendres parfois et elle lui répondait dans le même esprit. Il avait conservé toutes celles qu'elle lui avait écrites ; elles étaient soigneusement mises de côté dans son coffre-fort. Mais celle-ci était très différente. Elle était plus courte et au contenu très différent, même si elle était écrite de la main ferme qu'il avait appris à aimer.

« Cher Jack,

Je t'écris car j'ai des nouvelles et je préfère te les annoncer moi-même plutôt que tu l'entendes dire ici ou là. Sam m'a demandé de l'épouser et j'ai accepté. On lui a proposé un poste de professeur dans un conservatoire en France et nous allons bientôt nous installer là-bas.

Je veux que tu saches que j'accorderai toujours une grande importance aux moments que nous avons passés ensemble et que je comprends la décision que tu as prise, même s'il m'a été douloureux et difficile de l'accepter. C'était ce qu'il convenait de faire et j'espère que tu trouveras le bonheur, ou du moins la paix. Ta femme et tes enfants le méritent eux aussi.

J'espère que le fait d'entendre mon histoire t'a permis, d'une manière ou d'une autre, d'accepter ta propre adoption et que, si nos chemins se croisent un jour à nouveau, tu m'annonceras même peut-être que tu as retrouvé ta mère naturelle. Je l'espère sincèrement, pour son bien-être et pour le tien. Je poursuis mes recherches afin de retrouver Lorcan et j'ai aujourd'hui bon espoir de le rencontrer ; je suis heureuse d'avoir pu tant avancer dans cette voie lors du temps que j'ai passé en Irlande.

Sinéad

Il lut et relut la brève missive, en proie à une incrédulité croissante. Il n'avait jamais envisagé qu'elle puisse se remarier ; il avait espéré envers et contre tout, en dépit de ce qu'elle lui avait dit, qu'elle l'attendrait. Il se sentit seul, abandonné et fou furieux.

Il appela Brenda et lui demanda si elle était au courant ; elle l'était, bien entendu. Il lui demanda où et quand le mariage devait avoir lieu. Elle admit du bout des lèvres qu'elle et quelques autres personnes seraient présentes. Il allait s'agir d'un événement sobre et modeste à Londres mais elle refusa de lui fournir le moindre détail.

« Et si je te le disais, Jack, que ferais-tu, au juste ? Tu te rendrais à l'endroit en question, comme Dustin Hoffman dans *Le Lauréat* ? Pour frapper aux portes, contrarier tout le monde puis rentrer chez toi ? Tu as pris ta décision ; tu ne peux pas attendre d'elle qu'elle tourne le dos à une chance de connaître le bonheur simplement parce que cela risquerait de te faire de la peine. »

Elle avait évidemment raison. Il n'avait rien d'autre à lui offrir et sa réaction était irrationnelle et égoïste.

Chapitre vingt-quatre

Dublin, 1994

Sinéad était assise dans le vestibule de l'agence d'adoption où elle attendait d'être reçue par l'assistante sociale. Après toutes ces années, il s'agissait toujours de la même femme, Mademoiselle Brennan, celle qui avait refusé de la regarder dans les yeux lorsqu'elle était arrivée, terrifiée, avec ses parents en 1970. L'endroit n'avait pas beaucoup changé depuis, se dit-elle en contemplant le papier peint triste, les chaises inconfortables et la pile désordonnée de magazines religieux écornés posés sur une table en osier. Elle tenta de se souvenir combien de fois elle s'était trouvée dans cette pièce, anxieuse comme une adolescente sur le point de passer un examen. Elle se demanda combien de femmes comme elle s'étaient assises ici, de combien de douleur ces murs s'étaient imprégnés.

Elle ne savait même plus combien de fois elle était venue. Les premières rencontres avaient été empruntées mais, à mesure que le temps passait et que Mademoiselle Brennan était moins sur ses gardes, sans doute parce qu'elle avait pu constater par elle-même qu'elle n'avait affaire ni à une déséquilibrée ni à une fauteuse de trouble, l'atmosphère était devenue relativement cordiale entre elles.

« Vous êtes mariée ? C'est bien », avait commenté Mademoiselle Brennan lors d'une de ses précédentes visites. « Et vous indiquez dans votre lettre que vous avez deux petits garçons. Cela doit vous être d'un grand réconfort. »

Lorsque Sinéad aborda la question d'établir un contact avec Lorcan, cependant, son ton changea. « Je vais y réfléchir et en parler à sa mère, déclara-t-elle. Elle est restée en contact et m'envoie une lettre tous les ans. »

Quelques mois plus tard, Sinéad reçut une lettre au ton sec de la part de mademoiselle Brennan, lui disant qu'elle en avait discuté avec la mère adoptive et son fils mais que, bien que ce dernier ait manifesté « un certain intérêt », elle estimait qu'il n'était pas encore assez mûr.

« Continue à y aller. Elle finira par céder », lui dit Sam en la tenant dans ses bras tandis qu'elle pleurait des larmes de rage et de déception.

Lors des quelques visites suivantes, elle mit Mademoiselle Brennan au fait de ce qui se passait dans sa vie et recevait en retour des bribes d'informations concernant son fils, soigneusement choisies pour ne rien révéler, ou presque, qui permette de l'identifier, lui ou sa famille adoptive.

Sinéad faisait attention à la manière dont elle s'habillait pour ces entretiens ; chaussures sobres, tons discrets et juste un soupçon de mascara. Lors de leurs conversations, elle minimisait l'importance de tout ce qui pouvait sembler exotique ou étranger. Il lui fallait se fondre dans la masse et non représenter une quelconque menace pour cette femme qui tenait entre ses mains tous ses espoirs.

« Il préfère la lecture au jardinage, lui dit Mademoiselle Brennan comme si elle lui divulguait un secret d'État. Il a eu de bonnes notes à l'école. »

L'essentiel, bien entendu, était que Lorcan était toujours en vie. Elle vivait hantée par la crainte qu'on lui dise un jour qu'il était décédé et qu'elle ne le reverrait jamais. Elle reçut des informations au compte-gouttes au fil des années ; il ne vivait pas à Dublin, il faisait des études universitaires.

Cela faisait maintenant trois ans qu'il avait obtenu son diplôme. Elle se souvenait très clairement de la conversation.

« J'ai une bonne nouvelle à vous annoncer », lui avait dit Mademoiselle Brennan Son cœur avait fait un bond dans sa poitrine. Le moment était-il arrivé ? Avait-il accepté de prendre contact ?

« Lorcan a eu son diplôme le mois dernier. Sa mère m'a envoyé des photos de lui. Je ne l'avais pas vu depuis un moment et je dois dire qu'il a vraiment très bonne mine. Un jeune homme charmant. »

Sinéad lui avait adressé un sourire forcé mais s'était sentie terriblement triste de n'avoir pu partager ce moment avec lui, de ne pas avoir le droit de voir les photos. Elle n'avait rien dit de tout cela à la femme implacable qui ne se levait jamais, ne lui serrait jamais la main et était toujours assise face à elle de l'autre côté de son bureau.

« Mlle Brennan va vous recevoir maintenant. » La voix l'arracha à ses pensées. Sinéad se leva et la secrétaire l'observa attentivement, fermant la porte derrière elle lorsqu'elle eut pénétré dans le bureau. Pourquoi tous ceux qui avaient un rôle à jouer dans cette procédure semblaient-ils à la fois méfiants et condescendants ?

Mlle Brennan était en train d'écrire quelque chose et quelques instants passèrent avant qu'elle ne lève la tête. « Sinéad, finit-elle par dire. Vous avez bonne mine. Asseyez-vous, je vous en prie. » Sinéad esquissa un sourire et réprima son envie de lui témoigner la même condescendance. Débuta le rituel de l'échange de banalités.

Lorsque fut épuisé le stock de platitudes, Sinéad déclara : « J'ai entendu parler de la création possible d'un registre de contacts pour les enfants adoptés et les parents naturels donc j'ai écrit au Conseil d'adoption et je leur ai donné mes coordonnées, au cas où il souhaite me contacter un jour. »

Mlle Brennan haussa les sourcils. « Je n'étais pas au courant que vous aviez contacté le Conseil d'adoption. Oui, vous avez tout à fait raison. L'idée est qu'en cas d'accord de toutes les parties, une fois que l'enfant a atteint l'âge de vingt-cinq ans, il soit permis d'établir une forme de contact.

— Pensez-vous que cela puisse intéresser Lorcan ?

— Je l'ignore. Rien n'a encore été décidé et toute rencontre exigerait une préparation minutieuse. Il serait nécessaire que nous participions à ce processus.

— Je comprends », répondit Sinéad, mais elle se demanda pourquoi elle ne pouvait pas faire appel à un tiers plus objectif, à une sorte de médiateur. « Avez-vous lu *The Adoption Triangle* ? » demanda-t-elle à Mademoiselle Brennan qui fit non de la tête. Sinéad tira un exemplaire de son sac et le lui glissa sur le bureau.

« J'ai lu beaucoup de choses sur le sujet, affirma-t-elle, et j'ai trouvé ce livre particulièrement instructif pour ce qui est de comprendre la question du point de vue de toutes les parties impliquées. »

Mlle Brennan prit le livre et le feuilleta. « Intéressant. J'y jetterai certainement un œil.

— Pour en revenir à une prise de contact potentielle à l'avenir, dit Sinéad sur un ton qu'elle s'efforça de garder décontracté. Vous savez sans doute que je l'appelle toujours Lorcan ? Ses parents adoptifs lui ont certainement donné un autre prénom et je me demandais s'il vous serait possible de me le communiquer. Afin que je puisse m'y habituer… en attendant de le rencontrer un jour. »

Mlle Brennan ne dit rien pendant un certain temps, faisant tourner son stylo entre ses mains. « Je crains de ne pouvoir vous transmettre ce genre d'informations.

— Je comprends, mentit Sinéad. Eh bien, peut-être pas tout de suite. Peut-être lors de ma prochaine visite si le projet de registre des contacts a avancé et s'il existe une véritable chance de le rencontrer ? »

Elle se leva pour s'en aller et remercia Mlle Brennan de l'avoir reçue.

Lorsqu'elle atteignit la porte, Mlle Brennan, qui était restée assise derrière son bureau, lui dit : « Je ne peux pas vous donner son nom mais il y a quelque chose que je peux vous dire. Ses parents lui ont donné un prénom irlandais.

— Un prénom irlandais ? Comme Muiris ou Diarmuid, vous voulez dire ? »

Mlle Brennan demeura impassible. « Oui.

— C'est bon à savoir. Merci », dit Sinéad, d'un ton qui ne trahissait rien de son excitation. L'un des prénoms sur sa liste était un prénom irlandais.

Une fois dans la rue, elle se mit pratiquement à courir jusqu'à l'Hôtel Buswell's où elle avait rendez-vous avec

Brenda. Elle traversa le hall d'entrée à la hâte et se rendit directement aux toilettes. Une fois dans le cabinet, elle sauta sur place, réprimant le désir de pousser des hurlements de joie. Quand elle eut retrouvé un certain calme, elle essuya ses larmes et se lava les mains, ses traits formant à nouveau un modèle de retenue. La porte s'ouvrit et Brenda entra.

« Il me semblait bien t'avoir vue te précipiter à travers le hall, je me suis dit que tu devais te sentir mal », dit Brenda. Elles tombèrent dans les bras l'une de l'autre et Sinéad lui sourit, puis secoua vivement la tête.

« Je ne me suis jamais sentie aussi bien, répondit-elle. Allons prendre un café, je te raconterai tout. »

Brenda l'écouta attentivement tandis qu'elle lui relatait ce qui s'était passé à l'agence.

« Je connais son identité désormais, tu comprends, expliqua Sinéad. Il n'y a sur ma liste qu'un seul garçon qui a un prénom irlandais : Ronan. Ronan O'Donnell. C'est assez différent de Lorcan Murray. Il me faudra du temps pour m'y habituer mais je finirai par m'y faire, j'imagine.

— Quelle est la prochaine étape, alors ?

— Je vais consulter l'*Iris Oifigiúil* pour y trouver l'adresse de la famille adoptive au moment de son adoption puis tenter de découvrir s'ils y résident toujours. Si ce n'est pas le cas, il faudra que je cherche dans les registres électoraux et ce genre de chose, je suppose, afin de voir si j'arrive à les retrouver.

— Mais comment vas-tu faire cela en vivant à l'étranger ?

— Je vais engager un détective privé. Ça ne me plaît pas de devoir le faire, je ne veux pas violer l'intimité de la famille, mais je pense que si je lui donne des instructions appropriées… je n'ai pas vraiment le choix. »

Avant de se rendre à l'aéroport, elle consulta les pages jaunes de l'annuaire et nota les noms de deux agences de détectives. Elle finit par choisir celle qui portait le nom d'une femme en espérant qu'elle serait peut-être plus motivée par ce genre de recherches, qu'elle éprouverait peut-être de l'empathie ou quelque chose de maternel.

Quelques mois plus tard, tout ce que la détective avait réussi à découvrir, pour des honoraires conséquents, était que la famille avait déménagé. Elle n'avait pas réussi à retrouver leur trace. Son investigation s'était limitée aux anciens voisins et, lorsque Sinéad lui suggéra de consulter les registres électoraux, elle réclama immédiatement plus d'argent pour poursuivre les recherches.

Sinéad était furieuse. Ce n'était pourtant pas sorcier – fastidieux comme tâche, peut-être, mais sans difficulté – et il lui sembla évident qu'elle se faisait escroquer. Elle se dit qu'elle aurait dû écouter Margaret qui l'avait prévenue de ne pas s'engager dans cette voie.

Sam s'était absenté quelques jours donc elle appela Brenda pour tenter d'évacuer sa frustration.

« Je ne vais pas te dire que je te l'avais bien dit, commenta Brenda. Redonne-moi son nom et sa date de naissance. Je vais voir ce que je peux faire. Ne me pose pas de questions, c'est tout. »

Quelques jours plus tard, alors que Sinéad était chez elle et finissait de déjeuner avec Sam et leurs deux fils, James et Ben, le téléphone sonna.

« Une dénommée Brenda », annonça Ben. Sam et Sinéad échangèrent un regard. « Réponds, l'encouragea-t-il. Vous deux, dit-il aux garçons, aidez-moi à débarrasser et ne dérangeons pas votre mère. »

« On peut se parler ? demanda Brenda, qui avait l'air excitée. Je l'ai ! J'ai son adresse ! »

Sinéad tira une chaise et s'assit. Son cœur battait la chamade.

« Il vit à Cork, dans une résidence universitaire.

— Comment as-tu fait ?

— Je t'avais dit pas de questions, Sinéad ! répondit Brenda en riant. Mais s'il faut vraiment que tu le saches, j'ai des amis qui travaillent à la Sécurité sociale et j'ai demandé à l'un d'entre eux de vérifier s'il y avait mention dans le système de quelqu'un portant ce nom et né à cette date. Il a dû obtenir une bourse ou une allocation, quelque chose comme ça, ce qui fait qu'il a automatiquement été enregistré.

— Je suis désolée. Ça pourrait t'attirer des ennuis.

— Seulement si *tu* en parles à quelqu'un ou que tu fais quelque chose d'idiot, comme d'aller taper à sa porte.

— Tu sais que je ne ferais pas une chose pareille.

— Évidemment que je le sais.

— Oh mon Dieu, laissa échapper Sinéad dans un souffle. C'est en train de devenir réalité. »

Une fois que les garçons furent montés se coucher, Sam et elle discutèrent tard dans la nuit. Il était évidemment extrêmement tentant de prendre l'avion et de se rendre directement à Cork mais ils convinrent que c'était hors de question et Sinéad décida de laisser un certain temps s'écouler avant de contacter à nouveau l'agence d'adoption. Elle attendit un moment avant de prendre à nouveau rendez-vous. Il lui sembla cette fois que l'équilibre des pouvoirs penchait de son côté car elle savait qu'elle n'avait rien à perdre désormais.

Le comportement réservé de Mlle Brennan n'avait pas bougé d'un iota mais l'attitude de Sinéad avait changé et cela parut surprendre l'assistante sociale.

« Je vais en venir droit au fait, déclara Sinéad. J'aimerais que vous transmettiez une lettre à mon fils. » Avant qu'elle ne puisse répondre, Sinéad poursuivit. « Les nouvelles lois précisent qu'un contact peut être établi une fois que l'enfant a vingt-cinq ans. Il a aujourd'hui vingt-quatre ans et neuf mois et je pense que vous pourriez au moins faire un petit effort.

— Comme je vous l'ai déjà dit, Sinéad, je ne suis pas certaine que ce soit une très bonne idée. Peut-être devriez-vous attendre qu'il ait vingt-cinq ans. »

Sinéad laissa échapper un soupir, s'autorisant pour une fois à montrer son irritation. « Cela fait maintenant des années que je viens ici et vous savez très bien que ma préoccupation pour le bien-être de mon fils est sincère et que j'ai beaucoup lu sur la question. Vous savez que je ne ferais jamais quoi que ce soit qui puisse mettre en péril ses rapports avec sa famille adoptive – ou avec moi, d'ailleurs. » Elle marqua une pause puis ajouta : « Vous savez également que je suis quelqu'un d'assez entreprenant et que j'ai de nombreuses relations. »

Mlle Brennan opina du chef, plissant les yeux.

« Vous savez donc que, si je souhaite vraiment retrouver mon fils, je peux facilement le faire. À vrai dire, pour autant que vous le sachiez, je pourrais déjà avoir eu vent d'où il se trouve. »

Mlle Brennan ne répondit pas. L'atmosphère dans la pièce était électrique.

« Mais comme j'ai la conviction que les choses doivent être faites en bonne et due forme, je vous demande si vous seriez disposée à transmettre un message de ma part. »

Mlle Brennan baissa le regard sur son bureau et tritura son stylo un moment.

« Très bien. »

Sinéad la contempla, s'efforçant de dissimuler sa stupéfaction. Elle s'était attendue à ce qu'il soit plus difficile de la convaincre.

« À une condition. Vous n'inclurez dans la lettre ni votre adresse ni votre numéro de téléphone ni la moindre information permettant de vous identifier. Vous placerez la lettre dans une enveloppe non scellée. Vous ne pouvez pas savoir quelle sera sa réaction et il vaut mieux que toute correspondance initiale ait lieu par le biais de l'agence. »

Vous voulez lire la lettre, se dit Sinéad, et vous assurer que je n'y tiens pas de propos critiques à l'égard de l'agence.

« Cela ne me pose aucun problème, répondit-elle d'un ton neutre.

— Avez-vous amené la lettre ?

— Je ne l'ai pas encore écrite. Je ne m'attendais pas à ce que vous acceptiez, je suppose. »

Mlle Brennan esquissa un léger sourire.

« Envoyez-la-moi par la poste et je la transmettrai. »

★

Il fallut à Sinéad quelques semaines pour écrire la lettre.

Cher Ronan,

J'ai passé une bonne partie des vingt-cinq dernières années à écrire cette lettre dans ma tête et parfois sur le papier. Bien que j'aie souvent réussi à exprimer ce que je voulais vraiment te dire, je n'ai jamais eu jusqu'à présent d'endroit où l'envoyer.

Comme tu le sais sans doute, j'ai repris contact il y a quelques années avec l'agence d'adoption. Pour diverses raisons, principalement parce que j'ai suivi les conseils des « experts » sur le sujet, j'ai attendu que tu aies dix-huit ans pour évoquer la possibilité d'établir le contact avec toi.

Je t'écris aujourd'hui parce que l'agence d'adoption a enfin accepté, à force de persuasion, de te transmettre une lettre car la nouvelle ligne officielle stipule qu'un contact ne peut être établi qu'une fois qu'un enfant adopté atteint l'âge de vingt-cinq ans.

Après mûre réflexion, j'ai décidé qu'il valait mieux que cette lettre soit brève, non seulement car j'espère qu'elle sera la première d'une longue série mais aussi parce que ce que je souhaite te dire à ce stade est très simple. Je veux que tu saches que si j'avais pu choisir librement, je n'aurais jamais permis que tu sois adopté. C'est la décision la plus difficile que j'aie jamais prise et j'en ai payé le prix toute ma vie durant.

Apparemment, tu as demandé à Mademoiselle Brennan si je me sentais coupable. La réponse est évidemment oui, même si rien n'est jamais aussi simple. J'espère que tu me donneras l'occasion de te parler de tout cela.

Au fil des années, j'ai lu de nombreux livres traitant de l'adoption, pour tenter d'accepter la situation, et j'en ai donné un que j'ai trouvé particulièrement utile à Mademoiselle Brennan, afin qu'elle te le remette au cas où tu souhaiterais le lire. Il m'a aidé à comprendre ce que tes parents adoptifs et toi pourriez ressentir par rapport à ma démarche et il pourrait peut-être aussi t'aider à comprendre ce que je ressens.

J'ai également des copies de tous les échanges par écrit que j'ai eus avec l'agence et le Conseil d'adoption. Ils sont à ta disposition.

Je vis à l'étranger mais je reviens régulièrement en Irlande. Mon souhait le plus cher est que lors de l'une de mes prochaines visites, nous puissions nous rencontrer et discuter de tout cela calmement.

D'après les quelques bribes d'informations que l'on m'a transmises à ton sujet, tu sembles avoir bien réussi à l'école et à l'université. J'espère que tu es heureux – c'est ce qui a le plus d'importance à mes yeux. S'il m'est possible de contribuer à ta vie de quelque manière que ce soit, j'espère que tu me permettras de le faire.

Sinéad, ta mère biologique.

⋆

« Il y a une lettre pour toi sur la table », cria Ben lorsque Sinéad franchit sa porte d'entrée. Sam s'était rendu à Paris pour y donner un cours. Ben et James prenaient le goûter avec la femme de ménage, Nadia.

Elle posa les sacs de courses du supermarché par terre et examina l'enveloppe. Il s'agissait d'une grande enveloppe brune portant des timbres irlandais et elle reconnut immédiatement l'écriture de Mlle Brennan.

« Aidez Nadia à ranger les courses, s'il vous plaît, les garçons », dit elle. Elle prit la lettre et se rendit à la salle de bains, faisant doucement tourner la clé derrière elle.

Une enveloppe blanche de plus petite taille se trouvait à l'intérieur de la première. Une note brève de Mademoiselle Brennan était attachée, disant à Sinéad qu'elle avait reçu un coup de fil de Ronan. Il avait semblé « plutôt content » de recevoir de ses nouvelles et lui avait demandé de lui transmettre sa réponse.

Sinéad s'assit sur le rebord de la baignoire et contempla longuement l'enveloppe blanche. Elle était ouverte, bien entendu, car ils avaient dû en vérifier le contenu et elle semblait contenir beaucoup de papier. Ses mains tremblaient et elle ressentait une sensation étrange au niveau de l'estomac. Elle posa la lettre, prise d'appréhension à l'idée de ce qu'elle pourrait y trouver. Mademoiselle Brennan disait qu'il avait été « plutôt content ». Qu'est-ce que cela signifiait, au juste ? Était-il intéressé mais pas plus que ça ou se pouvait-il qu'il soit totalement indifférent ? Elle avait lu au sujet d'enfants adoptés qui étaient très satisfaits de leurs vies et ne souhaitaient pas que quelqu'un vienne tout chambouler. Et s'il avait la même attitude que Jack par rapport à sa mère naturelle ? S'il supposait qu'elle était une espèce de femme dissolue ? Et s'il souhaitait connaître ses origines sans pour autant souhaiter de réel contact entre eux ?

« Maman ! » C'était Ben. « Qu'est-ce qu'on fait des fleurs ? »

Elle plaça la lettre dans un tiroir et ouvrit la porte puis aida ses fils à trouver un vase. Plus tard, lorsqu'ils furent partis au village pour aller jouer au tennis avec des amis, elle retourna à la salle de bains, sortit la lettre de son enveloppe et se mit à lire. Il y avait des pages et des pages de papier ministre, recouvertes d'une écriture qui ressemblait étrangement à la sienne.

> *Chère Sinéad,* commençait-elle. *Je n'ai pour toi que de l'amour, de l'affection et de l'admiration. Tu m'as offert un don plus beau que n'importe quel autre : ma vie.*
>
> *Cela fait au moins vingt ans que je suis conscient de ton existence et j'ai l'espoir qu'avec tant de tracas bureaucratiques derrière nous, nous pourrons apprécier à sa juste valeur et profiter de l'opportunité qu'il nous revient désormais de façonner.*
>
> *Je voulais te parler de moi et évoquer mes espérances et mes appréhensions à propos d'une éventuelle prise de contact. Merci de tous les efforts que tu as effectués de ton côté ; cela compte beaucoup à mes yeux de savoir que quelqu'un s'est donné autant de mal juste pour me connaître. J'espère que lorsqu'on se connaîtra mieux, tu estimeras que ces efforts en valaient la peine. En ce qui me concerne, aucun effort ne serait trop grand pour avoir l'opportunité de faire ta connaissance.*

Elle tourna la page.

> *C'était une sensation étrange de voir des marques sur une page écrites d'une main qui m'avait tenue autrefois et de sa-*

voir que cette personne avait été la première à me connaître ou à me tenir entre ses bras. Parfois, cela m'effraie de trop réfléchir au lien qui existe entre nous…

[…] Je n'ai jamais rien ressenti de négatif, ni eu de complexes par rapport à mes origines – au contraire, je me suis senti bien loti et spécial, peut-être même plus indépendant. Le fait de ne pas savoir de quels talents – et imperfections ! – naturels j'ai pu hériter de par mon sang ouvre encore plus le champ de mes possibilités…

Comme toi, j'ai hâte de pouvoir m'asseoir à tes côtés et pouvoir discuter de tout. Je trouve que c'est le bon moment pour moi de vivre une expérience aussi importante. Je suis suffisamment âgé pour l'aborder de manière raisonnable mais suffisamment jeune pour être enthousiaste, avec de nombreuses décisions cruciales qui m'attendent au cours des cinq à dix prochaines années. Avec ma carrière, un mariage et même des enfants dans mon avenir j'aimerais, aujourd'hui plus que jamais, que tu fasses partie de ma vie…

[…] Le fait de savoir que tu as sacrifié tant de choses, dans des circonstances difficiles, pour me donner la vie et qu'en conséquence j'ai pu vivre une vie pleine et heureuse la plupart du temps, côtoyant des tas d'autres gens, m'a fait réfléchir au sujet de l'avortement. Je ne sais pas quelles sont tes convictions mains je peux t'assurer qu'en me permettant de vivre tu as pris la bonne décision. Je suis heureux que ma vie ait été entre tes mains et j'éprouverai toujours de l'amour pour toi étant donné le choix que tu as fait…

[…] Je souhaitais que tu comprennes bien que la façon dont je suis venu au monde ne change en rien la manière dont je te perçois. Tu es parfaite à mes yeux…

[…] Il y a tant d'autres choses à dire mais nous avons beaucoup de temps pour nous les dire, malgré les vingt-cinq ans écoulés depuis notre premier et dernier contact. J'ai hâte de recevoir à nouveau de tes nouvelles. Écrire à quelqu'un qui a tant d'importance dans ma vie et que je n'ai pas encore rencontré a été très étrange mais merveilleux. Écris-moi bientôt.

Affectueusement,

Ronan.

Sinéad posa la lettre et se laissa glisser au sol, en état de choc. Rien n'aurait pu la préparer à cela, pas même toutes ses lectures et recherches au fil des années. Les larmes coulèrent à flots. Elle ne tenta pas de les essuyer ; elle resta assise là et laissa l'émotion la submerger. Vingt-cinq ans de peine et de vide, soigneusement dissimulés et cloisonnés, soudain évacués. Elle reprit la lettre en main et se mit à la relire. C'était tellement plus que ce qu'elle avait espéré. Elle resta là, par terre, à lire et relire la lettre pendant une heure sans doute, jusqu'à ce qu'elle entende Nadia l'appeler.

« Madame ! Il est cinq heures ! »

Sinéad se leva d'un bond et se passa de l'eau sur le visage, appliqua un peu de fond de teint à la hâte pour masquer les marbrures de ses larmes puis plia la lettre et la rangea avec soin dans sa table de nuit. Elle dit à Nadia qu'elle serait bientôt de retour et courut jusqu'à sa voiture.

À mi-chemin du village, elle se rendit compte qu'elle avait oublié son sac à main et elle fit demi-tour. Elle aperçut James et Ben qui approchaient du portail d'entrée de la maison. Elle entra dans l'allée, dérapa sur le gravier, se gara, courut à l'intérieur et prit son sac avant de les embrasser tous les deux.

« Je vais à la gare chercher votre père. À tout à l'heure ! »

Ils lui adressèrent un regard curieux. « Tout va bien, maman ? » demanda James.

Elle hocha la tête, préférant ne rien dire de peur que sa voix la trahisse puis se remit aussitôt en route.

Lorsqu'elle arriva à la gare, les derniers passagers descendus du train de Paris quittaient la plateforme. Elle jeta des coups d'œil éperdus autour d'elle mais ne vit Sam nulle part. Elle attendit quelques instants puis tira une cigarette de son sac. Une main apparut devant elle, tenant un briquet. Elle se retourna et enfonça son visage contre l'épaule de Sam.

« Holà, doucement ! Tu t'es remise à fumer ? Qu'est-ce qui se passe ? » Son grand sourire se mua en regard préoccupé. Tandis qu'elle le lui racontait, il se détendit peu à peu et la prit par le bras, la menant vers la voiture. Il lui prit la clé des mains. « Je vais conduire. Tu peux continuer à me raconter tout ça. Et donc, la prochaine étape… ? »

Sinéad inspira profondément. « Je pense qu'il vaut sans doute mieux faire les choses en douceur. Peut-être qu'on peut continuer à s'écrire pendant un moment puis se parler au téléphone avant une rencontre. Il a l'air assez enthousiaste à l'idée qu'on se voie mais je pense qu'il faut que je prépare ça de manière bien réfléchie. Je crois qu'il va falloir que j'en parle aux garçons, aussi. Tu penses qu'ils seront choqués ?

— S'ils le sont, c'est qu'on aurait pu mieux faire en les élevant. Écoute, je vais préparer le dîner ce soir et, pendant ce temps-là, tu t'assieds avec eux et tu leur en parles. » Il marqua une pause et écarta ses cheveux des yeux. « Je suis si heureux pour toi, Sinéad. Toutes ces années passées à chercher et à attendre… » Ils restèrent là un moment, sans rien dire, avant qu'il démarre la voiture et quitte le parking.

Lorsqu'ils se garèrent devant la maison, elle vit par la fenêtre du salon les deux garçons assis au piano et elle se dit, qu'après tout, ils avaient plutôt fait du bon travail en les élevant. « Tu es la meilleure chose qui me soit arrivée, Sam, dit-elle en se penchant vers lui avant de l'embrasser tendrement.

— Il t'a fallu un moment mais je savais bien que tu finirais par t'en rendre compte, répondit-il en riant.

— J'aurais dû t'épouser lorsque tu me l'as demandé la première fois, sur le ferry. Mais cela aurait peut-être été un frein à ta carrière et on aurait fini par se quereller et nourrir de la rancune l'un envers l'autre…

— Ça n'a aucune importance maintenant. Tu dois vivre dans le présent. Tu vas retrouver ton fils et il va être aussi formidable que les deux que tu as déjà. Allez, viens, je meurs de faim. »

⋆

Il fut plus facile d'en parler à ses fils qu'elle ne l'avait imaginé. Une fois Nadia partie, Sam les fit tous s'asseoir à la table de la cuisine et ouvrit une bouteille de champagne. « Votre mère a quelque chose à vous dire, les garçons, et j'aimerais que vous l'écoutiez attentivement jusqu'au bout, sans l'interrompre. Je vous laisse tranquilles, j'ai quelque chose à faire dans le bureau. » Il remplit quatre verres, deux avec du champagne et deux avec de la limonade, leva son verre et dit : « À la santé de mes trois mousquetaires ». Puis il quitta la pièce.

« Tu vas avoir un bébé ? » demanda James et Sinéad éclata de rire. La tension fut immédiatement dissipée.

« À mon âge ? Non. Mais tu n'es pas si loin que ça. » Ils écoutèrent son récit, captivés. Elle s'efforça de le relater de manière aussi simple que possible, en replaçant les choses dans leur contexte, car elle savait qu'ils pourraient trouver cela inconcevable qu'elle abandonne son enfant et elle était terrifiée à l'idée qu'ils puissent la juger à cet égard.

« La lettre que j'ai reçue aujourd'hui était de Ronan, ou Lorcan comme je vous ai dit que je l'avais prénommé. Il est très content que nous soyons en contact et on va essayer de faire en sorte qu'on puisse se rencontrer.

— Super ! s'exclama James en se retournant vers Ben et en tapant dans la main de son frère. Ce ne sera plus moi, l'aîné. » Il se tourna à nouveau vers Sinéad. « Il joue au tennis ? S'il vient ici, il faudra qu'il joue. Et son père adoptif, il est pianiste aussi ? »

Sam apparut dans l'embrasure de la porte, tapa dans ses mains et dit : « Bon, assez d'agitation pour l'instant. J'ai faim et il est temps qu'on mange. »

Chapitre vingt-cinq

Dublin, juillet 1995

Cela faisait dix ans que Jack n'avait pas vu Sinéad. Il avait souvent rêvé d'elle pendant cette période. Il entrait dans un café et elle était assise là, avec la même veste en cuir et la même coupe au carré que lorsqu'ils s'étaient retrouvés à l'aéroport avant leur séjour de triste mémoire à Bantry. Elle levait les yeux et souriait en le voyant et tout allait bien à nouveau.

Cela n'eut rien à voir avec ses rêves lorsqu'il la revit effectivement. Il avait rendez-vous au bar du *Dáil* avec quelques sénateurs pour y parler d'un projet de loi qu'il cherchait à influencer pour l'un de ses clients, une grosse multinationale. Il traversait le corridor à la hâte lorsqu'il aperçut Brenda dans le hall d'entrée en train de discuter avec quelqu'un. C'était Sinéad – plus âgée, bien sûr, mais il ne faisait aucun doute qu'il s'agissait d'elle.

Il s'arrêta net, attira l'attention de Brenda puis se ravisa et poursuivit son chemin.

Une heure plus tard environ, lorsque sa réunion eut pris fin, Sinéad avait disparu mais Brenda était toujours là, en train de parler à quelqu'un d'autre. Il attendit qu'elle le remarque et qu'elle termine sa conversation puis le rejoigne. Ils ne s'étaient pas vus depuis un moment et, lorsqu'elle suggéra d'aller prendre un café en face, chez Buswell's, il accepta volontiers.

Il lui demanda des nouvelles de ses enfants mais elle sourit et dit : « Je suppose que tu veux savoir pourquoi Sinéad est là ? Tu sais, Jack, je suis tentée de te dire d'attendre qu'elle décide de te le dire d'elle-même, si vous vous adressez à nouveau la parole un jour, mais j'avoue que je lui ai demandé. Elle a dit que je pouvais t'en parler. » Elle marqua une pause tandis que la serveuse plaçait leurs tasses de café sur la table basse qui se trouvait entre eux.

« Elle a retrouvé son fils et elle est en route pour Cork où elle va le rencontrer. »

Il ne bougea pas d'un pouce. Comme si elle lisait dans ses pensées, elle ajouta : « Ne t'avise pas de te mêler à ça. C'est quelque chose qu'elle doit faire seule, Jack. Sam le comprend et c'est pour ça qu'il ne l'a pas accompagnée. »

Il prit un morceau de sucre et l'effrita au-dessus de sa tasse. Il ne prenait même plus de sucre, ces jours-ci. « Est-ce qu'elle compte repasser par Dublin ? demanda-t-il d'un ton qu'il s'efforça de garder décontracté.

— Oui mais je crois que ce sera par avion et qu'elle prend juste une correspondance à l'aéroport. Comme je te l'ai dit, je pense qu'il vaut mieux que tu ne t'en mêles pas. »

Tandis que cette conversation avait lieu, Sinéad se trouvait dans le train en direction de Cork, en train de lire la dernière lettre que lui avait envoyée Ronan/Lorcan. Elle n'était pas encore tout à fait habituée à son prénom. C'était néanmoins un beau prénom, se dit-elle. Elle aimait le fait qu'il s'agisse d'un prénom irlandais. Elle contempla le wagon dans lequel elle se trouvait ; propre, moderne et très différent du train qu'elle avait pris il y a toutes ces années, accompagnée du bébé qui hurlait et de l'assistante sociale à l'expression aigrie.

La gare avait beaucoup changé, elle aussi. Elle était très différente de l'endroit sinistre où elle était arrivée en 1970. Les taxis étaient bien plus fringants même si ce chauffeur n'était pas aussi sympathique. Elle se demanda où se trouvait « son » chauffeur aujourd'hui, s'il s'était adapté à la vie dans la mère patrie ou si, comme elle, il l'avait trouvée étouffante et était reparti. Elle se demanda aussi s'il savait à quel point sa gentillesse l'avait touchée et que son souvenir ne l'avait jamais quittée. Elle se dit qu'il serait content pour elle s'il savait qu'elle était sur le point de rencontrer son fils.

Le taxi s'arrêta devant l'hôtel Arbutus Lodge, un bel hôtel-manoir situé en retrait de la route, sur une colline juste en dehors de la ville.

Elle s'enregistra, dit à la réceptionniste qu'elle attendait son fils et lui demanda de réserver une table pour deux au restaurant pour le dîner puis elle se rendit à sa chambre. Cette dernière était telle qu'elle se l'était imaginée et correspondait parfaitement à ce dont elle avait besoin : un cocon. Elle passa un coup de fil rapide à Sam pour lui dire qu'elle était bien arrivée puis elle se fit couler un bain.

Elle était arrivée bien à l'avance pour se donner tout son temps avant la rencontre et elle passa quasiment une heure à se prélasser dans l'énorme baignoire, imaginant tous les scénarios possibles de la réunion avec son fils. Elle se vit pénétrer dans le hall d'entrée et apercevoir un jeune homme, grand et beau – il devait être beau, elle n'en doutait pas – se lever de son siège et s'avancer vers elle. Et ensuite ? Fallait-il l'embrasser ? Tout le monde le faisait en France mais ils étaient en Irlande et elle ignorait s'il serait convenable de le faire. Qu'arriverait-il si elle tentait de l'étreindre et qu'il se reculait ? Ses lettres étaient pleines d'humour et de chaleur mais il serait peut-être très différent en personne. Une accolade, peut-être, alors. Ou peut-être pas. Une poignée de mains serait trop formelle. Non ?

Elle se laissa glisser sous l'eau et retint son souffle aussi longtemps que possible puis refit surface. Elle sortit de la baignoire et se mit à se préparer.

Une fois ses cheveux séchés et soigneusement coiffés, elle fixa son reflet dans le miroir. Maquillage ou pas ? « Sois juste toi-même », lui avait dit Sam. Une touche de crayon autour des yeux et de mascara, donc, sinon ses cils étaient invisibles, mais pas trop… Ses mains tremblaient et elle dut repasser dessus avec un mouchoir.

Ensuite, les vêtements. Elle avait étendu deux tenues sur le lit. Un tailleur-pantalon bleu marine avec un t-shirt blanc ou un jean et une veste en cuir. Le tailleur-pantalon, c'était évident. Banal, peut-être, mais prudent et surtout respectable. C'était là le maître mot ; il fallait qu'elle ait l'air respectable.

Elle était prête un quart d'heure avant l'heure qu'ils avaient fixée et elle était en train de se demander si elle ferait mieux de descendre l'attendre dans le hall d'entrée ou au bar – non, le bar n'irait pas – lorsque le téléphone sonna. « Mme Bloom ? dit la réceptionniste. Votre fils est arrivé. »

Elle se précipita dans la salle de bains, le cœur battant la chamade, contempla son reflet dans le miroir, vérifia son maquillage, se brossa les cheveux à nouveau puis ramassa son sac à main et se dirigea vers les escaliers.

Elle l'aperçut avant d'arriver en bas et agrippa fermement la rampe. Le grand jeune homme qui la regardait en souriant ne pouvait être que lui. Elle réussit à descendre les dernières marches sans tomber, il s'avança vers elle et ils s'étreignirent sans la moindre gêne. « Tu ressembles comme deux gouttes d'eau à ton père », lui souffla-t-elle.

Ils se rendirent au bar et s'assirent. En proie à une émotion suffocante, elle arrivait à peine à respirer. Une mise en garde à ce sujet avait été formulée dans l'un des livres qu'elle avait lus, décrivant la sensation comme étant proche de celle lorsqu'on tombe amoureux. À l'époque, elle avait trouvé l'idée douteuse, soupçonnant l'auteur de faire dans le mélodrame.

« Comment s'est passé ton voyage ?

— Bien, bien. Aucun retard. Pas de grèves en France, aujourd'hui. » Elle lui sourit et tenta d'accorder l'image mentale qu'elle avait portée en elle si longtemps du minuscule bébé qu'elle avait tenu dans ses bras avec celle de ce grand jeune homme sûr de lui. « Et toi, comment s'est passée ta journée ?

— Plutôt calme. Je n'ai pas grand-chose sur le feu en ce moment. Je travaille sur quelques papiers mais j'ai pas mal de temps libre. » Il but une gorgée. « J'avoue que j'étais un peu nerveux donc je suis allé courir un long moment.

— J'étais nerveuse aussi mais j'avais peur de me perdre et d'être en retard si je sortais. C'est vraiment idiot, à mon âge ! »

Ils rirent tous les deux et un silence confortable dura quelques instants.

« Y a-t-il quelque chose en particulier que tu aimerais faire au cours des deux prochains jours ? lui demanda Sinéad.

— Pas vraiment. J'aimerais juste qu'on apprenne à mieux se connaître, je crois. Je pourrais te faire visiter Cork. »

Le serveur vint les voir et leur dit que leur table était prête donc ils se rendirent à la salle de restaurant.

Elle l'observa tandis qu'il discutait avec le serveur, en difficulté avec les termes français du menu, et ce qu'elle voyait l'émerveilla. Sa taille, les cheveux bruns bouclés, les yeux sombres. Il était bien le fils de son père.

Lorsque leurs plats furent servis, ils y touchèrent à peine, pleinement absorbés par les récits qu'ils échangeaient. Il y avait tant de choses à se dire, tant de choses à assimiler.

« C'est une expérience vraiment étrange, commenta Ronan. Je n'avais aucune idée de ce à quoi je devais m'attendre. Enfin, je savais déjà après avoir lu tes lettres que tu n'allais pas être…

— Excentrique ? Elle esquissa un sourire. Embarrassante ?

— Non, bien sûr que non, répondit-il en riant. C'est incroyable. C'est si facile de te parler. J'ai l'impression de t'avoir connue toute ma vie. »

La serveuse tournait autour de leur table nerveusement, inquiète à l'idée qu'ils n'aient pas aimé la nourriture qu'on leur avait servie.

« Le repas était très bon, lui dit Ronan. C'est juste que ça fait vingt-quatre ans qu'on ne s'est pas vus et on a beaucoup de choses à se dire. »

La serveuse eut l'air perplexe en débarrassant les assiettes. Ils la virent plus tard en train de parler à une femme plus âgée, probablement sa supérieure, et la femme jeta un regard songeur en direction de leur table.

« Je t'ai apporté quelque chose, dit Sinéad en lui glissant une enveloppe sur la table. C'est un assortiment de petits textes que j'ai écrits au sujet de ce qui occupait mon esprit à l'époque où tu es né ; plus tard également. Je voulais les assembler dans un scrapbook[19] ou en faire une sorte de présentation bien agencée à te donner mais je remettais ça à plus tard à mesure que les années passaient. Je suppose que je n'ai jamais cru que je te les donnerais vraiment un jour. »

Il toucha du doigt les morceaux de papier jaunis et sourit. « J'ai hâte de les lire. »

Ils étaient à nouveau en pleine conversation lorsque soudain, sortie de nulle part, la femme plus âgée apparut à leurs côtés. « Vous avez visiblement des raisons de célébrer cette occasion, annonça-t-elle en souriant et en plaçant devant eux deux coupes de champagne. Offertes par la maison. »

Il était presque minuit lorsque Ronan quitta l'hôtel, promettant d'appeler le matin suivant avec un programme pour la journée. Sinéad avait prévu de rester quatre jours ; c'est ce qu'ils avaient convenu par lettres interposées. Cela semblait un séjour d'une durée appropriée ; suffisamment longtemps pour apprendre à se connaître sans précipitation mais suffisamment court pour que ça n'en fasse pas trop en une fois.

---

19 *Le scrapbooking est une façon de raconter au récit en introduisant des images (souvent des photos) assorties de commentaires dans un décor. (N.D.T.)*

Chapitre vingt-six

« Je crains que nous n'ayons pas fait honneur à la nourriture hier soir, dit Sinéad lorsqu'elle se rendit à la réception le matin suivant. J'espère que le chef n'était pas contrarié. »

La femme derrière le comptoir lui répondit en souriant.

« Vous étiez visiblement tous les deux ailleurs.

— Oui, c'étaient des retrouvailles assez spéciales », reconnut Sinéad, avant de s'interrompre. La réceptionniste la regardait comme si elle attendait qu'elle poursuive. « C'est difficile à exprimer, ajouta-t-elle, gênée.

— Je ne veux pas me mêler de ce qui ne me regarde pas mais vous avez dit hier que vous alliez rencontrer votre fils ?

— Oui, répondit Sinéad, soulagée de ne pas devoir tout expliquer.

— C'est juste que, quand Marie a dit que vous ne vous étiez pas vus depuis vingt-quatre ans, je me suis dit qu'il n'avait pas l'air plus âgé que ça. »

Sinéad ne dit rien, se demandant où cela allait mener.

« Ma sœur a eu une fille alors qu'elle était encore très jeune et elle l'a fait adopter. À l'époque, nous l'ignorions tous ; elle ne m'en a parlé qu'après que j'accouche de mon premier enfant. Elle a tenté de la retrouver plus tard, lorsqu'elle avait la quarantaine, et elle a découvert que sa fille était décédée à l'âge de sept ans. »

Sinéad laissa échapper une exclamation de surprise et tenta d'imaginer ce qu'elle aurait ressenti si c'était arrivé à Ronan. Elle tendit la main et prit celle de l'autre femme.

« Je suis vraiment désolée pour votre sœur. Je sais que j'ai beaucoup de chance.

— Oui, c'est vrai. Et ça a l'air de bien se passer entre vous. Vous deviez être vraiment nerveuse hier soir. Je suis très contente que vous ayez choisi notre hôtel pour vos retrouvailles. »

Un autre client arriva et Sinéad adressa un sourire reconnaissant à la réceptionniste avant de s'éloigner.

Elle prit un taxi pour aller retrouver Ronan près de l'université, lui évitant ainsi de devoir gravir la colline jusqu'à l'hôtel. En sortant du véhicule, elle l'aperçut assis sur un mur, près de l'entrée, et son cœur fit un bond dans sa poitrine. Au même instant, elle se sentit coupable et très triste pour cette femme dont la fille était morte.

« C'est toi qui as régalé hier soir. Aujourd'hui, c'est moi qui vais prendre la main », annonça-t-il. Ils firent le tour de la grande cour carrée et il lui fit visiter des endroits où il avait suivi des cours, où sa cérémonie de remise de diplôme avait eu lieu, où il allait boire un verre avec ses amis. Ils remontèrent ensuite une rue bordée d'arbres jusqu'à sa résidence universitaire ; elle reconnut le nom de la rue – elle se trouvait sur le document imprimé que Brenda lui avait envoyé. Ronan l'invita à entrer en s'excusant pour le désordre et la présenta à un jeune homme qui sortait à la hâte pour se rendre à un cours. « Donal, je te présente ma mère. » Le regard de Donal passa de l'un à l'autre, visiblement surpris. Comprenant son erreur, Ronan ajouta : « Mon autre mère. »

Une fois Donal parti, il s'excusa mais elle secoua la tête. « Non, non, ça me plaît. "Mon autre mère." Ça sonne mieux que mère biologique, que j'ai toujours trouvé trop clinique comme terme. »

Ils se rendirent ensuite en ville car il avait des livres à acheter et ils flânèrent à *Waterstone's*[20], où ils échangèrent leurs points de vue sur différentes œuvres qu'ils avaient lues.

« En voilà un qui te plaira peut-être, dit-il avec un sourire en coin, lui tendant un exemplaire d'*American Psycho*.

— Je ne crois pas, répondit-elle en feuilletant le livre. Je pense que c'est le genre de bouquin que les hommes et les femmes ressentent très différemment. Mais en voilà un que j'ai lu et que j'ai adoré : *Snow Falling on Cedars*. Je vais te l'acheter.

— *Independence Day* ?

— Beaucoup aimé.

— Tu as lu *The Sportswriter* ?

— Non, je ne suis pas vraiment passionnée de sports.

— Ah, je l'ai acheté en croyant que ça parlait de sport mais, en fait, non ! Je pense qu'il te plaira. Je vais te le prendre ! »

Plus tard, assis dans un café, ils consultaient le journal pour voir ce qui passait au cinéma.

« *Bridges of Madison County*. Bah, dit-il.

---

20 Chaîne de libraire britannique qui a également des magasins en Irlande, en Belgique et aux Pays-Bas.

— Arrête, protesta-t-elle. J'ai beaucoup aimé le livre. C'est une histoire d'amour tellement parfaite.

— *Braveheart* ?

— Pas ma tasse de thé.

— C'est ce que je pensais. Pas vraiment la mienne non plus.

— Peu m'importe ce qu'on va voir, tant que ça ne me fait pas pleurer.

— Va pour *Outbreak*, alors. »

Tandis qu'ils attendaient le taxi qui devait la ramener à l'hôtel, elle lui dit : « Je pourrais louer une voiture demain et nous pourrions aller voir le cottage dont je t'ai parlé. »

Ils se retrouvèrent à l'agence de location de voitures le lendemain matin et se mirent en route pour Bantry. « J'avais toujours eu l'espoir d'acheter ce cottage un jour mais, lorsque ma tante est morte, elle l'a légué à son fils. Il l'a vendu sans rien dire à personne. Cela fait des années que je n'y suis pas retournée. Apparemment, le nouveau propriétaire a fait pas mal de modifications donc j'ai un peu d'appréhension. Je l'ai sans doute mentionné dans mes lettres mais, quand Sam et moi nous sommes mariés, nous avons acheté une maison près de Schull. »

Ronan hocha la tête. Il avait souvent passé des vacances dans la région.

« Nous voulions que les garçons aient une maison en Irlande et nous en avons trouvé une très jolie, près d'une plage abritée. Un endroit beaucoup plus adapté pour de jeunes enfants que le cottage au sommet d'une falaise. Si nous avons le temps, nous pourrons nous y arrêter sur le chemin du retour. »

Ils arrivèrent à Bantry juste avant l'heure du déjeuner et Sinéad s'avança prudemment le long du chemin cahoteux qui menait au cottage. Celui-ci, au moins, n'avait pas changé, se dit-elle. Lorsqu'elle ralentit devant la première maison, Maeve en sortit, visiblement ravie de la voir et impatiente de prendre de ses nouvelles. Elle sourit à Ronan et lui dit bonjour, n'affichant aucune surprise lorsque Sinéad le présenta comme son fils et ne posant aucune question à ce sujet.

« Est-ce qu'il serait possible que nous jetions un coup d'œil rapide à la maison ? lui demanda Sinéad.

— Oui, bien sûr, répondit Maeve. Il n'y a personne en ce moment. C'est vraiment dommage, ils n'y viennent pratiquement jamais, ces jours-ci. Trop occupés à la ville. »

Ils laissèrent la voiture là et s'engagèrent à pied le long du sentier. « Vous n'allez pas reconnaître la maison ! » leur dit Maeve alors qu'ils s'éloignaient.

Il ne restait effectivement pas grand-chose du cottage. La maison avait été rénovée et dotée de grandes baies vitrées pour profiter de la vue. Résistant à la tentation, elle ne regarda pas à l'intérieur et ils montèrent les marches qui menaient au champ en surplomb. Les hortensias étaient en pleine floraison et les haies de fuchsias étaient toujours là, bien qu'elles aient été sérieusement taillées afin d'élargir le panorama. Le jardin potager était désormais une espèce d'aire de jeux pour enfants qui contenait toutes sortes de pièces d'équipement onéreuses qui ne semblaient pas avoir été utilisées.

« C'est un très bel endroit, fit remarquer Ronan. Je comprends pourquoi tu aurais souhaité acheter la propriété.

— C'est sans doute mieux ainsi », dit-elle. Elle pensa à la dernière fois qu'elle était venue, avec Jack. « Elles sont toujours là, dit-elle, presque comme si elle se parlait à elle-même.

— Quoi donc ?

— Les iris tigrés. Regarde. » Elle pointa du doigt un bosquet de fleurs orange. « Je les ai plantées il y a environ dix ans. J'avais acheté les graines à Monticello, la demeure de Thomas Jefferson.

— *Le* Thomas Jefferson ? Cool. Elles sont très belles, très inhabituelles.

— Oui, chaque fleur ne dure qu'un jour puis elle est remplacée par une nouvelle. C'est une variété de lys, pas vraiment des iris.

— Elles ne ressemblent pas du tout à des lys, commenta-t-il en les étudiant de plus près.

— Je croyais que le jardinage ne t'intéressait pas, dit-elle en riant. Allez, viens, allons à Schull. On y déjeunera et je te montrerai notre maison. »

Elle prit la route qui menait à Durrus, de l'autre côté de la grande colline rocailleuse, s'arrêtant près du sommet pour profiter des vues magnifiques ; d'un côté la baie de Bantry et de l'autre, moins sauvage mais tout aussi belle, la baie de Dunmanus. Ils suivirent la route étroite et sinueuse qui menait à Schull où ils se garèrent près du petit port et remontèrent la rue principale jusqu'à un petit salon de thé qui s'appelait *Adele's*.

« Déjeunons ici puis je t'emmènerai voir la maison. »

Lorsqu'il choisit le gâteau au chocolat fondant chaud au dessert, Sinéad lui fit part de son amusement.

« C'est le préféré de tes frères. Ils se tiennent toujours tranquilles si je leur promets d'aller prendre le thé chez Adèle et une tranche de son gâteau au chocolat chaud.

— J'ai hâte de les rencontrer, dit-il.

— C'est réciproque. J'espère que tu es prêt à assumer le rôle de grand frère vu qu'ils te l'ont déjà assigné. »

Ils convinrent que la meilleure façon de procéder était de mettre un pied devant l'autre, sans se précipiter. Il rencontrerait d'abord la mère de Sinéad, puis Sam et les garçons plus tard.

« Ma mère meurt d'envie de faire ta connaissance. Elle est en France en ce moment avec les garçons. Je lui raconterai tout en rentrant. Tu ne peux pas imaginer ce que cela signifie pour elle. C'est juste dommage que mon père ne soit plus là et ne puisse pas te rencontrer. »

Ils retournèrent à la voiture après le déjeuner et effectuèrent un court trajet qui les mena à une petite crique.

« Voilà la maison », dit-elle en montrant du doigt une ferme traditionnelle, située assez nettement en retrait de la route et abritée à l'ouest par une petite colline ainsi que par des arbres.

Alors qu'ils s'engageaient sur l'allée, un voisin fit un signe de la main à Sinéad, qui le salua par la fenêtre du véhicule. « J'aime beaucoup l'endroit, expliqua-t-elle. Nous sommes entourés de gens qui habitent ici toute l'année alors que, si tu continues un peu plus loin le long de la route, ce sont des maisons de vacances et l'hiver il n'y a personne. »

Elle fit le tour de la maison et souleva une pierre à l'arrière sous laquelle était cachée une clé. « Ne le dis à personne », dit-elle en riant avant d'ouvrir la porte d'entrée.

Il parcourut le salon du regard ; le piano, les photos de famille, les livres – beaucoup de livres – et tenta de les imaginer ici, tous ensemble, en vacances. Il se fit la remarque que, pendant de nombreuses années, il était resté dans une maison semblable avec ses parents adoptifs, pas très loin d'ici. Ils s'étaient peut-être même trouvés sur la même plage au même moment, s'étaient peut-être croisés à Skibbereen sans le savoir. Il n'en dit rien à Sinéad, percevant que cela pourrait l'attrister.

« Est-ce que tu veux du café ? Je n'ai pas de lait pour le thé, malheureusement. » Elle était dans la cuisine, en train de fouiller dans les placards.

« Je prends du lait dans mon café aussi, répondit-il en riant.

— Eh bien, tu ne tiens pas ça de moi. Je le bois toujours noir.

— D'accord, je ferai une exception. »

Il s'assit à la table et dit : « On n'a pas eu l'occasion de le faire hier soir. Tu pourrais peut-être me parler de mon père ? C'est peut-être de lui que je tiens ce truc du lait ? »

Sinéad laissa échapper un soupir et s'assit en face de lui.

Elle savait qu'il était inévitable qu'ils aient cette conversation mais, depuis l'instant où ils s'étaient rencontrés, elle l'avait remise à plus tard. « Pour être honnête, Ronan, je crains que soit tu ne me croies pas soit que tu sois choqué.

— Tu peux y aller, dit-il en souriant. J'ai l'esprit assez ouvert et je ne suis pas facilement choqué. »

Elle but une gorgée de son café et reposa la tasse sur la table.

« Très bien. J'ignore ce que t'a dit l'agence d'adoption au sujet de ton père naturel ; qu'il était étudiant en médecine comme moi et que nous étions dans la même classe, que nous n'étions pas ensemble depuis longtemps lorsque je suis tombée enceinte ? Qu'il était hors de question d'un mariage vu que nous nous connaissions à peine ? »

Il hocha la tête.

« C'est ce que je pensais. Nous sommes allés à une soirée, nous avons trop bu et, quand nous nous sommes réveillés le lendemain matin, le préservatif était par terre, dans son emballage. Scénario classique d'une soirée d'étudiants dans les années soixante. Je ne sais même pas où il s'est procuré le préservatif. La contraception était illégale et qu'il fallait se rendre au Royaume-Uni pour obtenir ce genre de chose. Bon sang, tout ça est embarrassant. »

Elle but une autre gorgée de café.

« C'est environ six semaines plus tard que j'ai soupçonné que j'étais peut-être enceinte. J'ai effectué un test de grossesse qui s'est avéré positif. À partir de la date de la soirée, j'ai calculé que ta naissance aurait lieu début novembre et je n'y ai plus pensé jusqu'à ce que je me rende à la clinique prénatale à Londres où quelqu'un m'a dit que je m'étais trompée d'un mois dans mes calculs. Mais j'ai rejeté cette affirmation car j'étais certaine d'avoir estimé les dates correctement.

Plus tard, lorsque j'étais à Blackrock, sœur Gerald m'a dit la même chose et j'ai refusé de la croire, elle aussi, car j'étais convaincue de connaître la date de ta conception.

Tu es né le 6 octobre et j'étais persuadée que ta naissance était prématurée malgré les assurances de la sœur Gerald qui affirmait que la grossesse avait été menée à terme.

Pendant très longtemps, j'ai banni de ma mémoire tout ce qui s'était passé cette année-là mais, lorsque j'étais enceinte de James, je me suis demandé ce qui aurait bien pu expliquer tout ça. »

Un silence pesant régnait dans la cuisine et Sinéad remua sur sa chaise.

« Quelques semaines avant que je ne commence à sortir avec Michael – le garçon de la fameuse soirée – j'étais allée en vacances avec une amie en Allemagne. Nous avons rencontré un jeune Français qui séjournait dans la même auberge de jeunesse que nous. Un anarchiste, expulsé de France après les émeutes, qui nous a fait découvrir Camus et Sartre. Pour la jeune fille naïve de dix-huit ans que j'étais, il était incroyablement romantique et fascinant. Nous avons passé des journées entières à rêvasser, à fumer et à discuter du sens de la vie et, même si je comprenais à peine le quart de ce qu'il disait, j'étais totalement en admiration devant lui. Mon amie en eut ras le bol et s'en alla et le jour avant mon départ, le tenancier de l'auberge de jeunesse nous a annoncé que l'établissement serait fermé cette nuit-là et que nous allions devoir trouver un autre endroit.

Elle s'interrompit avant d'ajouter : « Écoute, Ronan. Je ne suis pas certaine que tu veuilles connaître tous les détails sordides de cette histoire.

— Sans vouloir faire de jeu de mots douteux, tu as commencé, donc autant conclure. » Ils éclatèrent de rire tous les deux.

« Le pire dans tout ça, et je vais avoir l'air vraiment stupide, c'est qu'il m'a dit qu'il était impuissant et donc j'ai supposé que ça voulait dire qu'il ne pouvait pas… tu sais…

— Et est-ce qu'il l'a fait ?

— Eh bien, non, justement. Il n'a jamais… on n'est jamais allés jusqu'au bout. Donc, en ce qui me concernait, il ne s'était rien passé. »

Son visage s'empourpra.

« Je n'arrive pas à croire ce que je suis en train de te dire. Ça semble complètement ridicule. Mais bien des années plus tard, j'ai commencé à me dire qu'il existait peut-être une possibilité, aussi infime soit-elle, que je sois tombée enceinte cette nuit-là. C'était un 6 janvier, neuf mois jour pour jour avant ta naissance. J'ai posé la question à mon gynécologue et il m'a répondu que c'était possible ; très peu probable mais possible malgré tout. J'ai pensé à contacter Michael mais je me suis dit que cela ne servirait à rien si je n'étais pas certaine. Donc j'ai décidé d'attendre de te rencontrer.

— Et ?

— Et comme tu l'as sans doute remarqué, quand je t'ai vu, j'ai failli tomber dans l'escalier. Tu es le portrait craché de ton père, l'anarchiste français. Je n'ai plus aucun doute maintenant. Depuis notre rencontre, je me suis demandé comment j'allais pouvoir te le dire, si tu allais être choqué, si tu allais penser que j'étais une sombre idiote… ou, pire, une menteuse.

— Je ne suis pas du tout choqué, répondit-il. C'est même un sacré récit et l'idée d'avoir du sang anarchiste français en moi ne me déplaît pas. Est-ce que tu sais où il se trouve ? Vous êtes restés en contact ?

— Nous avons échangé quelques lettres pendant un moment. Je lui ai dit que j'étais enceinte, d'ailleurs, et le fait qu'il n'ait pas du tout réagi par rapport à cela n'avait fait que confirmer ma conviction, à savoir qu'il ne s'était rien passé. J'ignore totalement où il se trouve aujourd'hui mais je suis certaine qu'avec l'Internet, et toutes les nouvelles possibilités que cela offre, tu pourrais retrouver sa trace si tu souhaitais le rencontrer.

— J'aimerais le rencontrer, oui… un jour, dit-il d'un air songeur. Mais, pour l'instant, je crois qu'il faut surtout que j'apprenne à te connaître, toi, et ta mère, et Sam et mes frères, bien sûr. Ça prendra sans doute un certain temps et une fois que tout ça se sera décanté, je pourrai peut-être penser à tenter de le retrouver.

— Je n'ai jamais parlé de tout ceci à qui que ce soit ; c'est la première fois que je le fais. Il va falloir que je contacte Michael et que je lui en parle. Il n'a rien fait de mal ; il n'a pas refusé de m'épouser, nous avons pris la décision ensemble et il a fait de son mieux pour essayer de m'aider. Il n'a jamais rien dit à ses parents parce qu'ils auraient très mal réagi ; là encore, c'est quelque chose que nous avons décidé ensemble. J'espère simplement qu'il se montrera aussi compréhensif que toi.

— Ça me plairait de le rencontrer un jour, lui aussi, dit Ronan. Plus tard, peut-être. Il fait partie de cette histoire, après tout. »

Sinéad ferma la maison à clé et ils repartirent pour Cork. Pendant le trajet, Ronan sortit une cassette de sa poche et la mit dans l'autoradio.

« Une compilation que j'ai faite pour toi. Une collection très éclectique de trucs qui me plaisent et dont je pense qu'ils pourraient te plaire aussi. Celui-ci est un morceau de mon groupe préféré en ce moment, *Portishead.*

— Très belle voix, commenta Sinéad.

— Beth Gibbons. Elle est incroyable. Peut-être qu'on pourrait aller la voir ensemble un jour. »

Sinéad hocha la tête, en proie à l'émotion. « Et qu'est-ce que tu dirais d'aller à Blackrock demain ? Je n'aurais jamais pensé vouloir y remettre les pieds un jour mais pourquoi pas ? Peut-être que tu aimerais voir l'endroit où tu es né ?

— Bonne idée, dit-il. Ça me ferait vraiment plaisir. »

Sinéad appela le couvent le lendemain matin pour leur demander s'il serait possible de visiter l'endroit. La femme à l'autre bout du fil parut surprise et répondit qu'il fallait qu'elle aille demander. S'ensuivit une conversation à voix basse en fond avant qu'on lui annonce qu'elle pouvait venir à quatorze heures.

Ils durent acheter une carte car ni Ronan ni Sinéad ne savait comment s'y rendre. Sinéad était si troublée qu'elle se trompa plusieurs fois de direction avant d'arriver enfin devant le portail imposant qui donnait sur la propriété. Elle frissonna en remontant l'allée qui menait au morne bâtiment gris et elle se demanda s'ils avaient bien fait de venir.

Ils se garèrent et sortirent du véhicule. « La vue est superbe », dit Ronan, qui ne semblait pas conscient de son appréhension. La statue du Sacré-Cœur était toujours là, les bras grands ouverts comme toujours, et Sinéad se tint à côté, contemplant la ville en contrebas qui avait semblé si lointaine à l'époque, si inaccessible.

La porte principale s'ouvrit et une jeune femme en sortit. « Mme Murray ? » demanda-t-elle en souriant. Sinéad n'aurait pas pu dire s'il s'agissait d'une sœur, d'une postulante ou même d'une employée laïque. C'était difficile à dire ces jours-ci car les plus jeunes ne portaient plus d'uniforme.

« Bonjour, je m'appelle Marie et je vais vous faire visiter, si vous le voulez. Par où souhaitez-vous commencer ?

demanda-t-elle. Désolée si tout est un peu confus, nous ne sommes pas vraiment organisés pour recevoir des visiteurs. Les jeunes femmes ne reviennent pas après, en général. Je ne me souviens d'ailleurs pas d'avoir eu la visite d'autres mère et enfant. »

Sinéad écoutait à peine ce que disait Marie tandis qu'ils parcouraient le domaine avant de finalement gravir les marches et pénétrer dans l'édifice. Elle regardait autour d'elle, tentait de retrouver des points de repère familiers mais elle eut du mal à reconnaître grand-chose. J'ai dû effacer les souvenirs de ma mémoire avec beaucoup d'efficacité, se dit-elle.

Une fois à l'intérieur, ils traversèrent un long couloir flanqué de nombreuses portes. Une plaque portant le nom d'une religieuse se trouvait sur chaque porte. Sinéad les lut en passant. sœur Theresa, sœur Patricia, sœur Francis.

« Certains de ces noms me sont familiers, dit Sinéad. Je ne me souviens que d'une des sœurs – une en particulier. La sage-femme. Je me demandais vaguement si elle était toujours là. Elle doit être plutôt âgée, aujourd'hui.

— Vous souvenez-vous de son nom ? »

Sinéad eut un trou. « Non. Vous serait-il possible de vérifier ? Ça devrait être facile à trouver, c'était en 1970 et il n'y avait pas d'autre sage-femme. »

Marie afficha une moue dubitative. « Il faudrait demander à la sœur qui s'occupe des archives mais elle n'est pas là en ce moment. Peut-être pourriez-vous revenir un autre jour ? »

Ronan, qui marchait devant elles, s'arrêta alors devant une porte et se retourna. « Regarde. Il y a une sœur Gerald. Tu ne m'as pas dit dans une de tes lettres qu'elle s'appelait comme ça ? Que tu allais me donner son prénom ?

— Oui, c'est ça ; sœur Gerald ! » Elle se tourna vers la jeune femme. « Pourriez-vous voir si elle est là ? J'aimerais beaucoup lui parler. »

Marie hésita un instant puis toqua doucement à la porte. Il n'y eut pas de réponse et elle toqua à nouveau, un peu plus fort cette fois.

« Je suis désolée mais on dirait qu'elle n'est pas là. Mais si vous attendez une minute, je vais aller demander à la mère supérieure. »

« Bien joué de t'être souvenu de son nom, Ronan. J'ai eu un gros trou de mémoire, le stress sans doute.

— Je n'avais pas vraiment pensé à ça. Ce doit être difficile pour toi de te retrouver ici à nouveau. »

Ils attendirent dans le couloir cinq minutes environ. Le bâtiment semblait différent ; plus petit et mieux éclairé. Il régnait un profond silence et Sinéad se demanda s'il y avait encore des bébés ici et, si oui, qui ils étaient. L'odeur familière d'encaustique commençait à lui donner la nausée.

Ils entendirent le frou-frou de robes et le cliquetis de perles de chapelet. Elle se retourna et sœur Gerald était là, beaucoup plus petite et plus âgée que dans son souvenir, s'avançant vers eux en arborant un grand sourire.

Lorsqu'elles entamèrent la conversation, Sinéad réalisa que la religieuse ignorait qui elle était, hormis le fait qu'elle était une femme qui était revenue avec son fils.

« Vous ne vous souvenez pas de moi ? demanda-t-elle. Emily, l'étudiante en médecine.

— Emily ? s'étonna Ronan.

— Oui, on devait changer de prénom. Je t'expliquerai plus tard. »

La sœur la dévisagea puis étudia Ronan avant de se tourner à nouveau vers Sinéad, son sourire encore plus large qu'avant. « Bien sûr que je me souviens de vous, maintenant. Toujours à traîner dans mes pattes, à vouloir aider de vos mains, à me poser des questions sans arrêt. Et voici votre fils ; je me souviens de lui aussi. Vous n'arrêtiez pas de dire qu'il était prématuré mais il ne m'a pas l'air prématuré du tout quand je le vois maintenant ! »

Ils l'accompagnèrent le long du couloir, en discutant et en riant, Marie derrière eux. La sœur s'arrêta soudain devant une porte et fixa Sinéad du regard. « Vous ne vous en souviendrez probablement pas mais c'est l'ancienne salle d'accouchement. Elle est complètement différente aujourd'hui ; ils l'ont transformée en salle de séjour, avec des canapés et des fauteuils. » Elle ouvrit la porte et Sinéad secoua la tête. Elle ne ressemblait en rien à la pièce dont elle se souvenait.

« Avez-vous un appareil photo ? demanda la religieuse. Là, regardez, c'est à peu près où se trouvait le lit d'accouchement. Asseyez-vous tous les deux et je vais prendre une photo. » Elle indiqua un fauteuil en osier.

Sinéad s'assit dans le fauteuil et Ronan se plaça en équilibre précaire sur un accoudoir. « C'est si étrange », remarqua-t-elle tandis que la sœur Gerald prenait plusieurs photos.

« Il faut que vous m'en envoyiez une copie », dit-elle en rendant l'appareil à Sinéad.

Son regard passa de l'un à l'autre et Sinéad crut déceler une larme. « Oh, je suis si heureuse que vous soyez revenue. Personne ne revient jamais. »

Elle se tourna ensuite vers Marie et lui dit : « Marie, sois gentille et amène-nous un plateau. Amène-le au parloir. »

Elle prit Sinéad par le bras et ajouta : « Venez, nous allons prendre le thé et vous allez tout me raconter à votre sujet. »

Plus tard, une fois que la sœur Gerald eut obtenu les réponses à toutes ses questions, elle leur apprit que, peu de temps après la naissance de Ronan, elle était retournée sur le continent africain qu'elle aimait tant. « À un moment donné, je ne supportais plus d'être ici. J'estimais que ce que nous faisions n'était pas chrétien et ça me rendait très triste. Chaque fois que je voyais l'une de ces pauvres filles séparée de son enfant, une petite partie de moi s'éteignait aussi. »

Elle se tourna vers Ronan et sourit. « Je suis si contente que tu nous rendes visite. Il est merveilleux de voir un homme avec sa mère. Je suis si heureuse pour vous deux. Je prierai pour vous. »

Alors qu'ils s'en allaient, elle appela Marie et lui demanda de les prendre en photo, tous les trois, devant une statue à l'extérieur. Elle avait l'air toute petite et fragile à côté du grand jeune homme mais sa joie était évidente.

Ils partirent en promettant de rester en contact et descendirent la colline en silence. Soudain, Sinéad rangea le véhicule sur le côté de la route et en sortit, respirant profondément.

« Je me sens mal, dit-elle.

— Attends, j'ai quelque chose pour ça. » Ronan fouilla dans son sac à dos et en tira une bouteille de Coca-Cola à moitié vide. « C'est le remède de Donal pour tout. Ça ne fait rien s'il n'y a plus de gaz, c'est meilleur pour toi comme ça. »

Elle but une longue gorgée, respira profondément à nouveau et s'adossa contre la voiture.

« Ça a été une visite riche en émotions, voir la pièce où je suis né. Et la sage-femme, dit Ronan. Mais j'imagine que ça l'a été bien plus pour toi que pour moi.

— Retournons à l'hôtel et allons marcher sur cette grande colline, répondit-elle. J'ai besoin d'air. »

Ils décidèrent de manger à l'hôtel mais, cette fois, ce fut juste un casse-croûte au bar plutôt qu'un repas. Sinéad se sentait épuisée nerveusement et tiraillée entre l'idée de rentrer chez elle et celle de quitter Ronan, ce dont elle lui fit part.

« Je me disais… commença-t-il en buvant son café à petites gorgées. Tu m'as parlé du voyage en train que tu as dû effectuer avec moi lorsque j'étais nouveau-né. Pourquoi je ne t'accompagnerais pas à Dublin, demain ? Ça pourrait être une façon d'exorciser le mauvais souvenir. J'ai presque terminé ma thèse et j'ai encore le temps avant de devoir la remettre donc j'ai pas mal de temps libre. Et puis ça fait longtemps que je ne suis pas allé à Dublin ; ça me permettrait de rendre visite à des amis. »

⋆

Jack avait beaucoup de travail cette semaine-là ainsi que des répétitions d'alto plutôt intenses avec ses amis du quatuor à cordes. Cela lui permit de ne pas penser autant à Sinéad et à ce qu'elle pouvait être en train de faire.

Il reçut un coup de fil de Brenda le vendredi matin.

« Sinéad m'a contactée il y a environ une heure, annonça-t-elle. Elle a modifié ses plans et elle remonte à Dublin en train. Elle prend un vol pour Paris ce soir, elle ne restera pas longtemps ici.

— Elle était toujours à Cork quand elle t'a appelée ?

— Oui, elle devait être à la gare, il y avait beaucoup de bruit en fond, mais Jack… »

Il marmonna qu'il devait y aller et raccrocha, hélant sa secrétaire afin qu'elle lui trouve les heures d'arrivée des trains de Cork. Il jeta un coup d'œil au morceau de papier qu'elle lui tendit puis il enfila sa veste, prit ses clés de voiture et quitta son bureau.

Il avait calculé qu'il n'y avait qu'un train qu'elle aurait pu prendre dans ce laps de temps et il arriva à la gare largement en avance, gara sa voiture et se rendit à la seule sortie de l'édifice. Il ignorait totalement ce qu'il allait lui dire ou même pourquoi il le faisait ; il savait seulement qu'il fallait qu'il la voie une dernière fois. Qu'est-ce qu'elle lui avait dit, déjà, concernant le fait de tourner la page ?

Cela faisait sans doute plus d'une heure qu'il était là et il avait fumé un nombre incalculable de cigarettes lorsque l'arrivée du train fut enfin annoncée. Il se tenait près de la barrière et il observa tandis que les voitures se vidaient lentement ; des grands-parents aux prises avec leurs bagages et des parents avec de jeunes enfants, de jeunes couples affublés de sacs à dos, bras-dessus bras-dessous et des hommes d'affaires stressés qui se précipitaient vers leur réunion suivante, attaché-case à la main.

C'est alors qu'il l'aperçut. Elle avait l'air radieuse et elle était en train de parler à quelqu'un ; un grand jeune homme à l'air avenant qui portait une valise qui ne lui appartenait visiblement pas. Tandis qu'ils s'approchaient de la barrière, il réalisa qui ce jeune homme pourrait être et il se retourna pour s'en aller. Mais il était trop tard. Sinéad le vit et s'arrêta net.

« Jack ? Qu'est-ce que tu fais là ?

— Brenda m'a dit que tu avais changé d'itinéraire et je me suis dit que tu aurais peut-être besoin que quelqu'un t'emmène à l'aéroport. » Il haussa les épaules, conscient du peu de plausibilité de son explication.

Elle se tourna vers le jeune homme. « Ronan, voici Jack, un ancien collègue. Jack, voici mon fils Ronan. Eh bien, c'est une surprise et c'est très aimable de ta part, Jack. Je ne sais pas quoi dire. Nous avions prévu de prendre un taxi mais si tu insistes… »

Il serra la main de Ronan et les mena jusqu'à sa voiture. Tandis qu'il ouvrait le coffre pour y mettre la valise de Sinéad, elle fit un pas de recul et s'exclama sur un ton faussement admiratif : « Une Audi Quattro ! Les choses doivent bien se passer pour toi, Jack McDonagh ! »

Il haussa à nouveau les épaules et ouvrit la porte pour elle, réalisant trop tard qu'un des foulards Hermès de Lorna dépassait du vide-poches dans la portière et que ses lunettes de soleil étaient fixées au pare-soleil. Sinéad rangea le foulard sans commentaire et s'installa sur le siège.

Tandis qu'ils se mettaient en route, elle se tourna vers Ronan, assis à l'arrière.

« Jack est l'une des rares personnes au courant de mon histoire, Ronan. Il a été adopté, lui aussi. »

Jack vit que Ronan l'observait dans le rétroviseur. « Et avez-vous retrouvé votre mère naturelle, vous aussi, lui demanda-t-il.

— C'est une longue histoire, Ronan. Mais, non, je ne l'ai pas retrouvée. Pas encore, en tout cas. » Il ramena le sujet de la conversation sur leurs retrouvailles. Ils en parlèrent sans appréhension, lui racontèrent leur rencontre à Cork et rirent tous les deux à propos du fait que Sinéad avait failli tomber dans l'escalier. Le repas délaissé, le personnel de l'hôtel déconcerté. Les quatre jours qu'ils avaient passés ensemble pour apprendre à se connaître puis la visite du foyer pour mères et enfants, sur un coup de tête.

« Tu ne le croiras pas mais nous avons rencontré sœur Gerald, la sage-femme qui m'a aidée lors de mon accouchement, déclara Sinéad. Elle est retournée en Afrique ensuite et nous a dit qu'elle n'a jamais cessé de penser à toutes les jeunes femmes et aux nouveau-nés qu'elle a mis au monde au couvent. Apparemment, nous sommes les premiers à revenir, ce qui l'a émue, et elle était heureuse que ça se soit bien passé pour nous. Ce qui était étrange, c'est qu'elle se rappelait de moi ; elle a dit qu'elle ne m'avait pas oubliée parce que je la harcelais sans cesse pour qu'elle me donne quelque chose à faire.

— Étrangement familier », commenta Jack en riant. Il s'arrêta devant l'aéroport et sortit pour lui ouvrir la porte.

Ils se tinrent là un instant avec un air légèrement gêné. « Si tu as le temps, viens prendre un café avec nous, lui dit-elle. Ronan va rester avec moi jusqu'à ce qu'ils appellent les passagers de mon vol. »

Il hésita. « Je ne veux pas m'immiscer…

— Mais non, venez, dit Ronan. Le moins qu'on puisse faire, c'est vous offrir un café. »

Ils étaient assis et regardaient Ronan qui se rendait au comptoir pour commander. « C'est vraiment inattendu,

Jack, mais je suis heureuse que tu sois venu. Tout s'est déroulé comme dans un conte de fées et j'ai du mal à croire que ça se soit aussi bien passé. Mais je suis complètement épuisée.

— Tout s'est bien passé parce que je suis sûr que tu as tout bien préparé. Il a l'air d'être un jeune homme très intelligent et très mûr. C'était peut-être mieux d'attendre jusqu'à aujourd'hui. Si tu l'avais rencontré quand il était plus jeune, peut-être qu'il n'aurait pas été prêt.

— Peut-être… tu as sans doute raison, dit-elle d'un ton songeur. Et toi, comment vas-tu ? Et ta famille ? »

Il se lança dans un récit décousu de sa vie, des réussites scolaires des enfants et de l'emploi de Lorna, ajoutant même de manière totalement superflue qu'elle avait droit à une voiture de fonction.

« Oui, tu me l'as dit la dernière fois qu'on s'est vus, à Londres. Encore une Audi ! Il vous en faut combien, Jack ? » s'exclama-t-elle, lui adressant à nouveau le même regard moqueur.

Elle jeta un coup d'œil par-dessus son épaule et vit Ronan qui revenait vers eux. Son expression s'adoucit. Jack voulut soudain la prendre par les épaules, qu'elle le regarde ainsi, lui aussi.

Il se contenta de se lever, d'échanger une poignée de mains avec Ronan et d'annoncer qu'il fallait qu'il retourne au bureau. Il embrassa Sinéad sur la joue. Ils le remercièrent vivement tous les deux de les avoir emmenés à l'aéroport et lui adressèrent un dernier signe de la main tandis qu'il quittait le terminal.

Chapitre vingt-sept

L'ACCIDENT EUT LIEU EN 2010. Il venait d'ouvrir l'*Irish Times* et d'y voir le titre : « *Pianiste célèbre et son fils décédés dans un accident de la route en France.* » Le téléphone avait sonné. C'était Brenda.

« Jack…

— Je crois que je sais ce que tu vas dire », avait-il répondu.

Ils étaient tous deux du même avis : il ne serait pas du tout convenable qu'il se rende aux funérailles. Il envoya une lettre de condoléances à Sinéad mais ne reçut jamais de réponse.

Il lui fallut attendre cinq ans de plus pour avoir de ses nouvelles. Ce fut un mail cette fois, surgi de nulle part.

« Cher Jack,

Quelqu'un a mentionné ton nom l'autre jour et je me suis demandé comment tu allais. Je me rends toujours régulièrement à Dublin pour rendre visite à Ronan et je me suis dit qu'il serait peut-être agréable d'aller prendre un café un de ces jours.

Sinéad »

Il lut et relut le message, tentant d'y déceler un sens caché. Peut-être n'y en avait-il pas. Quelqu'un avait mentionné son nom. Qui ? Et pourquoi ? Quelqu'un lui avait-il dit que Lorna et lui étaient séparés ? Même si ce n'était pas vraiment le cas, en réalité. Ils vivaient chacun de leur côté la plupart du temps et ils menaient des vies distinctes mais les apparences étaient préservées et ils se rendaient ensemble aux événements familiaux et sociaux.

Ses filles étant toutes les deux mariées, il se sentait affranchi de ses responsabilités envers elles et il s'était trouvé un beau penthouse dans un des nouveaux complexes qui apparaissaient un peu partout en ville tandis que Lorna continuait d'occuper la demeure familiale. Il aimait à penser qu'il était plutôt bon parti ; pas trop mal physiquement pour son âge, instruit, de bonne compagnie, plutôt bien informé dans la plupart des domaines. Il rencontrait beaucoup de femmes intéressantes à travers son travail et quasiment tous ses amis tentaient de le caser avec quelqu'un. Le quatuor à cordes était également un plus ; les musiciens semblaient avoir du succès auprès de la gent féminine. Mais, dans l'ensemble, il suivait le conseil de son vieil ami Tony O'Donnell et faisait en sorte que ses liaisons soient brèves et aient lieu à l'étranger.

Il répondit immédiatement au message de Sinéad en disant qu'il lui serait également agréable de la revoir, et quelques semaines plus tard, il reçut un autre mail qui l'informait qu'elle allait passer quelques jours à Dublin en avril.

Il fit en sorte de n'avoir ni rendez-vous ni réunions lors des jours en question et il suggéra qu'ils déjeunent ensemble.

Cela faisait plus de trente ans qu'ils avaient pris des chemins différents mais son cœur s'emballait toujours lorsqu'il la voyait. Elle avait pris un peu de poids mais les kilos en plus l'adoucissaient en quelque sorte, gommaient l'aura de tension qui émanait d'elle auparavant. Ses yeux n'avaient pas changé, eux, même s'ils étaient désormais cernés de fines rides ; rien n'échappait à ce regard impassible.

Il ignorait à quoi il s'était attendu ; qu'elle lui dise qu'elle l'avait toujours aimé et qu'elle était sienne, maintenant et à jamais ?

Au lieu de cela, ils discutèrent de leurs vies respectives, de leurs enfants, d'amis qu'ils avaient en commun, de Dublin et du prix de l'immobilier dans la capitale irlandaise. Du temps et du président des États-Unis.

« Tu n'es pas allée à Washington en 2000, par hasard ? demanda-t-il.

— Non et toi ? rétorqua-t-elle immédiatement.

— Question stupide, en fait. » Il marqua une pause et tritura ses couverts. « J'étais furieux contre toi quand tu m'as annoncé que tu allais te marier. »

Elle le fixa d'un air ébahi.

« Je n'arrive pas à croire ce que tu viens de dire. De quel droit étais-tu en colère ? » Elle éclata de rire puis se cala contre le dos de sa chaise et le fixa d'un regard sans concession. « Tu voulais que je reste sagement assise chez moi, comme ta fameuse Solveig, à attendre ton retour ? Ou non, mieux encore, peut-être croyais-tu qu'on se retrouverait au paradis ?

— C'est un chant superbe », répondit-il en esquissant un sourire confus.

Elle secoua la tête.

« Ah oui. *Peer Gynt ; une vie consacrée à la procrastination et l'évitement.*

— Tu es un peu dure, là. C'est juste un conte populaire et, comme je l'ai dit, c'est un très beau chant.

— L'analyse n'est pas de moi, je l'ai lue quelque part. À Bantry, en fait. Tu te souviens ? Je sais maintenant ce que voulait dire ma tante quand elle a écrit cela. Elle aussi devait avoir des secrets dans sa vie. Bon sang, Jack, de toutes les femmes fortes et complexes qu'Ibsen a créées – ils ne l'appellent pas le premier féministe masculin pour rien, tu sais – il fallait que tu choisisses Solveig.

— J'essayais juste d'être romantique, à l'époque. Le contexte était différent.

— Je ne te le fais pas dire. »

Elle consulta sa montre.

« Bon, j'ai vraiment un avion à prendre, cette fois, déclara-t-elle.

— Il faudrait qu'on refasse ça. J'ai l'impression qu'on a encore beaucoup de choses à se dire.

— Oui, bonne idée, ça me ferait plaisir. Je reviendrai d'ici quelques mois. On reste en contact. »

Jack l'embrassa sur la joue. Ce fut la dernière fois qu'il la vit.

Chapitre vingt-huit

France, 2016

TOUT LE MONDE FUT invité à se rendre à la maison après la cérémonie. Ils étaient trois à être venus de Dublin : Frank Curzon, qui était resté en contact avec Sinéad tout ce temps, Brenda et Jack. Brenda avait organisé le séjour dans les moindres détails, jusqu'au ravissant hôtel à Saint-Émilion et à la voiture de location. Jack proposa de conduire et tandis qu'ils se rendaient au véhicule, elle le prit à part et chuchota à son oreille.

« Es-tu certain de vouloir y aller ?

— Pas vraiment, avoua-t-il. Mais peut-être que ça m'aidera à faire le deuil de tout ça.

— Peut-être », répondit-elle en s'installant côté passager.

Il ne leur fallut que cinq minutes environ pour s'y rendre. La demeure elle-même était telle qu'il l'avait toujours imaginée ; ou, plutôt, telle qu'elle était sur les clichés de Google Earth qu'il avait consultés à maintes reprises sur son ordinateur, au bureau. Elle n'était pas majestueuse ; elle ressemblait à un petit manoir, datant sans doute du début du XIXe siècle, bâti dans la belle pierre jaune pâle typique de la région. Elle était située aux abords du village, bien en retrait de la route, et l'on y accédait par un modeste portail et une allée gravillonnée bordée de cyprès.

Il se gara non sans mal ; il y avait des voitures partout. On aurait dit que tout le village était présent. Tandis qu'ils approchaient de la maison, Ronan sortit pour leur souhaiter la bienvenue et, alors qu'il s'apprêtait à lui présenter Brenda, il comprit qu'ils se connaissaient déjà. Ils suivirent Ronan à travers un large couloir au sol carrelé qui débouchait sur un grand salon et un jardin qui contenait une piscine entourée de buissons de lavande. Sur la terrasse se trouvaient la plupart des personnes qu'il avait vues à l'église, sirotant un verre et grignotant des canapés que leur dispensait un serveur en uniforme.

La mère de Sinéad, Jane, était assise dans un fauteuil en rotin près d'une fenêtre. Jack calcula rapidement qu'elle devait avoir près de quatre-vingt-dix ans. Elle l'aperçut et lui fit signe de s'approcher. Il s'avança vers elle lentement, ravi de la voir en si bonne santé mais se demandant ce qu'il allait bien pouvoir lui dire. Ils avaient échangé une poignée de mains à l'église mais elle lui adressa maintenant un sourire chaleureux et agrippa fermement sa main. « Bonjour, Jack. Quel plaisir de vous revoir après tout ce temps. C'est si aimable à vous et à vos collègues d'avoir fait tout ce chemin pour être là. Je sais à quel point Sinéad y aurait été sensible. »

Elle voulut savoir comment il allait, lui et sa famille, et ils discutèrent jusqu'à ce qu'il s'efface pour laisser la place à des voisins. Il rejoignit Frank et Brenda qui étaient en train de parler à l'autre fils de Sinéad, James. Il avait joué du piano à l'église. Frank présenta Jack et Brenda s'éloigna pour aller parler à d'autres invités. Pendant la conversation, il ne parvint pas à se défaire de la sensation qu'il avait déjà croisé James quelque part, qu'il y avait chez lui quelque chose de familier. Il ressemblait à Sinéad, bien entendu, mais il y avait autre chose dans son sourire et dans sa façon de se tenir.

« Nous étions en train de parler avec James de l'amour que vouait sa mère à la musique, expliqua Frank. Et je lui racontais ce merveilleux concert de Brendel auquel nous nous sommes rendus à Washington, il y a des années. Vous souvenez-vous de ce concert, Jack ?

— Oui, bien sûr. Schubert. C'est ce soir-là que j'ai vraiment découvert la musique classique, je crois.

— J'ai entendu dire que vous vous étiez mis à pratiquer de manière sérieuse, d'ailleurs, fit remarquer Frank.

— Vraiment ? intervint James, tournant vers Jack un regard brillant d'intérêt. De quel instrument jouez-vous ?

— L'alto », répondit Jack. James sembla surpris. Jack rit. « Les gens ont souvent cette réaction. J'ai d'abord essayé le piano mais le professeur de musique de mes filles m'a dit que j'avais la chance d'avoir l'oreille absolue et que je devrais essayer un instrument à cordes. C'est elle qui a suggéré l'alto parce que relativement peu de gens en jouent et qu'apparemment cela augmente les chances de trouver une place dans un quatuor à cordes. Ça a aussi l'avantage d'être plus facile à transporter qu'un piano ; ça permet d'avoir une vie sociale plus riche.

— Je ne vous le fais pas dire, dit James en indiquant le piano à queue qui se trouvait derrière lui. Que jouez-vous en ce moment ?

— Je tente d'apprivoiser la *Sonate Arpeggione* de Schubert. J'ai entendu votre père la jouer à Paris avec un violoncelliste et ça a toujours été un de mes morceaux préférés. Mais je n'en suis qu'au premier mouvement pour l'instant. »

Ronan les rejoignit à ce moment-là et murmura à James : « Mamie aimerait que tu joues quelque chose au piano.

— Venez, dit James à Jack. Jouons l'*Arpeggione*. Personne ne nous en voudra de faire quelques fautes. C'était un des morceaux préférés de ma mère aussi. J'ai toujours pensé qu'elle sonne mieux avec un alto et je suis sûr qu'il y en a un qui traîne dans les parages. »

Il se rendit dans une pièce annexe et en ressortit quelques minutes plus tard, brandissant un alto en arborant un sourire triomphant.

« Il n'est pas complètement désaccordé. Tenez. » Il le tendit à Jack, s'assit au piano, joua quelques notes et ils accordèrent rapidement leurs instruments. James sortit ensuite une partition de la banquette de piano et la plaça de manière à ce qu'ils puissent tous deux la voir.

Un silence absolu se fit dans la pièce. Même sur la terrasse, tout le monde avait cessé de parler et s'était tourné pour les regarder à travers les grandes baies vitrées. Les mains de Jack se mirent à trembler et il dit à James : « Je crois que je n'y arriverai pas.

— Bien sûr que si », rétorqua le jeune homme en jouant les premières notes. Il y avait quelque chose dans son regard qui poussa Jack à le suivre. Il leva son archet, ferma les yeux et se concentra. Il était à nouveau dans la Salle Pleyel avec Sinéad et il entendait résonner les notes envoûtantes comme si quelqu'un d'autre les jouait.

Lorsque les dernières notes s'estompèrent, il y eut un long moment de silence puis tout le monde se mit à applaudir et Jack aperçut la mère de Sinéad essuyer discrètement une larme. James se leva et lui serra la main. « Il faudra que nous le refassions un jour, dit-il. Vous jouez bien mieux que vous le dites. Venez, j'ai besoin d'un verre. » Il traversa la pièce jusqu'à la table où étaient alignées les boissons et leur versa un scotch chacun.

« Je dois conduire », protesta Jack, mais James refusa de se laisser dissuader. Il lui versa un petit verre et ils trinquèrent.

Des photos de famille étaient disposées sur une table non loin et l'une d'elles en particulier attira l'attention de Jack ; deux jeunes hommes assis à un piano à queue. L'un d'entre eux était manifestement James et l'autre ressemblait à Sam comme deux gouttes d'eau. James suivit son regard.

« Mon frère, Ben. C'était un très bon musicien. Bien meilleur que moi.

— Vous ne vous ressemblez pas beaucoup, fit remarquer Jack.

— Ce n'est pas si surprenant, répondit-il en saluant quelqu'un de la main. Désolé, il faut que j'aille parler à ma marraine. À plus tard. » Une femme qui s'était approchée d'eux le prit par le bras et l'emmena en direction d'un groupe de gens qui venaient d'arriver.

La nourriture fut servie et tout le monde alla s'asseoir aux tables dressées dans une pièce adjacente. Jack se retrouva assis à côté d'un cousin de Sam qui était venu d'Israël pour assister aux funérailles. Ce dernier le complimenta sur le morceau qu'il avait joué plus tôt.

« Je n'ai fait que suivre James, dit Jack. Il a visiblement hérité du don de son père pour la musique.

— Non, je ne pense pas, cela devait venir d'ailleurs », répondit le cousin en secouant la tête.

Jack le gratifia d'un regard perplexe.

« Vous n'étiez pas au courant ? James n'est pas le fils de Sam, voyez-vous. Sam l'a adopté lorsqu'il a épousé Sinéad et l'a élevé comme s'il était son fils mais ils n'ont eu qu'un enfant ensemble : Ben. Quelle tragédie, cet accident. Tout ce talent gâché… Et la pauvre Sinéad, elle était souffrante avant l'accident et elle ne s'en est jamais vraiment remise ensuite. Sam était son roc. Un couple tellement formidable.

— Quel âge a James ? » demanda Jack, avec hésitation et en espérant à moitié que son voisin de table ignorerait la réponse.

« Voyons voir… dit-il en fronçant les sourcils. Ben est né deux ans après James et il est décédé à vingt-deux ans, donc James avait vingt-quatre ans en 2010. Il aura trente ans cette année. »

Jack tourna son regard vers la table où James était assis entre ses deux grands-mères, Ruth et Jane, qui l'adoraient manifestement. Ronan était assis à côté de Jane et ils semblaient eux aussi très proches.

La voix de Brenda le tira de ses pensées. « Frank et moi nous disions qu'il était sans doute l'heure d'y aller. Qu'en penses-tu, Jack ? Je peux conduire, si tu veux.

— Oui, oui, tu as raison. Nous devrions y aller, je suppose. » Jack s'excusa auprès de son voisin de table et se leva comme un automate. Ils allèrent dire au revoir à la famille avant de se rendre au véhicule, accompagnés de James et Ronan.

« Au fait, Jack, dit Ronan. Je n'ai pas eu l'occasion de vous parler de votre mère biologique. L'avez-vous retrouvée ? »

Du coin de l'œil, il vit Frank et Brenda échanger un regard.

« C'est très compliqué, Ronan. On pourrait peut-être en discuter, un de ces jours.

— Oui, ça me ferait plaisir. Je vis à Dublin, maintenant. » Ronan fouilla dans sa poche et lui tendit une carte. « Il faut qu'on se voie.

— Et revenez par ici lorsque vous serez en France, dit James. Peut-être pourrions-nous terminer cette sonate.

— Il faudra que je travaille beaucoup pour ça mais, oui, ça me ferait très plaisir », répondit Jack. Il leur fit au revoir de la main en se dirigeant vers la voiture et s'installa côté passager.

Ils retournèrent à l'hôtel en silence. Brenda gara la voiture et ils approchèrent lentement de la porte d'entrée. « Un dernier verre ? » proposa-t-elle lorsqu'ils arrivèrent à la réception. Curzon refusa poliment, invoquant le fait qu'il devait se lever tôt le lendemain, mais Jack haussa les épaules. « Pourquoi pas ? »

Tandis que le serveur posait leurs boissons devant eux, Brenda fouilla dans son sac et en sortit une enveloppe. Elle la fit glisser sur la table en direction de Jack sans mot dire, ce qui lui valut un regard interrogateur de la part de ce dernier.

« C'est pour toi. C'est de la part de Sinéad, expliqua-t-elle. Elle m'a confié cette lettre il y a un certain temps et m'a demandé de te la remettre si jamais quelque chose lui arrivait, à elle et à Sam. Je me suis dit qu'il valait mieux ne pas te la donner avant les obsèques. »

Il contempla l'enveloppe pendant un long moment avant de la fourrer dans sa poche.

« Je crois savoir ce qu'elle contient, finit-il par lâcher. Je la lirai plus tard. Peut-être. Ou peut-être que je la jetterai à la poubelle. »

Il fit mine de se lever mais Brenda le fit se rasseoir. « Jack…

— Pas la peine de dire quoi que ce soit, la coupa-t-il. Il y a des choses qu'on ne dit pas.

— Après tout ce qu'elle avait vécu, il lui était impossible de se faire avorter. Tu devais bien en être conscient. »

Il ne l'avait pas été. Il n'y avait même pas pensé à l'époque mais cela coulait de source désormais, évidemment.

« Si elle t'avait dit qu'elle allait garder l'enfant, tu te serais senti obligé de quitter Lorna et elle ne voulait pas détruire ta famille. Elle était consciente de ce que représentaient tes enfants pour toi et elle était sincèrement convaincue qu'il te fallait rebâtir ton mariage. Que tu y arriverais »

Il laissa échapper un soupir. « Rebâtir mon mariage ? Oui, j'ai vraiment fait très fort de ce côté-là.

— Je suis certaine que, si tes filles connaissaient la vérité, elles apprécieraient ton sacrifice à sa juste valeur.

— Vraiment ?

— Tu sais très bien que c'est vrai. »

Il se souvint de la fois où sa fille Fiona et lui étaient allés voir un film ; *Le Temps de l'innocence*, une adaptation du roman dont Sinéad lui avait parlé un jour. Il n'avait jamais lu le livre mais il était allé voir le film pour faire plaisir à Fiona. Après la séance, tandis qu'ils buvaient un café, sa fille avait fustigé le comportement du personnage principal masculin, Newland Archer, qu'elle accusait de lâcheté. Jack n'estimait pas avoir grand-chose en commun avec lui et il était convaincu qu'à sa place il se serait installé avec Ellen Olenska et que, même s'il n'était pas allé jusque-là, il aurait sans l'ombre d'un doute gravi les marches menant à son appartement à Paris.

Peut-être Fiona comprendrait-elle. Peut-être sa sœur et elle seraient-elles heureuses d'apprendre qu'elles avaient un demi-frère. Peut-être…

Jack vida son verre et ressentit le poids de la lettre dans sa poche.

« Je vais aller me coucher, dit-il. La journée a été longue. »

Remerciements

JE VOUDRAIS REMERCIER CELLES et ceux qui m'ont soutenue et conseillée pendant l'écriture du roman.

Mon fils, David Manson, qui a traduit le livre en français.

Mes fils et belles-filles ; mon frère, ma belle-sœur et mes ami.e.s qui ont subi mes élucubrations interminables au sujet du titre et les projets maintes fois révisés. Merci de votre honnêteté, même si parfois ce n'était pas ce que je voulais entendre.

Le Irish Writers' Centre à Dublin de m'avoir mise en relation avec Nuala O'Connor, écrivaine chevronnée, pour une séance de mentoring.

Madeleine Lassère, qui a revu le premier jet, et Baptiste Veyssy qui a révisé la version finale, pour leurs corrections et commentaires judicieux.

Mes amies du « Café bouquin », Eve, Geneviève et Myriam, pour le choix du sous-titre.

Rebecca et Andrew Brown, d'Ardel Media, pour leur professionnalisme en transformant le manuscrit en un livre.

Rhys Davies, dessinateur des cartes, grâce à qui on peut s'orienter dans le livre.

Et enfin, mon mari, Neil, qui, par sa patience, son amour, son soutien et d'innombrables tasses de thé, m'a permis de garder les pieds sur terre.

Contact : amharrisunspoken@gmail.com

www.ingramcontent.com/pod-product-compliance
Ingram Content Group UK Ltd.
Pitfield, Milton Keynes, MK11 3LW, UK
UKHW041953190726
13854UKWH00005B/1941